广深社会工作者
参与社会治理案例精选

张慧珍　丁美方　张卓华　/　主编

中国社会出版社

国家一级出版社·全国百佳图书出版单位

图书在版编目 (CIP) 数据

广深社会工作者参与社会治理案例精选 ／ 张慧珍，丁美方，张卓华主编 ． —— 北京 ：中国社会出版社，2024.3

ISBN 978-7-5087-7035-2

Ⅰ . ①广... Ⅱ . ①张... ②丁... ③张... Ⅲ . ①社会工作－参与－社会管理－案例－中国 Ⅳ . ① D63

中国国家版本馆 CIP 数据核字 (2024) 第 056870 号

广深社会工作者参与社会治理案例精选

出 版 人：程　伟
终 审 人：陈　琛
责任编辑：李新涛
装帧设计：时　捷
出版发行：中国社会出版社
　　　　　（北京市西城区二龙路甲 33 号　邮编 100032）
印刷装订：北京联兴盛业印刷股份有限公司
版　　次：2024 年 3 月第 1 版
印　　次：2024 年 3 月第 1 次印刷
开　　本：170mm×240mm　1/16
字　　数：360 千字
印　　张：19
定　　价：88.00 元

目　录

民生保障

社区治理

公共应急

社会热点

乡村振兴

民生保障

社会工作助力残障人士社区就业服务的实践探索

——以 C 工疗站就业服务为例

黄碧莹①

摘　要：本文采用个案研究法，以广州市 C 工疗站社会工作就业服务的实践为个案，探讨社会支持网络视角下残障社会工作参与社会治理的多重行动策略：萌芽期重建非正式支持网络策略，包括残障同辈互助支持、增强残障人士的家庭经济贡献、家属照顾能力提升的家庭就业支持；发展期重建正式支持网络策略，包括就业政策倡导、建立残障人士与企业双向择业机制、建构社会组织之间的互助网络；成熟期重建正式与非正式支持网络的联动策略，分别从个人层面建立正式与非正式就业资源拓展与对接，以及在社区层面推行以残助残和残健共融的就业机制。

关键词：残障社会工作；残障就业；社会支持网络

保障民生、创新社会治理，是中国共产党践行初心和使命的必然要求，助残社会组织可聚焦于"残障人士与社会环境"两方面参与社会治理行动。《2021 年广东省残疾人事业发展统计公报》显示，全省持残疾人证就业年龄段就业人数 31.2 万，他们受到自身条件和外在环境的限制，成为社会结构中的特殊社群。在当前我国现实语境下，消费主义与发展主义在目标上具有一致性，政府鼓励消费以扩大内需，这使得本来不富裕的残障人士家庭有了更多的消费欲望，消费性致贫对残障人士形成了不利的社会发展环境，呈现出薄弱的社会支持网络。社会支持网络理论提供了一个区别于"问题视角"的研究视角，引导社会工作者发现残障人士面对的就业困境，是由于缺乏必要的社会支持所导致的，并尝试协同多方参与改善残障人士就业环境。本文主

---

① 作者简介：黄碧莹，中级社会工作师。

要采用个案研究法，以参与式观察、文献法、访谈法收集资料，探讨在社会支持网络理论视角下残障社会工作就业服务的多重行动策略。具体策略是什么？运用多重策略后的服务效果又是怎样的？这是本文尝试要回答的问题。

一、社会工作介入 C 工疗站残障人士就业服务的实践历程

2014 年 K 机构受 C 区残联委托管理各街镇康园工疗站。2017 年，C 区残联通过公开招标的方式，向 K 机构购买各街镇康园工疗站的管理及服务。3 个街镇工疗站分布在城区，其余分布在乡镇。街镇工疗站在地理位置上的天然劣势，加上经济和社会发展相对滞后，从社会支持网络的角度来看，这就使得 K 机构协同残障人士参与社会治理方面陷入被动。经过 6 年的实践，C 工疗站的社会工作就业服务取得了一定的成效。具体经历了以下几个阶段。

（一）关注残障人士个人社交网络与家庭支持的就业服务萌芽阶段

2015 年 5 月，笔者加入工疗站，成为一名驻站社会工作者。残障人士虽然长期同处于一个空间，但各自忙于来料加工，其封闭社会交往状态并未发生实质性改变。站内残障人士的学历较低，高中及以上学历仅占 11.63%。笔者通过市残疾人就业培训服务中心申请"好煮意"技能职业训练项目的经费，提升他们的生活技能，也增进他们与志愿者之间的交流互动，做好推进就业前的准备。此外，社会工作者联动导师，将就业意愿较强的残障人士组织起来，有偿为精综（社区精神康复综合服务中心的简称）、工疗站、康复站等场所提供保洁服务，锻炼他们在不同开放程度情境下的社交能力，在一定程度上改善其社交网络。

然而，实际行动与预期有一定距离，社会工作者招募志愿者负责烹调，注重人际互动，轻视技能培训环节。彼时，笔者对于残障人士的理解，一部分来自导师和残障人士家属所建构的观点——残障人士的能力是欠缺的，否则就不来工疗站了。社会工作者的错误认知导致服务流于形式，单纯依靠非正式支持改善他们的个人社交网络，对他们的经济情况和生活状况作用有限。西方学者通过研究西班牙贫困家庭支持网络作用，发现联动起来的社会支持网络能够帮助人们应对收入波动，但不足以满足贫困家庭的需求时，反而增加社会排斥和社会隔离的风险，比如病情稳定的精神残障人士希望离站外出就业，但遭到家属反对。社会工作者多次家访，成功说服家属。该残障人士

走上公园门卫的工作岗位，试用期间他因病发被送到精神病院，其家庭再次陷入照顾压力的困境。

（二）聚焦残障人士与多元就业支持主体互动的就业服务发展阶段

2017年10月，C工疗站着重把社会工作服务与服务对象的生计、生活、康复联系在一起，把关注的焦点聚焦在更多元的社会支持主体上，以便残障人士获得不同类型的就业支持。C工疗站开始培育残障人士的主体意识，让他们明白先天身体缺陷或者后天造成的身心障碍，并不该成为阻碍他们创造社会价值或受歧视的理由，只是与健全人对比，他们缺乏相应完善的社会支持系统，从而造成他们与支持方不对等互动。残健共融的社区意识薄弱，残障人士社区就业参与程度低，这就使得他们缺乏与社区社会支持主体互动的渠道。因此，此阶段社会工作者发起以下行动。

首先，C工疗站启动朋辈支援员计划。本次行动一共发动16名残障人士参与，组成朋辈支援员小组。小组成员除了学习协管技能，更重要的是增加了过程参与感，使得他们的意识得到提升，也有勇气与不同社会成员、社区组织增强联系。小组成员通过同路人的身份，协助各自的站点导师管理内务，通过向其他工疗站伙伴输出自己的智慧，支援他们完成站内训练。

其次，社会工作者制订康园微社区营造计划。12个工疗站的残障人士来自不同社区和村庄，社会工作者认为应将这种可贵的缘分聚零成整。社会工作者通过举办康园文化布置运动、康园成果展、康园旅游体验活动等社区活动，以及职业训练、心理辅导等服务，帮助残障人士提高社会适应能力，为他们表达需求、表现自我创造机会，提升其就业动力。

在这个阶段，社会工作者主要从自助群体的角度采取相互援助网络工作，帮助残障人士自力更生。残障人士依靠支援员群体自身的力量共同克服困难，争取其他支持主体的认同，并随着社会支持逐渐丰富，表达出渴望社区就业、社区融入、获得更多健全群体认可的服务诉求，但并未真正进入就业竞争市场。因此，C工疗站再次调整就业服务的思路和行动计划。

（三）重点建设社区康复社会支持体系的就业服务成熟阶段

社区康复是残障服务的重要组成部分，包括健康、教育、谋生、社会、赋权。2019年起，C工疗站虽然力求全面建设社区康复社会支持体系，但在实际行动中,更侧重就业服务。社会工作者通过广州市公益创投、腾讯公益等方式募集资金及资源,强化残障人士工作技能和人际社交能力,促使他们能够适应就业市场的工作要求,并得以进入具有竞争性的就业市场。C 工疗站做了大量的工作,比如策划实施广州市第六届公益创投"十大品牌项目"之一的"筑梦驿站——残疾人支持性就业"项目。

从项目的实施看,社会工作者联合了家庭、社区居民、社区志愿者等非正式社会支持主体,从"梦想"的角度唤醒近 100 名残障人士就业的深层次需求,最终动员 20 人参与筑梦驿站的运营,参与农产品生产、销售、推广、售后等社区服务过程,也激发了其他残障人士的就业动机,他们从幕后走向台前,产生了一定的社区影响力。当然,这个过程并不顺利,社会工作者遇到很多无所适从的挫折。

第一个挫折是成交量下降背后的信任危机,直接影响残障人士回归社区的信任基础。

千某汇的东西嘛,单价便宜,刚开始顾客买得比较多,但是货品质量不行啊,售后跟不上啊,慢慢他们都不下单了,而且一次性买满 500 元才发货。(资料来源:访谈,访谈编号为 S2,2019 - 12 - 16)

第二个挫折是货品销量低,打击着残障人士的成就感和社区归属感。驿站设置在 D 社区,一个老旧社区,居民以中老年人居多,社区居民时间充裕,但对价格的敏感度较高。

我们现在只跟永某隆合作,还有计划跟十某团合作。不过十某团比较贵,跟我们买东西的都是阿姨阿叔,他们经常逛超市,一看价格还不如超市便宜,人家当然不下单啦,所以也不好做啊。(资料来源:访谈,访谈编号为 S2,2019 - 12 - 16)

第三个挫折是驿站经营场地不具备合法性。

最初我们把青菜放在工疗站门口路边卖,摊位是违规的,占道经营,我们找了工商、城管、居委会,最后没办法,只能入室经营。(资料来源:访谈,访谈编号为 S1,2019 - 12 - 23)

第四个挫折是社会工作者链接资源时,常常受到质疑或被拒绝。

社会工作者回忆联系企业赞助的过程:"最初找到某食街经理,受到'刁难',他问:'我又不知道你们是什么人,提供一下方案和工作证明。'"(资料来源:访谈,访谈编号为社会工作者 S1,2019 - 12 - 23)

面对一系列挫折，社会工作者协同残障人士积极行动。首先，建立信任交易关系，凡是消费满58元，项目成员骑残疾人车均可配送2千米范围内的订单。此举广受附近居民的欢迎，销量大幅上涨，也提升了残障人士的销售信心。其次，驿站搬至室内经营，项目成员各自发挥所长，有的花心思摆放菜品，有的在门店招揽客人，有的负责网络销售咨询，客流并没减少。最后，C工疗站社会工作者坦然面对质疑，站在企业"用工"需求、社会责任、正面宣传等角度沟通，顺利争取企业的支持。

二、社会工作介入C工疗站残障人士就业服务的实践策略

（一）萌芽期：重建非正式支持网络

在就业服务的萌芽阶段，C工疗站社会工作者试图打破残障人士封闭的社交局面，帮助他们进行社会交往康复，为推动残障人士公开就业打下能力基础，并尝试通过增加残障人士对家庭的贡献，改变家属对残障人士就业的回避态度，提高残障人士就业可能性。这个阶段，社会工作者重点使用重建非正式支持策略，以应对残障人士个人社交网络薄弱以及家庭支持不足带来的就业困难。

1. 残障同辈之间互助支持策略

C工疗站社会工作者通过增强残障同辈互助，建立职场规则的初始意识，如挖掘领袖人物，发展朋辈支援员计划，以工疗站导师助理的身份，有偿协管站内工作。最初，社会工作者筛选了8个工疗站的16名残障人士进行团体培训，最终坚持下来的只有7人。社会工作者为快速启动计划，强化残障人士面对社区的勇气，增强同辈支持网络，在初期做了大量工作，其中比较有意思就是非洲鼓队伍培育。社会工作者的直接培育服务，以社区为平台展现了残障人士才艺，甚至吸引到企业的注意，为下一阶段拓展企业支持网络打下信任基石。

非洲鼓活动是某食街赞助的，当我们要花这笔钱的时候，我们邀请了他们来参与活动。我们做企业回访，以往都是在大厅谈的，这回经理很热情邀请我们去他的办公室，还泡了工夫茶。他说，他很感动，残疾人也能打非洲鼓。（资料来源：访谈，访谈编号为社会工作者S1，2019 - 12 - 23）

2. 增强残障人士的家庭经济贡献策略

为应对家庭支持不足的情况，C工疗站社会工作者采用个人网络策略锻

炼残障人士的综合能力，以增强其对家庭的贡献。当评价残障人士对家庭经济贡献时，我们不能以单一的标准进行评判，因为以劳动报酬作为衡量家庭贡献，尤其是家庭经济贡献的唯一标准时，残障人士很难"达标"，他们在工疗站获得的"收入"往往远低于其他成年人在劳动力市场所得的收入。因此，社会工作者提升残障人士劳动能力以增加家庭收入，锻炼家务能力以增强经济贡献，如通过链接职业培训学校资源、支持性就业辅导、推荐就业等方式提升残障人士的劳动水平。对困境家庭而言，工疗站残障人士的"收入"可能是家庭经济主要来源之一。

家务劳动是创造家庭剩余产品的一种特殊劳动形式，也创造使用价值。残障人士的家务劳动一般可分为自我照顾的劳动、为其他家属服务的劳动、生育孩子的劳动，其家务劳动对家庭经济贡献的能力一直被忽视或被低估。社会工作者围绕"自立生活"做了大量工作，包括生活技能训练和社会适应能力训练，其中社会工作者推动残障人士参与自立生活夏令营比较成功，同一批残障人士连续 3 个月，离开工疗站、离开家庭、离开熟悉的社区，进行 2～3 天独立生活训练，回家后在家属的指导下进行练习，次月继续进行独立生活训练，80% 参加者认为其自我照顾和照顾他人的能力均有提升。社会工作者向他们输送家务劳动价值观念，自立生活能力转变成家务劳动能力，以增强家庭支持动力。

3. 提升家属照顾能力的家庭就业支持策略

家庭支持对残障人士非常重要，但每一个家庭对残障的反应是不同的，有些家庭难以接纳一个残障孩子，有些家庭却感恩孩子的到来，但更多的家庭忧心于未来生活。经济与照料的双重困难既阻碍了家庭支持性功能的发挥，也导致家属过于聚焦在"日常照料"方面，而忽略了"参与"与"发展"。为了改变这种现状，社会工作者创造残障人士与家属的亲密相处机会，促使家属从发展的角度看待照顾问题，转变事事包办的照顾方式。J 与其父亲的小故事，可见一斑。

在正式推动 J 就业之前，我跟 J 以及他的父亲进行"三方会谈"，最初他父亲认为"一份工而已，干不干都无所谓"。后面我从人生的角度，做了很多思想工作，他父亲也意识到自己年纪大了，每个月帮 J 交 1300 元社保费非常吃力。上周日，我让他也过来看看工作中的 J，了解那里的工作环境，让他参与进来。（资料来源：访谈，访谈编号为社会工作者 S1，2019－12－23）

然而，不管是以残障人士为中心的个人网络工作介入，还是家庭网络工作的介入，都是一种微观的社会支持，对推动社区残障人士康复、社区融入、增收而言，非正式社会支持网络发挥的作用极其有限。

（二）发展期：重建正式支持网络

进入就业服务的发展阶段，C工疗站社会工作者意识到不能只寄托希望于残障人士个人及其家庭，决定挖掘其可利用的社会关系和社会资源，把关注的焦点聚集在正式的社会支持网络上，以便残障人士通过社会资源网络获得新的、不同类型的就业社会支持。

1. 就业政策倡导策略

政府是残障人士最主要的正式社会支持主体，残障人士相关政策制定者，主要是区级以上残疾人联合会。作为C工疗站服务购买方的C区残联，则是非常重要的政策倡导主体。实际情况是，区残联一般通过工疗站的总结报告、突发事故说明等书面材料来了解情况，较少到站考察。因此，社会工作者不断创造与残联沟通和交流的机会，积极争取政府的理解和支持，如C工疗站邀请残联领导出席"残疾人就业实训基地"的剪彩仪式，为建立良好的合作关系埋下信任伏笔。为保障残障人士的正当权益，C工疗站通过各种途径保持与政府的良性互动关系，包括配合政府工作的开展、主动邀请公职人员参与助残活动、积极地参与社会活动，表达及回应残障人士的利益诉求。

媒体倡导能够促进社会公众对问题的广泛了解和认识。C工疗站通过电视台、小册子、年报、报纸等媒介的宣传倡导，刊登社区活动信息、服务案例、政策等，展现残障人士在就业能力、回馈社会等方面的风采，借助大众媒体的宣传，让政府关注残障群体的利益，出台相关利好政策，从而增强残障人士就业社会支持网络。值得注意的是，残障群体作为一个比较敏感的群体，在开展宣传倡导的时候，服务对象的隐私保护工作显得尤为重要。工疗站社会工作者采取的策略是尊重服务对象的自决，在取得服务对象的同意后才公开残障人士的面相。比如社会工作者在传播一社区残障人士成功就业的服务案例中所提及的一段对话。

社会工作者问："这篇文章中的内容是真实的呈现，你是否愿意相片中的你以清晰的五官现于人前？"我答："有何不可？我同意对我的相片不作模糊处理，只要部分相片里有同框的小伙伴他也不介意就行。"（资料来源：K机构的

微信公众号）

2. 建立残障人士与企业双向择业机制策略

残障人士的就业机会跟企业社会责任感相关，企业对残障人士就业能力的不信任，将加重残障人士就业困难程度。为此，工疗站主动与对接企业建立长期的合作机制、就业对接机制，解决就业信息不对称的问题，为残障人士建立囊括个人及家庭信息、就业经历，就业培训经验、基本技能、就业意愿等信息的个人档案，实现一人一档。换言之，尽管就业的决定权掌握在企业手中，但社会工作者可以通过搭建残障人士与企业的双向择业机制，以此解决以往过于单向的就业模式。

3. 构建社会组织之间的互助网络策略

C 工疗站社会工作者协同助残社会组织，建构能力互助的网络，参与社会治理。2017 年工疗站与居家托养项目联合培养残障家政员，首批"结业"家政员顺利上岗，完成家庭卫生清洁工作。同时，C 工疗站推动 4 名残障人士以实习保洁员身份承包了 C 区社区精神康复综合服务中心的场地卫生。借助首批残障人士家政员的成功经验，2018 年 5 月"保洁·我能"家政员计划全面实施。工疗站最初主要承担推荐残障人士参与职业培训义务，并通过居家托养项目考核，成功转介就业，并把服务经验复制到其他工疗站站点上。

此阶段，就业社会支持网络在重建过程中进行得较为缓慢，并未如预期发挥应有的作用，也增加了残障人士与就业市场接轨、社区联结的难度。C 工疗站社会工作者又一次调整重建社会支持网络的行动策略。

（三）成熟期：重建正式与非正式支持网络的联动策略

社会支持网络不应割裂地看待正式资源与非正式资源，而是应将正式与非正式的资源整合起来，尤其强化社区的社会构成，以便促进社区残障人士的就业机会提升。在就业服务的成熟阶段，C 工疗站社会工作者为实现全面建设社区康复社会支持体系的愿景目标，使用重建正式与非正式支持网络的联动策略，以增强社区就业的效果。

1. 个人层面：正式与非正式就业资源拓展与对接策略

社会工作者收集及评估残障人士的生活及职业发展的现实需求，不断拓展正式资源与非正式资源，让不同资源能够顺利对接，解决不同资源之间信息不对称的问题，从而能够帮助残障人士重建更紧密的就业社会支持网络。

社会工作者收集保洁员、门卫、快餐店服务员等岗位信息，成功推荐就业。

2. 社区层面：以残助残与残健共融的就业帮扶策略

社会工作者依靠推动青年残障人士帮扶助残实践和打造残健共融社区雏形来形成社区就业机制。

首先，笔者将以"传递爱的午餐"项目展现 C 工疗站在社区推动青年残障人士帮扶老年残障人士的过程。K 机构开始关注残疾老人配餐的问题，在 L 村开设一个爱心助餐点，这里的 15 名配餐员都是工疗站残障学员，且大部分为智力障碍者，他们骑着人力三轮车，载上爱心午餐，派送给 50 位行动不便的残障长者，并设计了残障长者营养餐单（资料来源：根据《南方都市报》2019 年 11 月 20 日《看到"红马甲"有了爱和午餐，广州福彩公益金 1.2 亿资助公益创投》报道整理而来）。可见，社会工作者通过联合志愿者，组织经培训的残障人士参与从食品采购、午餐制作到送餐过程，同时也是基于残障青年与残障老年对话关系的社会实践过程，既帮助贫困农村老人解决用餐困难的社会问题，也帮助年轻的残障人士把握了社区就业的实践机会，从而建构适应残障老龄化社会的就业服务体系，在社区推行贯彻残障人士回馈社会理念的以残助残的就业机制。

其次，个体必须在团体的背景下共同学习、组织与行动，从而实现相互赋权，社会工作者鼓励残障人士在日常生活和社区互动中大胆表现自我，推动其积极公共参与。笔者以筑梦驿站项目为例，展示工疗站促进残健共融式公共参与的建设过程。项目之初，K 机构对筑梦驿站的想象是：通过搭建残障人士自助经营的社区就业平台，残障人士面向社区直接进行营销活动，从而提升居民对残障人士的身份认同感，残障人士对社区的归属感，促进社区资源有效流动，从而形成包容性社区就业支持氛围。残障人士与普通社区居民相比，归属感更加淡薄，具体反映在对社区的情感认知度和社区参与程度更低。据已成功公开就业的残障人士 J 回忆："我曾以经营摊位会打乱作息时间、辛苦、津贴不高等原因，拒绝加入'筑梦驿站'摊位的培训。"

残障人士缺乏参与社区生活的勇气，更谈不上完成社区就业。为了改变这一现状，社会工作者依托工疗站所在社区，与残障人士一起在熟悉的环境中灵活地运用社区中的原有资源，如无销路的残障人士手工艺品、闲置的位于市场旁街铺、大量的心智障碍者人力资源。当这些资源被认同，并带来经济收入时，打破纯庇护就业隔离状态，残障人士社会化程度加深，他们对社区归属感得到增强。最初，残障人士对社区生活、社会交往规则缺乏基本认知，比如销售结束，会问："为什么我卖菜给其他人，我还得跟他说谢谢，而不是他感谢我把菜卖给他？"随着项目不断推进，有的变化悄然发生。

以前阿媚天天在家里打游戏机、看电视，也不会打扮自己，你看现在去做了美甲。来到这里当售货员，见识的人多了，也重视自己的形象了。（资料来源：访谈，访谈编号为社会工作者S2，2019－12－16）

个人形象的意识提升只是他们在参与社区生活过程中的额外收获。实际上，这些变化展现出残障人士对他人、社区的影响力，残障人士对社区的关注持续加深，社区归属感在增强，才有了社区就业的可能性。相对于之前两个阶段，本阶段的残障人士社会支持网络的重建有了质的飞跃，不仅体现在残障人士社区就业参与层次得到提升，也体现在拓展了残障人士的社区影响力，能够真正地满足残障人士社区就业的需求。

三、服务成效

（一）亲缘支持网络强化，残障人士生活品质改善

截至2022年10月，C工疗站在册人员419人，每人每天可获得20元职业训练津贴，以及人均每月额外增收52.2元劳动报酬。此外，社会工作者以不同的方式发掘残障人士职业潜能，提供岗位实习锻炼的机会。以筑梦驿站为例，残障人士充当驿站运营人员除训练津贴，每月额外增加300～350元的岗位补贴，所获得补贴直接拨付到残障人士个人账户。随着残障人士对家庭经济和生活贡献的提高，使得残障人士与家人之间的良性互动增多，使亲缘支持网络得到强化。比如LT工疗站3级智力残障妇女，本该是被照顾的对象，进站前却承担照顾家庭的全部责任，且受限于照顾水平较低，而遭受家人指责。进站后，她每月获得职业训练津贴和劳务津贴，成为家庭的重要经济来源之一，其以散工为生的丈夫，每逢工作日中午主动做饭，分担一部分家务，改善了夫妻关系。家属的态度和支持对于残障人士非常重要，家属积极的态度成为残障人士融入社会的强大动力。

（二）政企社联动紧密，残障人士就业渠道拓宽

为了解决残障人士就业信息不对称的问题，提升工疗站公开就业率，社

会工作者通过链接企业联系合适的就业机会和资源。2022 年，C 工疗站与 10 家企业或手工作坊达成长期合作机制，也接受残联、镇街等单位的就业推荐。虽然受到新冠病毒感染的影响，近 3 年仍有 5 名残障人士成功与跨国连锁企业、民营企业签订劳动合同。可见，C 工疗站社区就业服务表现出整体效益不明显，在个体层面，效果是显著的。

（三）社会组织协作得当，搭建社区职业训练平台

残障人士职业训练是一项难度系数较大的服务。C 工疗站协同社会组织对各社会组织所提供的服务内容进行细分，开发不同服务类目。社会工作者建立职业技能训练基地，以技能培训为平台，协同社会组织、志愿者、家属、企业等深度合作，共同为残障人士提供优质而多元的职业支持及心理素质重建。缺乏实践机会和技术支持一直是残障人士就业信心不足的重要原因，社会组织支持强化以来，残障人士对未来工作充满期待、对未来生活拥有了掌控感，实现了职业康复和生计赋能。

本文立足于广州市残障社会工作介入就业服务的处境，不断实践与反思，展现出社会工作者协同残障人士及其家庭、政府、企业、社会组织等共同参与就业服务的行动过程，在不同层面协同治理，着力残障人士就业民生保障。同时，本文也是探索社会支持网络理论指导残障社会工作参与社会治理的本土化运用。值得反思的是，在城乡一体化建设背景下，本文中社会工作者就业服务主要集中在城区范围，偏远地区的工疗站残障社会工作并没有取得突破性的进展。近年来，在乡村振兴国家战略红利带动下，C 区的农村社会经济日益发展，乡村社会工作建设也随之丰满，C 工疗站要充分把握好乡村残障社会工作机遇，搭建城乡就业资源联动平台，提升乡村残障人士的就业率。

参考文献

[1] 卓彩琴，张雪辉，张倩昕. 助残社会组织参与社会治理的行动路径：基于广东省盲人协会的个案研究 [J]. 社会工作与管理，2021（6）：50 - 60.

[2] 王宁. 从节俭主义到消费主义转型的文化逻辑 [J]. 兰州大学学报（社会科学版），2010（3）：14 - 22.

[3] 古学斌. 农村社会：工作理论与实践 [M]. 北京：社会科学文献出版社，2018.

[4] LUBBERS M J, GARCÍA H V, CASTAÑO P E, et al.. Relationships stretched thin:

social support mobilization in poverty [J]. The ANNALS of the american academy of political and social Science, 2020, 689 (1).

[5] 东波. 农村"留守儿童"社会支持网络模式探微 [J]. 学术交流, 2009 (5): 133 - 135.

[6] 范明林. 社会工作理论与实务 [M]. 上海: 上海大学出版社, 2007.

[7] 世界卫生组织, 联合国教科文组织, 国际劳工组织, 国际残疾人发展机构. 以社区为基础的康复指南 [M]. 云南省人口和卫生健康宣传教育中心.

[8] 尹晴. 云南省武定县猫街镇彝族妇女家庭经济贡献分析: 基于家庭日常生产生活的角度 [J]. 经济研究导刊, 2014 (35): 255 - 258.

[9] 张和清, 杨锡聪. 社区为本的整合社会工作实践: 理论、实务与绿耕经验 [M]. 北京: 社会科学文献出版社, 2016.

社区困境长者居家安全支持系统构建的实务探究

——以广州 S 街长者居家安全项目为例

雷颖珊　　王兴龙①

摘　要： 在老龄化的时代背景下，长者居家安全问题得到广泛关注和服务介入，但关于整体性打造长者居家安全支持系统的实务工作略显单薄。广州 S 街基于社区照顾理论，以"533"模式为主要实务路径，建立社区困境长者居家安全支持系统，达到"软硬兼施"的效果。项目推进过程中探索出一套可复制的服务机制，促进项目的可持续发展。

关键词： 困境长者；居家安全；支持系统

一、研究背景及问题提出

20 世纪 90 年代以来，中国的老龄化进程加快，老龄化成为 21 世纪的重要特征。我国老年人口基数大、增速快，预计到 2040 年，老龄化率将超过 20%，人口预期寿命延长、家庭少子化与核心化也加重了高龄化与空巢化的趋势。

做好老年人居家安全防护工作是养老工作与服务的重点与前提。我国目前养老模式包括居家养老以及机构养老，受传统文化及认知习惯影响，老年人更倾向于居家养老，而家庭则成为最主要的活动场所。有研究报道称，老年人居家意外伤害的发生率和致死率较高，空巢老人因缺乏子女日常生活关怀照料，出现居家意外的可能性会相对增加。老年人独自居家生活，各种安全隐患不仅威胁老人们的安全和健康，甚至可能导致社会安全问题，应引起各方面的重视。

---

① 作者简介：雷颖珊，广州市广爱社会工作服务中心，中级社会工作师；王兴龙，广州市广爱社会工作服务中心，中级社会工作师。

政府通过不断进行政策发布、修订，让老年人的居家安全服务有法可依，对老年人居家安全防护工作越来越重视。国家为了做好老年人的居家安全工作，在 2018 年修订的《中华人民共和国老年人权益保障法》中规定，"推进宜居环境建设，为老年人提供安全、便利和舒适的环境"，"引导、支持老年宜居住宅的开发，推动和扶持老年人家庭无障碍设施的改造，为老年人创造无障碍居住环境"，同时修订了《老年人建筑设计规范》，对老年人居住的居室、厨房、卫生间、阳台、门窗、室内装修、室内设施的安装规范进行明确的规定。

S 街在实务过程中发现，辖区内几乎每年至少都会发生一起社区长者因在家中发生居家安全事故而去世的意外事件，这引起了社会工作者对长者居家安全问题的关注。社会工作者在后续服务调研中也发现，超过 70% 的社区困境长者（孤寡、特困、低保低收等）曾在家中发生意外摔倒、燃气泄漏、电器起火等居家安全事故，究其影响事故的重要因素，涉及社区困境长者居家安全问题。社区困境长者因经济、身体、支持网络等原因，在预防及应对居家安全风险方面处于更弱势的地位，因此，笔者从困境长者居家安全支持入手，考察前人的探索、结合自身实践，期望总结适用于长者居家安全支持系统构建的实务方法和路径。

二、老年人居家安全研究的文献综述

（一）老年人居家安全的定义与内容

"居家安全"是指居住场所的安全，免予居住者遭受来自居住环境的伤害。甘学泓认为常见的居家安全问题包括因家中杂物乱放不及时清理、居家环境设计不合理、家中缺少安全设施等引起的居家安全问题；食品药品安全问题；水电煤使用的安全问题。罗婷则将老年人的居家安全整理为居家安全的事故、意识、知识、行为及环境 5 个内容。谭梦颖则将居家安全归纳为用药安全、跌倒预防、燃气安全、用电安全 4 个方面。

（二）老年人居家安全风险的防范研究

国外学者在研究老年人居家环境安全时，主要从居家环境的风险评估和问题干预两个方面进行。国外学者运用各种评估工具，调查得出老年人缺乏

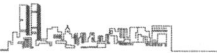

居家安全意外事故的防范意识，可以通过提供适老化改造、居家护理等措施，对老年人的居家安全问题进行干预。美国、韩国等国家还在老年大学中开设课程，扩大老年人的知识储备，教导老年人急救和自救的技能。

我国学者则对老年人发生居家安全事故的原因以及防范进行了大量的研究。近年来，独居老人因自身控制环境和应对突发事故的能力降低，发生跌倒、骨折、烧伤等安全事故的比例逐年上升。缺乏相关居家安全知识、家庭环境适老化程度低、长期缺乏家庭照顾支持、经济压力大等都是老年人发生居家安全事故的重要原因。于雨情总结，威胁老年人居家安全的原因包括正常老化、疾病因素、药物因素、生活环境。关于老年人居家安全防范方面的举措，包括建立老年人家庭养老服务网络、通过教育手段提高老年人对居家安全的认识以及防范意识、提供适老化改造服务等。

学者研究发现，家庭成员、邻居及相关社会组织对老年人安全的防范意识和重视程度有待加强。谢裕芳等表示，老年群体如果长期缺乏家人的关心或受到疾病等不同原因的打击后，会更加容易在居家过程中发生居家安全事故。汤思月等认为，政府、社会组织团体及成员和家庭应多多关注空巢老人，为空巢老人提供全方位的支持。但其实通过社会工作的介入，可以帮助独居老人消除居家安全隐患，避免危险事故发生，同时让独居老人体会到社会的温暖，体会到人心的温度。笔者在整理国内外文献资料及查阅广州市社会组织开展的居家安全支持服务时发现，绝大部分组织都只关注长者的适老化物理环境改造，而对于长者的应急支持系统及日常的预防支持系统（含情绪支持和心理慰藉）的整体性支持，则介入甚少。

（三）本文主题及其研究意义

根据对文献资料的梳理，以及对实务经验的提炼总结，本文认为居家安全包括"软件"和"硬件"两个方面。"软件"是指居家安全的支持因素，这些支持因素提供居家安全知识宣传、意识提升等恒常服务和居家安全应急服务；"硬件"是指居住场所的安全，免予居住者遭受来自居住环境的伤害。

本文的研究意义主要有以下几点。

一是本文是基于实证研究，从社会工作的实务经验中总结而来，对于实践工作具有较大的实用价值和指导作用。

二是在本项目中，社会工作者不仅关注社区困境长者的"硬件"建设，同时更加关注居家安全的"软服务"支持，采取"软硬兼施"的策略，构建全面的居家安全支持系统。

三是本文通过总结经验，形成居家安全支持服务"533"模式（如图1所示），具有较强的示范及指引作用。

三、S街老年人居家安全社会工作实务探索

（一）S街概况

S街始建于1950年7月，辖区内多为老旧、无电梯小区，居住环境适老化程度低，老龄化程度高达29.63%。同时，S街曾发生2起长者在家发生居家安全意外而去世的事故，这引起了社区及社会工作者的高度关注，社区中一般长者尚且会遇到如此意外，社区困境长者的居家安全情况应更加受到重视。

经前期了解，辖内困境长者居所的适老化程度弱，且因为经济和社会支持不足等原因，适老化改善难度大。

（二）介入理论及策略

"社区照顾"是指给因老年、心理疾病、心理障碍或身体及感觉机能障碍问题所困者提供服务和支持，让他们能够尽可能在自己家中或社区中"类似家庭"的环境下过着独立的生活，强调借助非正规社会支持网络的力量，是一种在社区中充分地挖掘各种资源对受助人进行照顾的综合性实施策略。因此，社会工作者的主要任务是识别社区现存的支持网络，协助建立或强化这些支持网络，并促进网络成员的支持及互助能力。一般来讲，社区支持网络大致分为三类：提供直接服务的网络；社区困境长者自身的互助网络；社区紧急支援网络。

本项目在社区照顾模式的指导下，在社区内动员社区困境长者的家人、亲友、邻里和志愿者、物业公司等，借此建立、增强社区困境长者居家安全支持系统，建立居家安全支持系统服务机制；同时继续关注社区困境长者的居家环境情况，推动社区资源、志愿者力量参与居家改善服务，增强社区困境长者居家安全知识和技能。

依据与社区困境长者的亲密程度和地理距离、响应社区困境长者居家安

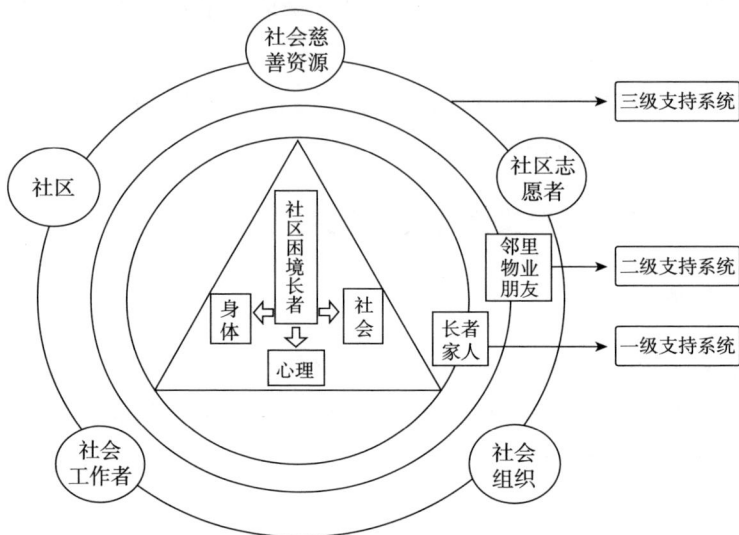

图 1　社区困境长者居家安全支持系统模式（533 模式图）

全需求的及时程度，社会工作者将社区困境长者居家安全支持系统分为三个
层级，包括以下内容。

一级支持系统为社区困境长者自身及其家人——社区困境长者在产生居
家安全支持需求时，需要其自身及时反应，以开展自救，因此自身作为一级
支持系统。而家人作为社区困境长者最信任的支持主体，是社区困境长者产
生居家安全需求时首要联系的主体，也是对社区困境长者居家安全需求作出
决策反应的首要主体，因此作为一级支持系统。二级支持系统包括社区困境
长者的邻里、物业、朋友——邻里和物业在地理距离上离社区困境长者最近，
社区困境长者与朋友、邻里的信任程度仅次于家人，此层级中的支持主体，
在接到来自一级支持主体的社区困境长者居家安全需求后，能够较为及时地
为社区困境长者提供居家安全支持服务，响应的及时程度仅次于一级支持系
统甚至优于一级支持系统中有血缘关系的家人。三级支持系统包括社会企业、
社区居民（志愿者服务队伍）、社会组织、社会工作者和社区各部门——此层
级支持主体与一级、二级的主体相比，在亲密程度和地理距离上较弱，但能
够发挥团体的优势，在政策、资源支持方面，发挥其正式支持网络的优势，
在一些现代化程度较高的社区，三级支持系统发挥了更重要的支持作用。

"533 模式"社区困境长者居家安全支持系统，以"五社联动"为根基，
探索适合不同情况的社区困境长者支持系统的构建，因长者情况和需求的多

元性，三级支持系统的优先次序根据实际情况作出调整，更侧重多重支持的完备性、及时性和有效性，三级支持之间并未有严格意义上的优先级比较。

（三）"533" 模式服务实践路径

1. 以社区困境长者为服务对象，评估居家安全支持需求

S 街社会工作者运用居家环境筛查量表、社会支持评估量表、应急支持评估量表为 112 位社区困境长者提供居家安全需求评估服务，了解长者居家安全服务需求，并实行分层分类建档管理，为后续服务资源的精准对接打下基础。

2. 构建 "533" 支持系统，筑牢社区困境长者居家安全保障屏障

第一，按照构建 "五社联动" 供需对接网络的方向。首先，社会工作者梳理社区资源库，得出 S 街可参与社区困境长者居家安全支持系统的 "五社" 主体，包括社会资源（企业）、社区自组织（含志愿者服务队伍）、社会组织、社会工作者和社区，并结合社区内大院较多的特性，积极与 5 家社区物业公司建立联动合作，促进其成为支持系统主体。其次，根据社会支持评估量表，将社区困境长者的朋友、邻里以及社区困境长者自身纳入支持系统中。最后，社会工作者将收集到的长者居家安全支持需求进行整合、梳理，与系统中各主体进行访谈，进行资源的整合对接，切实解决社区困境长者居家安全问题。

第二，社会工作者设计了《居家安全支持多功能手册》（以下简称《手册》），动员各支持主体运用《手册》为社区困境长者建立紧急联系人，设置手机 "一键拨号"，构建或完善一级支持系统；通过为社区困境长者设置 "社区联络卡"，构建三级支持系统。服务覆盖后，一方面，70% 的社区困境长者对居家安全的认识和应急处理能力均有不同程度的增强；另一方面，居家安全支持系统支持主体增加，家属对社区困境长者的支持程度也得到增强。

第三，社会工作者通过发挥三级支持系统提供恒常服务的功能，定期收集社区困境长者的居家环境改善需求，通过申请街道 "双微项目"、广州市慈善会微心愿项目、天河区慈善会 "居家微改，安全相伴" 项目，提供居家环境改善服务，社区困境长者居家安全系数提升 10.06%，预防了居家环境隐患问题对社区困境长者健康产生影响。

另外，发挥二级支持系统距离近的特性，提供居家安全支持服务。社会

工作者赋能助老专才志愿组织发挥优势，运用就近原则，采取配对服务的形式，以每月探访两次的频率，为社区困境长者提供居家安全知识宣传、情绪支持、需求收集等服务。同时，与物业公司商定物业服务清单，明确服务内容，每月开展1次居家安全支持服务，包括应急支持、用电安全排查、居家微改、日常问候关怀等。开展邻里活动，促进社区困境长者与邻里的互动，营造邻里互助的社区氛围。服务后，S街社区困境长者居家安全社会支持度提升8.46%。

3. "联动＋机制"，赋能支持系统稳定运行

社会工作者需通过"五社联动"，整合各项资源，进行物资以及志愿者的链接。在服务开展过程中，社会工作者需积极主动、不断与支持服务中各主体保持服务上的沟通，建立《社区困境长者居家安全支持服务机制》，让社会工作者与各主体的对接有更加清晰的指引，能够明确各主体的工作，快速实现需求与服务的对接和运作，为社区困境长者居家安全三级支持系统的稳定运行提供基础。

社区孤寡长者F姨，在家中突发不适，F姨马上根据社会工作者曾经教授的应急方法，启动居家安全应急行动。首先寻求邻居的帮助，在邻居的协助下，通过社区联络卡拨打社工站"红棉守护热线"进行求助，随后社会工作者和邻居协助F姨前往医院紧急就诊，缓解了此次危机事件。可以看出，"联动＋机制"构建的支持系统能够提升社区困境长者在居家安全问题上的解决效率。

四、"533"模式介入服务的实践经验和反思

（一）实践经验

广州S街社会工作者通过建立社区困境长者居家安全支持系统"533"服务模式，对社区困境长者居家安全支持不足的问题进行了系统的、有针对性的介入。

社会工作者在社区照顾理论的指导下，识别社区现存的网络，积极与五社主体及社区困境长者的朋友、家属进行联系沟通，协助建立或强化这些支持网络，通过开展各项服务，促进网络成员的支持及互助能力，从而构建了社区困境长者居家安全三级支持系统，"软硬兼施"，为社区困境长者提供身、

心、社三层服务。

社会工作者结合 S 街大院宿舍多、物业公司多的特点，与物业公司建立合作，将其纳入社区困境长者居家安全的支持服务，并取得了较好的效果。可以看出，社会工作者能够结合社区特点，通过资源挖掘以及对接运作开展服务。社工站与 5 家物业管理公司签订合作协议，整合了广州市慈善会、S 街道党工委、天河区慈善会三家社会及政府资源，动员了中国电信、星海音乐学院、广东省唯品会慈善基金会等 11 个资源主体参与社区困境长者居家安全支持服务，链接了价值 37719.79 元的居家安全改造物资；动员 384 人次的志愿者参与居家安全支持服务，成立了 4 支助老志愿队伍，合计服务约 1000 小时。

通过服务经验的梳理总结，形成了可推广、可复制的服务模式。服务机制的制定，快速实现了需求与服务的对接和运作，为社区困境长者居家安全三级支持系统的稳定运行提供了基础。在支持系统构成中，社会工作者是服务的发起者、主导者，进行资源的供需对接工作；居委会则是社会工作者与物业单位的黏合剂，同时与社会工作者共享各项社区信息；物业则负责社区困境长者的应急支持、恒常支持；志愿者扮演着为社区困境长者居家安全恒常提供支持服务的角色；社会企业和社会组织则是提供居家安全支持的资源主体。

（二）实践反思

在社区照顾模式理论的基础上，社会工作者总结发展出"533 模式"下的社区困境长者居家安全支持服务，在实践中，笔者认为还有以下情况需要进行反思。

1. 社区困境长者运用居家安全支持系统的能力仍需强化

S 街在此次的服务当中取得了较好的成效，社区困境长者的居家安全支持系统得以构建，系统也得以持续有效运行，但社区困境长者在主动运用居家安全支持系统的观念和行为上，仍需强化。在建立系统支持后，部分社区困境长者在遇到居家安全问题时，第一反应仍是自己忍受或者尝试自己解决。

2. 居家安全支持系统中各主体对社区困境长者的支持度仍需提升

在机制建立后，居家安全支持系统得以持续运行，但运行的主动性不强，很多时候需要社会工作者在背后推动或直接参与，系统中的各主体目前尚缺

少对社区困境长者居家安全支持的主动关注。例如，物业管理公司工作人员众多，但目前只有部分与社会工作者进行对接的工作人员对支持服务有所了解，这表明社会工作者需要不断促进物业管理公司在服务中的投入。

五、结语

S街长者居家安全项目在实务操作过程中，以社区照顾模式为架构，关注社区困境长者的居家安全支持网络，预防并缓解社区困境长者的居家安全问题。项目在实践中总结出社区困境长者居家安全支持系统"533 模式"，并在实践上取得了一定效果。项目不仅关注社区困境长者的"硬件"建设，同时更加关注居家安全的"软服务"支持，采取"软硬兼施"的策略，构建全面的居家安全支持系统，形成了相对规范、系统的实务工作流程，对于行业的同类服务具有一定的示范及指引作用。项目实践中总结的"533"模式，不仅完善了长者居家安全服务方面的实务操作系统，也填补了相关服务理论的空缺，对社会工作行业发展有较大的实践价值和参考意义。

在实践探索过程中，笔者发现长者的认知和习惯的改变需要一个较长的过程，在服务设计、推进及支持系统的构建和稳固上，也需要考虑持续性。因此，服务成效的提升以及支持系统的稳定和运作效率提升，是本研究后续关注的方向，也是同行值得探索的问题。

参考文献

[1] 李重仪. 独居老人居家安全工作小组实践 [D]. 长春：长春工业大学，2019.

[2] 甘学泓. 社会工作介入空巢老人居家安全问题研究 [D]. 桂林：广西师范大学，2017.

[3] 罗婷. 广州市老年人居家安全防护研究 [D]. 广州：广东工业大学，2021.

[4] 谭梦颖. 城市空巢老人居家安全风险消除的社会工作介入研究 [D]. 兰州：西北民族大学，2019.

[5] 陈瑜. 上海市社区独居老人独居生活体验的现象学研究 [J]. 上海护理，2018（1）：20－24.

[6] 常雯. 高龄空巢老人居家安全问题的社会工作介入研究 [D]. 合肥：安徽大学，2017.

[7] 于雨倩. 居家养老中老年人家庭照护的风险与预防 [J]. 劳动保障世界，2018（29）：18.

［8］朱凤飞.独居老年人安全应急服务的社会工作介入［D］.桂林：广西师范大学，2016.

［9］汤思月，谢裕芳，陈灵慧，等.福州市城市空巢老人居家安全危险因素调查［J］.护理研究，2021，35（8）：1384－1389.

［10］齐天际，高春兰.消解社区独居老人居家安全隐患的社会工作实践［J］.社会与公益，2020（5）：73－74.

［11］梁海艳.人口老龄化背景下的社区居家养老［J］.中国老年学杂志，2019，7（39）：3320－3325.

［12］耳玉亮，段蕾蕾，叶鹏鹏，等.2014年全国伤害监测系统老年人非故意伤害病例特征分析［J］.中国健康教育，2016，32（4）：312－317.

［13］赵明利，宋葆云，叶文琴.我国城市空巢老人安全现状评估及对策［J］.全科护理，2011（6）：547－548.

［14］李丽英，王月枫，等.社区居家养老独居老人安全问题的质性研究［J］.中华灾害救援医学，2020（10）.

［15］雷璟程.自然灾害危机下的弱势群体及其救助［J］.商场现代化，2010（12）：80－81.

［16］谢裕芳，林婷，陈灵慧.福州城市社区空巢老人居家安全危险因素的质性研究［J］.护理学杂志，2019，34（19）：82－85.

社会工作者在困境儿童服务中的角色定位和作用

——以残障失学儿童社区伴读服务项目为例

周雪仪①

摘　要： 本文以某社区开展的残障失学儿童社区伴读服务为例，探讨社会工作者在困境儿童社会工作服务中所扮演的角色及作用，提出社会工作者提升专业服务能力需要找准自身在困境儿童兜底服务中的明确定位，做好社会工作服务的"一把手"。从实践来看，社会工作者通过提供服务、链接资源、倡导社群、研究项目等角色的作用发挥，一方面帮助残障失学儿童融入社区，提升社会情感能力，看到自身发展的优势；另一方面挖掘未被社区利用的服务对象的能力来服务社区，推动残障失学儿童服务领域中社区自助与互助模式的可持续发展。

关键词： 社会工作者角色；开发式扶贫；残障失学儿童；伴读服务

一、问题的提出

（一）社会工作者在困境儿童社会工作中的角色定位

2010 年以来，"儿童优先"被纳入国家战略，国家出台了一系列有关儿童福利与保护的政策，我国儿童福利与保护制度体系不断健全，完成了从"兜底保障"向"分类保障"、从"补缺"向"适度普惠"、从"物质保障"向"物质保障＋服务保障"的转型升级。困境儿童社会工作成为当下中国社会工作实务的重点发展领域之一，从而对困境儿童社会服务过程中的社会工作者行为模式提出了明确的要求。社会工作者需要处理各种与困境儿童的困难相关的现实问题，协助他们解决物质匮乏、社会精神心理的困惑、个人能

---

①　作者简介：周雪仪，广州市增城区乐众社会工作服务中心，中级社会工作师。

力不足、社会排斥等现实问题。由此可见，在困境儿童社会工作中，社会工作者在不同情境下要承担多重角色，这些角色贯穿于计划—评估—互动—倾听—观察—记录—再评估全过程，主要体现在服务提供者、支持者、使能者、倡导者、关系协调者、资源筹措者、政策影响者等社会工作者专业角色的扮演上。就困境儿童社会工作而言，社会工作者在发挥这些角色的时候要有别于其他社会工作领域，需结合困境儿童健康、营养、贫困、辍学、疏忽照顾、家庭监护、性侵等社会性问题介入角度，明确社会工作者在开展困境儿童社会工作的角色界定及服务视角。

（二）社会工作者在困境儿童社会工作中的角色困境

目前，大多数社会工作者能较好地在困境儿童社会工作领域发挥直接服务的角色，如物质帮助、意见咨询等服务提供角色，创造条件协助困境儿童建立信心的支持者角色以及协助政府普及困境儿童政策的倡导者角色。然而，社会工作者在发挥这些角色的过程中也遇到一些障碍和问题。其一，大多数困境儿童处于单向接受服务的状态，个人的潜能、社会有效的可持续资源难以被激发和使用。其二，社会工作者介入社区服务的角色定位模糊，服务岗与行政岗界限不清，社会工作的行政化容易导致社会工作者无法发挥自身的专业角色，主要表现为社会工作者较难作为政策影响者、资源筹措者的角色参与其中。以笔者服务的某社区残障儿童为例，他们当中视力、听力、智力三类残障儿童义务教育入学率达90%以上，但由于残障程度较重、家庭经济困难、无特教班、交通不便等原因，仍有37%的残障儿童面临失学或就学适应不良。在实际工作中，大多数社会工作者在面对残障儿童失学事实的时候，其职业角色的发挥还是依赖于社会政策的规条与限制，或是与残联部门职能发挥相当，而没有在充分了解社区环境及服务对象自身资源的基础上提供服务，这群困境儿童被社会逐步边缘化和标签化，成为家庭乃至社会的"有特别需要的人"。

综上所述，社会工作者作为我国儿童福利与保护制度体系落地的主流力量之一，其角色的发挥有效与否既受到社会福利政策的直接影响，但也能在有限"适度普惠"的状况下发挥社会工作者的专业角色，参与体系的"补缺"功能，发挥使能者、资源筹措者的角色。一方面帮助残障失学儿童融入社区，提升社会情感能力，看到自身发展的优势；另一方面挖掘未被社

区利用的能力来服务社区，推动残障失学儿童服务领域中社区自助与互助模式的可持续发展。

下面笔者将以某社区残障失学儿童社区伴读服务为例，与大家一起探讨社会工作者角色在困境儿童社会工作中的实践。

二、社会工作者角色在残障失学儿童服务中的实践探索

（一）某社区残障失学儿童服务需求分析

笔者所服务的社区内有 23 名残障失学儿童，年龄在 8～18 岁，他们面临着重度肢体残疾或三四级智力残障的生存现状，其中重度肢体残疾儿童对象大多数由于交通不便或个人出行不便、家庭缺乏照顾资源等原因导致无法正常就学；而三四级智力残障儿童则由于辖区特教资源缺乏或距离太远、孩子无法适应普惠性学校生活、家庭经济困难等原因选择不去就学。不论因何种原因失学在家，该群适龄儿童无法享受与一般儿童同等的受教育权利；这群孩子及其家长，亟待社会的关注与帮助；同时有待社会工作者以社会工作的专业角色采取措施减少残障儿童失学或辍学这类现象的发生。

（二）社会工作者发挥专业角色作用为残障失学儿童提供社区伴读服务

1. 社会工作者的直接服务角色

（1）服务评估：做好服务需求的识别器。残障失学群体的需求识别是建立在困境儿童服务花名册的逐一建档与筛查基础之上的。一般情况下，社会工作者联动镇街残联等相关部门获取困境儿童群体的花名册，从与服务对象建立关系开始，不断完善相关服务台账，精准地识别儿童的不同困境类别，如自身困境分为残障与患病，残障当中也有不同类型。社会工作者要善于发现困境群体中有共性需求的服务对象，为后续项目服务研究提出方向，而非僵化思维开展建档跟踪，提供同类或相似服务。正如这里提及的残障失学儿童群体，社会工作者将花名册中的困境儿童进行分层分类研究，在做好个别化建档的基础上，注重对该群体共性社会问题及需要的识别，即适龄的且有残疾但碍于可改变的主客观因素而无法正常上学的儿童及家庭，才有了满足该服务需求的社区伴读服务项目的开启。

（2）服务提供：做好服务落地的照明灯。在全面掌握困境儿童信息与识别精准需求的情况下，社会工作者还需要建立起服务管理体系。为困境儿童及其家庭提供物质、辅导、关系支持的服务与帮助是社会工作者的首要职责，将适切的服务带给他们，促进他们改善生活状况，为他们的生活带来一点明亮。在社区伴读服务项目实施过程中，一方面，社会工作者面对残障失学儿童，结合绘本图多字少、较容易接受的特点，以"社会工作者＋志愿者"的方式通过"小故事，大道理"的绘本伴读理念，进行德智行为、生活习惯等方面的渗透教育，助力残障失学儿童的智力成长；另一方面，社会工作者面对残障失学儿童的家长，通过开展父母学堂、入户伴读赋能、家长支持工作坊等服务形式与内容，增强该类家庭父母解决问题的能力，同时也获得喘息的空间。

（3）赋能支持：做好激发志愿者优势的发动机。社会工作者给予志愿者的帮助不是单纯向他们提供服务参与平台，而是通过鼓励他们与社会环境积极互动以促进其内在潜能的发挥，扮演支持者角色的社会工作者，对志愿者授权和增能，最终与社会工作者协同满足社区服务需要。在社区伴读服务项目中，社会工作者依托"党建＋社会工作项目"活动联办机制，适时发挥党员青年幼师志愿者的特长，匹配社区伴读项目开发所需的特殊资源。通过组织专才志愿者进行参与式社区走访调查观察、入户伴读，促进志愿者权能的发挥。另外，社会工作者培育伴读项目社区自组织，助力社区自组织内外持续活化。针对伴读志愿者队伍定位、需求、短板，开展系列赋能服务，包括就志愿者基础知识与技能、志愿者精神、特殊儿童服务技巧等志愿赋能主题，以团建、服务检视会、培训、交流会等服务形式开展，增强伴读志愿者的自我认同感和价值感，促进伴读志愿服务团队向专业化发展。

（4）使能联结：做好传播公益慈善的扩音器。创造联结、使能改变是社会工作者开展社区服务的重要方法之一。社会工作者可以将有限的资源放大，可以激发社区善意，建立困境儿童家庭融入社区的信心，创造更多社会价值。社区里每种资源都能够成为推动公益实践的重要力量。在社区伴读服务项目中，社会工作者携手幼儿园党组织合力构建社区友好阅读空间，成立微书阁。通过"党建＋社会工作"服务平台，联结幼儿园的党群亲子参与慈善捐赠，以点带面扩大公益慈善的影响面及参与面。同时，通过寻找"社区妈妈"同伴支持，让有能力的残障失学儿童家长充当志愿者角色帮助有相同际遇的家

庭，增强该类家庭养育残障儿童的实际能力，以正向传播的方式，由一人影响带动受助群体转变，帮助他们建立生活的信心，克服畏难情绪，改善个人及家庭的不良境遇。

2. 社会工作者的间接服务角色

（1）资源管理：做好服务资源的接洽人。社会工作者为了有效助人，常常需要挖掘社区资源，并将它们传递到困境儿童手中，或是将社会资源与困境儿童需求链接。在资源紧密的社区中，社会工作者通过绘制服务资产地图，建立社区资源库，激活困境儿童及其家庭自身资源与社区资源的双向投入，促进社区资源的精准对接。社会工作者发挥好服务资源接洽人的角色，在社区伴读服务项目中，通过联络教学指导中心、党建共建单位、社会组织、爱心企业和社区成员，向他们筹集残障失学儿童所需的服务资源，包括伴读青年幼师、阅读绘本、特教服务、学习或生活用品、"社区妈妈"志愿者等物质与劳务资源，为服务项目的顺利落地提供了实施的可能与保障。这种服务资源成功接洽的发生，是基于社会工作者对残障失学儿童家庭资源能力的发掘和对社区资源的熟悉度与联结优势发挥的有机结合。

（2）项目研发：做好服务产品的创造者。项目执行的过程中，社会工作者不仅要扮演好服务实践者的角色，还需要做好服务项目的创新者。服务项目的持续运营，得益于服务工具与手法的创造与持续更新。在社区伴读服务项目中，因应服务项目的发展需要，社会工作者制作了伴读书袋：一个手提袋、三本优质绘本、一套志愿者服务物料、一本服务成长手册、一本伴读服务指引手册、伴读游戏盒子、志愿陪伴时"存折"。伴读书袋为志愿者入户提供了明确的服务指引，也为残障失学儿童的伴读成长提供了必要的服务工具与过程记录。此外，为了让志愿者获得专业的支持与基本的安全保障，社会工作者建立了伴读服务项目机制，通过与志愿者、残障失学儿童监护人、社工站签订三方服务保障协议，为伴读志愿者提供岗前培训，每次服务后做好服务跟踪与复盘，从而有效地保障服务的专业质量。

三、项目服务成效总结

目前，残障失学儿童社区伴读服务开展已持续一年多时间，服务项目成功地建立了一支 10 人青年教师志愿伴读服务队伍，挖掘 2 名社区妈妈伴读同行者，服务了 12 名残障失学儿童，每月固定时间提供入户服务，形成常态化的服务机制。正在运营之中的微书阁至今共接待了逾1000名社区居民及困境儿童，打造了一个儿童社区友好活动空间。同时，社会工作者通过党社共建模式，撬动多元资源主体认领了残障失学儿童的40多个微心愿，为他们的成长之路提供物质支持，实现社会关爱。伴读服务工具包也持续在使用和优化当中，为伴读服务的有效开展提供了清晰的操作指引。

在伴读项目实施过程中，社会工作者扮演着多重角色，包括活动策划者、资源筹划者、服务提供者等专业服务角色。更重要的是，社会工作者始终从优势视角出发，发挥着社会交换的中介角色，为社区发展和残障失学儿童成长提供联结可能和参与平台。对于残障失学儿童而言，社会工作者为他们挖掘社区资源获得帮扶的同时，也为他们提供一个社区融合参与的平台，让他们能够发现和发挥自身的能力，比如通过绘画赠予他人，对社会的关爱有所反馈与互动，欢乐平等地接受他人给予的美好；对于社区青年教师和社区妈妈而言，社会工作者通过社区学习、互助平台的搭建，为他们提供专业化志愿培训服务，让志愿者们在服务过程中获得服务认可和自我价值实现，最终也促成残障失学儿童获得专业有效的伴读志愿服务。

正是有了社会工作者多功能专业角色的有效发挥，志愿伴读项目获得了多方的服务认可，尤其是残障失学儿童的家长在看待孩子成长的视角上发生了改变，看到孩子变化的可能和希望。项目也让公众有机会与这群特殊儿童接触和互动，通过精准帮助，促进社会资源互动渗透，为这群特殊儿童进一步参与社区融合提供了必要的社会服务基础。

四、小结和反思

在社区伴读项目中，社会工作者尝试实施"社区妈妈"的挖掘与培育，把受助对象转化为志愿骨干，成为同伴支持的力量。服务过程中，社会工作者从"救助式扶贫"角色向"开发式扶贫"角色的转变，主要体现在以下三点：一是社会资本的构建者。社会工作者帮助残障失学儿童及其家庭和社区自组织培育建立或激活以相互信任、互助合作为内核的社会关系，促进同伴支持互助发展。二是个人能力建设者。社会工作者提供知识、技能和相应资源，使残障失学儿童及其家庭能够参与改善自身成长的支持环境，包括建立他们健康成长路上的自信与能力。三是排除社会偏见、促进社会包容的协作者。通过增权、倡导等支持残障失学儿童及其父母摆脱"标签化"的影响，

使他们获得更多的参与机会和途径。社会工作者"开发式扶贫"角色的出现，提示社会工作者在开展困境儿童社会工作中需要用"发展"的眼光看待服务对象与社区资源，且需尽量创造条件促使困境儿童乃至其家庭成员能够自立或自我发展。

值得关注的是，社会工作者在推进困境儿童社会工作服务的过程中，常常容易忽略对"政策影响者"角色职能的发挥。残障失学儿童由于一些客观因素的制约与影响，导致不易获得与一般儿童相当的权利。因此，对现有的政策、制度或环境进行改变是很有必要的。社会工作者可以针对有能残障儿童失学这一小群体社会问题，在开展充分社区调研的前提下，向有关职能部门提出政策建议以影响或改善社会政策和社会环境条件，如倡导增加辖区特殊教育资源、残障儿童家庭照料支持、提供残障人士交通出行便利措施、普及普惠性学校随班就读资源支持等。在这里，社会工作者作为政策倡导者的角色，能与包含社区伴读入户服务在内的其他社会组织协同帮助残障失学儿童建立一个相对完善的社区照料环境系统，增强其社区支持网络，有助于减少残障儿童失学这一社会问题的发生。事实上，社会工作者角色是多种功能的综合体，每种角色的发挥需结合社会服务项目推进的不同阶段而发挥作用，循序渐进，但不能忽略每种角色的存在价值。

参考文献

[1] 联合国儿童基金会中国网. 全面构建新时代中国特色现代化儿童福利保护体系中国儿童福利与保护政策报告 2020 [EB/OL]. (2020－05). https://www. unicef. cn/reports/child-welfare-and-protection-policy-stocktaking－2020.

[2] 社会工作综合能力（中级）[M]. 北京：中国社会出版社，2019：20.

重度残疾人社区照顾者"喘息"服务介入

——以深圳市 L 区服务实践为例

吴　赛　周桃柳[①]

摘　要：当前残疾人照顾仍以家庭照顾为主，家人的日常照料、陪伴和关怀是残疾人照顾中最为重要的部分，家人是残疾人照顾的主力，尤其是重度残疾人群体。由于长期繁重、几乎无休息的照顾不仅造成照顾者压力过大、极易倦怠，而且还会对残疾人康复造成负面影响。在充分考虑重度残疾人照顾者的需求基础上，在社区照顾模式的指导下，本项目立足实际情况，致力于整合和完善重度残疾人照顾者社区资源，构建社区支持网络，缓解和解决照顾者所面临的照顾压力和困难，从而更好地实现残疾人"由社区照顾"。

关键词：重度残疾人照顾者；社区照顾；喘息服务；社会工作

近年来，随着养老服务的探索和发展，"喘息服务"逐渐走进社会公众中，并在多地开展类似服务试点，如杭州、南京、广州、北京等地先后开展"失能、失智"等特殊老人的照顾者喘息服务，增强社区照顾资源和网络。残疾人和失能、失智的老年人有相似之处，都需要照顾者全身心照顾，那么如何能更好地为照顾者提供有效支持，更好地发挥"喘息服务"的价值，对于残疾人照顾者群体而言还处于刚刚起步的探索阶段。

一、喘息服务的概念和由来

"喘息服务"源自美国，出现于 20 世纪 70 年代，现在已经成为欧美等西方国家常见的家庭支持和社会公益服务。在对"喘息服务"进行研究时，我

---

①　作者简介：吴赛，深圳市福田现代社工事务所，中级社会工作师；周桃柳，深圳市福田现代社工事务所，中级社会工作师。

国不同的研究者有不同的关注侧重，黄建认为喘息服务是一种让长期承担照顾工作的家庭成员获得有效休息、照顾压力得到短暂缓解的公共服务。吴韬、夏浩志认为喘息服务是指为照顾者提供短期、临时性的服务，以减轻其负担，同时对于照顾者、照顾者家庭等具有正向影响，提升家庭功能，最终有利于被照顾者的照顾质量。赵博霞、周纯在对喘息服务的相关资料进行整理时提到，喘息服务是为家庭照顾者获得信息、教育和支持等服务，旨在满足家庭照顾者的需求；这种服务是暂时性的，以增强和恢复重新提供护理服务的能力；并将喘息服务提供者主要分为专业人员和非专业人员，非专业人员主要包括家属、亲朋、志愿者、社会工作者等。由上述研究我们可以看出，喘息服务是一种面向家庭照顾者的暂时性、短期的替代服务，这种服务可以包括信息、知识和技巧学习、问题解决、资源支持等，替代服务的提供者包括专业人士和非专业人士。它的最终目的是提升照顾者的照顾能力。

二、社区照顾的概念和发展

社区照顾源于 20 世纪 50 年代，起源于英国，是社区工作的主要工作模式。一般而言，社区照顾模式是指社区中各方成员组成的非正式网络与各种正式社会服务系统相配合，在社区内为需要照顾的人士提供服务与支持，促成其过上正常的生活，加强其在社区内的生活能力，达到与社区融合，并建立一个具有关怀性的社区的过程。在实践层面上，可以理解为社会工作者或社区工作者动员社区资源、运用非正式支持网络、联合正式机构提供的支持服务与设施，让有需要照顾的人士在家里或社区中得到照顾，在其熟悉的环境中向其提供照顾和帮助的福利服务模式。社区照顾模式中社会工作者的工作对象有两类：一是传统的服务对象，如老人、残疾儿童、精神障碍患者等；二是家庭中照顾服务对象的照顾者，如不能自理的高龄老人的子女、智障儿童的家长等。本文的研究对象正是第二种。

社区照顾模式的实施策略一般按照英国学者沃克（A. Walker）的分类分为三种，分别是：在社区内照顾（care in the community）、由社区照顾（Care by the community）和与社区一起照顾（care for the community）。"在社区内照顾"是指将一些服务对象留在社区内开展的服务，即指有需要及依赖外来照顾的特殊困难人士，在社区的小型服务机构或住所中（即由政府及非政府的服务机构在社区里建立的小型的、专业的服务机构）获得专业人员的照顾。

"在社区内照顾"的核心是强调服务的"非机构化",将照顾者留在社区内照顾,在熟悉的社区环境中生活。"由社区照顾"是指由家庭、亲友、邻里及社区内的志愿者等提供的照顾和服务。其核心是强调动员社区内的资源,发动在社区内的亲戚朋友和居民协助提供照顾,它是实行社区照顾的一个核心策略。"与社区一起照顾"是前两者的补充,沃克认为要成功地进行社区照顾,单靠社区及家人的力量是不够的,为了不至于使这些照顾者被"耗尽",还需要充足的支援性社区服务辅助,才能使社区照顾持续下去。"与社区一起照顾"的服务主要包括日间医院、日间护理中心、家务护理、康复护士、多元化的老人社区服务中心、暂托服务、关怀访问及定期的电话慰问等。充分提供这些服务,才能帮助社区把需要照顾的人留在社区里生活。其核心是强调正规照顾和非正规照顾相辅相成、互为补充的重要性。

三、社区照顾与喘息服务的关联

"喘息"服务其实是"由社区照顾"中最为重要的行动策略,也是社会工作者比较熟悉的资源整合与使用方法。就"喘息"服务的本质而言,它是家庭照顾的一种补充与短期的替代服务。作为补充性支持服务而言,"喘息"服务让照顾者不至于因沉重的照顾负担而"窒息",提高照顾者与被照顾者双方的生活质量。因此,"喘息"服务是社区照顾提供长期服务和支持的关键组成部分,对于提升家庭功能、舒缓照顾者压力和提升服务质量十分必要。

四、背景及问题提出

据第六次全国人口普查,我国残疾人占全国总人口的比例和各类残疾人占残疾人总人数的比例,推算2010年末我国残疾人总人数8502万。其中重度残疾人2518万,占残疾人总数比例的29.6%。而据第七次全国人口普查不完全统计,残疾人数量将突破1亿,重度残疾人数量占据相当大的比重,重度残疾人的照顾问题就显现出来,在如此庞大的特殊群体的背后更多的"隐形人"——残疾人照顾者的问题也随之显现。为了减轻照顾者的压力,在国家政策层面,国家先后出台残疾人托养补贴、集中照顾等福利政策,随着社会治理和生活水平的不断上升,福利政策也不断地完善与优化;但是机构集中照顾随着时间的推移,产生了各种问题,有服务方面、残疾人心理、交友等问题的产生,使得残疾人尤其是重度残疾人照顾仍以家庭照顾为主,家人

和亲人还是主力。由于重度残疾人生理上的特殊性，照顾者长期高强度的日常照顾工作，使照顾者承受着较大的压力，极容易产生倦怠问题。加上近年来我国家庭结构向"小型化"转型，家庭中需要固定一人长期照顾，这种情况下不仅造成了家庭经济上较大的困难，同时家庭照顾者缺乏专业照护技能，全天进行陪伴，没有自己的生活，承受着心理、健康和社交上的多重压力，这对被照顾对象的康复、家庭关系维护等也十分不利。

在重度残疾人照顾者存在的压力和困难方面，从相关文献中可以发现，不同类型的残疾人，照顾者的压力表现不一样，程度也不一样。精神残疾和智力残疾的家庭照顾者承受的压力相对较大，肢体残疾和语言残疾的家庭照顾者承受的压力相对较小；年轻的家庭照顾者经济压力较大，而年长的家庭照顾者最担心的是自己走后晚辈残疾家人的生活，承受经济、心理、健康和社交四大压力。

在实际的残疾人服务过程中，重度残疾人照顾者的情况基本上符合上述研究发现。笔者利用在深圳市 L 区担任某残疾人服务项目负责人之际，在项目服务中实地走访了 142 户重度残疾人家庭，发现 95% 重度残疾人的照顾者均是家人，80% 的残疾人家庭是由一名家人全天照顾（15% 的是家人轮流照顾或者兼职照顾）。日常照顾的内容包括残疾人的起居饮食、护理、康复就医、情绪协调等。全天的照顾导致身心疲惫，几乎全部的照顾者均存在一定程度的经济、心理、社交等方面的压力和需求。

因此，无论是对残疾人群体的康复事业还是对家庭和谐、提升家庭生活品质而言，对于重度残疾人照顾者的社区支持都非常必要。在此情形下，结合重度残疾人照顾者的实际需求设计了"向日葵"——重度残疾人照顾者喘息服务项目。本项目主要面向重度残疾人照顾者群体，整合社区资源，运用正式和非正式照顾资源网络，促进重度残疾人群体由社区内提供照顾，从而使照顾者也即家人得到喘息，压力得到舒缓，家庭和社会功能可以得到有效恢复。

五、L 区喘息服务的主要做法

在重度残疾人照顾者喘息服务项目设计过程中，依据社区照顾的主要理念，尤其是"由社区照顾"的实施策略核心要素，项目将社会工作者主要服务集中在社区支持网络完善方面，致力于为重度残疾人照顾者提供有效支持。

社区支持网络构建主要包括三部分：第一，提供直接服务的网络。以直接服务为主，在社区内动员家人、亲友、邻里或志愿者等，借此建立一个支援系统关怀社区内有需要的人。第二，服务对象的互助网络。服务对象本身的互助小组，使相同的群体能够以助人自助的方式互相支持。第三，社区紧急支援网络。帮助个人及家庭预防突发事故或危机而建立的支持网络。结合项目服务对象的实际需求，本项目制订了"介入—行动"操作方案（见表1）。

表1 "向日葵"重度残疾人照顾者喘息服务介入—行动分析表

介入层次	照顾内容	主要参与者	社会工作者角色
直接服务网络	行动照顾、物质支援，如提供代买代办协助、提供物资支援、康复技巧学习等	职康中心、康复机构、社区日照中心、志愿者、社会组织、慈善组织等	资源整合者
互助网络	情感、心理支持，如照顾者心理压力舒缓 技巧分享：残疾人护理技巧学习等	照顾者（服务对象）	指导者
紧急支援网络	紧急援助、整体关怀，如社区资源有效支援	社区工作站、职康中心	倡导者

（一）直接服务网络层面的介入

整个项目依据条件筛选出60户重度残疾人照顾者，他们有着经济、人际交往、心理健康、技巧学习等多种困难与需求。项目从服务对象资源出发，判断和识别自身优势，在直接服务网络层面进行介入。

1. 正式的服务机构

目前，L区每个社区配备了长者服务中心，设施配备完善，接收不限户籍的老人，服务包括日托、午餐午休、开展活动。项目社会工作者利用身份优势，与长者服务中心的社会工作者沟通，每天把老年残疾人送到长者服务中心进行日间照顾或参加他们的康复服务活动。利用在残疾人职康中心工作便利，当照顾者有急事时，可以把残疾人送到职康中心进行日托。链接社区专业的机构，减轻了照顾者的压力，同时可以学习康复技巧，提高照顾者照顾技能。

2. 志愿者组织或者社会组织

社会工作者动员社区居民、职康中心康复师、心理咨询师、志愿者社会组织等非正式资源和正式资源，采取2名志愿者帮扶1名服务对象家庭的

"二对一"结对子的方式进行志愿服务,志愿者们可结合残疾人实际需求向残疾人开展个性化服务,满足个体需求,实现精准帮扶。对儿童残疾人,志愿者开展"天使护航"上下学接送服务,为在校及在康复机构训练的残障者提供上下学接送服务,为残障者上下学顺利出行保驾护航,以减轻家属接送压力;针对长期卧病在床和因外界因素不方便出行的残障者,开展"平安相随"出行护送服务,在其家属的陪同或同意下,为其提供就医、社区散步、聚会等出行护送服务,帮助残障者走出家门。针对部分确实不适合外出的残障者,志愿者上门陪护,开展"有爱相伴"上门陪护服务,志愿者们为残障者及其家属提供心理辅导、情绪支持、康复指导等服务,并陪伴残障者及其家属共渡难关等。每户家庭接受每月每户开展不少8小时服务,这样能让照顾者每月至少得到8小时喘息,他们可以用这8小时出去会友、学习、购物等。

链接慈善机构的社会组织对残疾人家庭进行物资帮扶,协助困难残疾人家庭申请"暖心启航"慈善加油站,援助半年物资,减轻家庭经济压力。

3. 社会工作者直接服务

一是社会工作者直接为残疾人及照顾者服务,采用的服务方式有面谈,也有互动,服务过程中会采用游戏、心理辅导等方式,可以舒缓他们的情绪,了解他们的需求;二是组织开展大型"共享蓝天"户外踏青体验活动,让他们感受大自然的生命力,以丰富残障者及其家属娱乐生活,唤起其对生活的热爱,同时释放压力和提高交友能力。

(二)照顾者互助网络层面的介入

在项目的推进中尝试引入互助小组方法,主要用意在于通过专业小组社会工作让照顾者通过参与小组活动而缓解情绪、提高照顾技能和获得同伴支持。

在照顾者情绪方面,成立"情绪魔法师"情绪管理小组,小组由20人组成,小组的主要内容有沙盘游戏、培训、分享会、丢沙包等,设计这些内容能让照顾者把他们的情绪发泄和分享出来,减缓他们的心理压力。

在照顾技能方面,成立"森林"学习工作坊,聘请专业康复机构,为照顾者进行康复知识的培训和模拟实践,每节课进行抽查检验,对不懂的知识,课后再一对一辅导;同时让有经验的照顾者进行分享和授课。这种学习工作坊是体验式、参与式、互动式的学习模式,能快速提高照顾者的照顾技巧知识。

同伴群体支持方面，成立"互励同行"家属同盟小组，招募受过一定文化教育、照护经验丰富、有爱心与奉献精神的残障者家属，为照顾者搭建心理支持、社会交往、照护经验分享、同理支持等朋辈互助平台，充分发挥其主观能动性，协助照顾者自我提升、自我成长。互助小组每月开展两次，主要是以讲座、分享会、体验性、照顾技巧培训的活动为主，让照顾者们互相支持、互相学习。

（三）紧急支援网络层面的介入

紧急支援网络是指在社区层面搭建一个多部门、多单位参与的网络，从而使服务对象有更为可靠的支持。项目要想稳步发展和推进，离不开社区紧急支援平台。

1. 搭建社区内残疾人及照顾者的紧急帮扶系统

这是帮助个人及家庭预防突发事故或危机而建立的支持网络，将社区工作站的残疾人专干、民警、社康精神医生、党群社会工作者、职康中心社会工作者组成紧急帮扶系统。这些人全都工作在社区，当残疾人及照顾者发生突发事故或危机时，由这些人充当救火员。

2. 搭建社区志愿者平台

把住在相邻社区的志愿者、照顾者组成 10 人为一组的志愿小组，推选一名优秀志愿者为组长，每组配备一名社会工作者进行督导和指导。当照顾者及残疾人急需外出、就医或发生任何紧急事件时，照顾者与组长联系，组长将安排离照顾者家庭较近的人员进行紧急支援。

3. 借助社区党群中心服务平台

一是社会工作者借助党群平台做社区宣导，在党群服务中心宣传区张贴残疾人政策海报，5 月、12 月残疾日走进社区开展宣传活动，以游戏体验为主，让社区居民更直观了解残疾人和重度残疾人照顾者的不易，少点歧视、多点爱心，倡议更多社区居民参加志愿活动；二是借用社区党群平台，邀请残疾人和照顾者参加党群中心活动，为他们增能，提高自信心，扩大交友圈子，改善交友压力。

六、L 区实务服务经验的启示

通过 L 区的实务服务实践中得出，社会工作者在社区照顾三个层面的行

动策略中发挥着纽带作用，从而使社区资源更好地发挥作用，充实社区照顾内涵，使照顾者"喘息"得以实现。

在直接服务层面的辅导和干预中，社会工作者主要承担协调者、辅导者、活动策划者、资源链接者等角色。通过对照顾者和被照顾者的直接和间接介入，一方面借助专业的个案工作方法，帮助他们舒缓情绪和调节关系，发掘他们自己所蕴含的能力，提升自信心，让他们在社区更好地得到照顾；另一方面引进各种资源，让他们的压力得到更好的释放。这一层面更多关注个体的问题和环境资源的引入，让个体更加愿意在社区生活。在照顾者互助层面，社会工作者主要承担活动策划者、资源调动者和支持者的角色，通过策划不同的小组活动，让照顾者互动和交流，学习不同的新知识，扩展各自的知识领域，找到支持，共同服务好残疾人。这个层面的介入更多关注照顾者能力的提升，强调的是发展性。在紧急支援网络层面的介入中，社会工作者扮演活动策划者、资源调动者、宣传者和政策倡导者的角色，借助社区活动和相关的宣传，一方面为残疾人和照顾者搭建一个交流互动的平台，另一方面建立关怀的社区，在紧急情况下残疾人及照顾者也能得到来自社区内的关怀。

三个层面的介入是相互关联和配合的，并不是独立存在的，它们相互依存，形成一个有效的社区支持网络，同时发挥不同网络所具有的功能，能真正激发社区照顾资源，更好地为社区照顾者及残疾人提供不同类型的服务与支持，使照顾者的困难真正能够在社区内得到解决。

在项目实践中注重将"由社区照顾"理念贯穿其中，强调对社区资源的整合，运用系统的思维，对照顾者及残疾人进行分析，并有针对性地提供对应的辅导，同时推动社区居民广泛参与社区照顾，促进居民良好人际关系的建立，为社区居民创造了更多的互动机会。运用社区支持网络开展"喘息"服务能弥补社区照顾、机构照顾的不足，甚至代替机构照顾的许多功能，对于安抚特殊困难群体的心灵、维护稳定起着重要作用。从某种意义上，"喘息服务"可以丰富社区照顾内涵和能力，可以为社区照顾提供新的动能，从而提升残疾人福祉。

但在服务过程中也发现一些不足。总的来说，社区照顾模式更偏向一种介入理念，在实际操作手法方面还存在一些具体的问题。第一，作为喘息服务的重要提供者，志愿者队伍的服务水平参差不齐，不能向残疾人提供专业照护服务，同时存在服务连贯性差、不稳定等情况。第二，在社区层面推行喘息服务更多地需要引导社区居民、社区组织等积极、主动地参与其中，并形成常态化的机制，但是喘息服务的质量监督、风险管控等缺乏有效的分工，社会工作者在此方面可以发挥效果的路径和职责不清晰。第三，在残疾人社区照顾尤其是重度残疾人的社区照顾中政策支持不够，导致日常照顾的压力集中在家庭、社区，残疾人照顾者的有效支持不足，在此方面需要进行政策方面的改善。随着残疾人社会福利水平的不断提升，残疾人照顾者喘息服务的不断推进，残疾人照顾者的社会支持会不断地完善。

七、结语

经过项目的服务，对被照顾者的家庭、资源和社区环境进行必要的介入，结合正式和非正式资源在社区内为残疾人进行照顾服务，让照顾者得到喘息，更好地释放压力，提高了残疾人照顾技巧，情绪得到缓解，并且交到了一群相似经历的同伴，构建了自己的支持网络。同时，项目的持续推进，也提升了社区支持网络的多元化，更好地为残疾人群体提供多元化的支持和照顾，残疾人更愿意在社区生活，残疾人家庭更好地适应了社区生活。

参考文献

［1］文军．西方社会工作理论［M］．北京：高等教育出版社，2013．

［2］童敏．社会工作理论：历史环境下社会服务实践者的声音和智慧［M］．北京：社会科学文献出版社，2019．

［3］姚进忠．家庭抗逆力的生成：残疾人社会工作的行动研究［M］．北京：社会科学文献出版社，2022．

［4］王煜凯．残疾人社区照顾的社会工作综合服务探索：以兰州市Z社区T个案为例［D］．兰州：兰州大学．

［5］黄建．老年人长期照护保障机制研究：以喘息服务为视角［J］．学术交流，2022（5）．

［6］吴韬，夏浩志．孤独症谱系障碍儿童家庭喘息服务的研究进展［J］．中国全科医学，2020（24）．

［7］赵博霞，周纯．小组工作介入残疾人照顾者喘息服务实践研究［J］．长沙民政职业技术学院学报，2022（9）．

［8］顾正品．社区工作的主要模式·社区照顾模式（三）［J］．中国社会工作，2019（31）．

［9］社区照顾模式，百度百科，https://baike. baidu. com/item/% E7% A4% BE% E5%
8C% BA% E7% 85% A7% E9% A1% BE% E6% A8% A1% E5% BC% 8F？fromModule = lem ma_
search-box.

［10］阮成波. 喘息服务介入我国残疾儿童家庭策略研究［J］. 经济研究导刊，2022
（23）.

［11］陈凯雯. 重度残疾人家庭照顾者压力研究：基于南京市的调查［J］. 农村经济与
科技，2017（28）.

社会工作创新社区慈善资源动员机制的服务分析

——以"创益五山"公益慈善项目为例

李诗韵　　陈　衍①

摘　要： 社区是慈善参与现代化社会治理体系、发挥共建共治共享作用的重要阵地，社区慈善资源动员是社区慈善工作的关键一环。本文通过对"创益五山"公益慈善项目服务过程和效果的反思与总结，探索可持续的社区慈善资源动员工作，提出"325"社区公益慈善资源动员模式，助力社区治理。其中，"三平台"即资源流转平台、服务参与平台、孵化培育平台，"二机制"指联动合作机制、监督评价机制，"五向发力"指补充兜底帮扶保障、支持公益服务项目、培育社区志愿组织、树立社区公益导向以及推动基层社区治理。

关键词： 社区慈善资源；资源动员模式；可持续

一、背景与起因

（一）项目背景

近年来，慈善事业发展的法律法规和政策逐步完善，发展公益慈善事业，成为加强基层治理体系和治理能力现代化建设的工作内容之一。广州市委、市政府高度重视慈善事业发展，2012 年在全国省会（首府）城市中率先出台施行《广州市募捐条例》，2019 年至今先后出台《广州市实施"社工＋慈善"战略工作方案》《广州市慈善促进条例》等一系列政策文件，创建全国"慈善之城"。

---

① 作者简介：李诗韵，广州市北斗星社会工作服务中心，中级社会工作师；陈衍，广州市北斗星社会工作服务中心，中级社会工作师。

因此，基于社区基础上的公益慈善工作在广州市不断发展壮大，社区公益慈善项目实践受到关注。其中，社区慈善资源动员是公益项目的重要工作，社区慈善资源是社区可获得、可支配，用于回应社区需求、提供社区服务、解决社区问题、促进社区治理的一切资金、物资、技术、服务等社会资源，有效动员社区慈善资源是社区慈善成为社区治理有力驱动的关键一环。"可持续发展"是在经济飞速发展、资源过度开发等背景下，于1987年在人类环境会议中提出为"既满足当代人的需要，又不损害后代人满足需要的能力的发展"。"可持续发展"是一个模糊概念，可以形成不同"衍生物"，但普遍认同可持续发展强调立足现在、发展未来。因此，笔者认为有效动员社区慈善资源，是可持续视角下的动员，即促进社区慈善资源的自我发展、自我提升、自我再生，从而实现有效回应和解决社区自身需求和发展。

（二）服务缘起

广州市 X 区 Y 街属于典型的单位型社区，辖区集中居住较多长者、残障群体，社区兜底或边缘群体的服务需求复杂多样，仅靠政府部门单一主导力量介入和供给未能全面回应，与此同时，辖区内潜在的资金、人力、服务等社区慈善资源丰富，优势明显，但动员程度偏低。因此，动员多元主体协同介入，提供多元化、可持续支持非常必要。

因此，Y 街社会工作服务站（以下简称社工站）从 2019 年至今，以可持续视角打造"创益五山"公益慈善项目，依托 Y 街社区慈善基金（以下简称社区基金）为平台，广泛动员社区志愿者、社区社会组织、企事业单位和社区居民等社区成员参与，以社区公益微创投为抓手，提升多元主体的参与意识和能力，推动社区公益慈善的多元化、可持续化发展。本文以"创益五山"项目为例，探索可持续视角下社区慈善资源动员模式，助力社区治理。

二、分析评估

对 Y 街公益慈善需求情况进行 SWOT 分析，明确策略，情况见表1。

表1 SWOT分析表

内部分析 外部分析	S 优势 1. 社工站扎根于社区 7 年，有一定的资源网络，服务备受认可 2. 辖区内高校林立，企事业单位众多，潜在的资金、人力、服务等社区慈善资源丰富	W 劣势 1. 资源动员程度偏低，缺少参与平台、联动平台以及持续参与动力 2. 初试阶段社区基金运作没有经验借鉴，自行探索 3. 社区居民对公益慈善内容知晓度较低或有不信任的情况
O 机遇 1. 广州市大力支持建立社区慈善基金 2. 购买方支持社区慈善工作 3. 部分社区商铺、企业等组织，希望参与公益服务 4. 社区志愿者、热心居民在参与公益慈善方面积极度较高	SO 策略 1. 成立社区基金，作为社区资源的筹集流转平台 2. 搭建"政府—社区—高校"联动合作平台 3. 搭建多方联动共建机制	WO 策略 1. 搭建服务参与平台，联动多方参与 2. 实践中总结社区基金运作经验，形成指引，规范化管理 3. 鼓励志愿者、热心居民的全程参与，既是服务提供者、受益者，也是服务监督者
T 挑战 1. 不同主体参与服务的动机不一 2. 受偶发慈善行业负面新闻影响，居民信任度降低	ST 策略 根据不同参与主体特性，配对服务，发挥其优势	WT 策略 1. 依法依规落实内外监督工作 2. "线上 + 线下"形式进行服务宣传推广

三、服务策划与方案

（一）服务理论

资源动员理论主要是对 20 世纪 70 年代在美国涌现的大量社会运动的反思和总结，由麦卡锡与左尔德奠定理论基础，"动员"是指一个社会群体征集物质的、非物质的资源，通过集体行动，利用其资源来追求明确的集体利益目标。后续不同学者拓展研究，提出资源动员三个基本要素：机会结构、基于认同和共鸣的公信力、专业化动员技术。由此，龙永红提出我国现代慈善组织的动员结构：何以可能（机会结构）、以何动员（公信力）、如何动员（动员技术）。机会结构主要指现在慈善观念转型之机，公信力体现在透明化管理、监督惩处管理、能力表现，动员技术体现在参与动员、媒体动员、志愿者动员等。其中，公信力是核心要素。

因此，笔者认为社区慈善资源动员首先要有合法性，凝聚足够公信力，

再分析社区需求和优势，运用合适的动员技术，促进多方参与，进而营造公益慈善氛围，促进立足现在、发展未来的可持续发展。

（二）服务目标

总目标：以社区慈善基金为资源平台，以慈善空间为服务阵地，联结社区基层组织、社区志愿者、社区企业单位，孵化培育社区社会组织，整合社区慈善资源，回应社区需求，营造一个"人人参与、人人尽力、人人共享"的社区公益慈善格局。

分目标：①成立与运营社区基金，搭建监督评价与联动共建机制，提高公益慈善项目的公信力。②每年动员不少于35个企业单位、社区社会组织、学校团队等多元主体，筹措不少于价值40万元资源，带动社会力量参与社区服务。③提供的服务100%覆盖辖区内兜底困境群体，回应至少2个社区公共性问题。④每年培育不少于2家社区社会组织，为社区开展不少于20场活动，回应社区需求。⑤每年进行不少于12次的媒体动员，开展项目宣传推广，营造社区公益慈善氛围，提升知晓度和美誉度。

（三）方法策略

一是以社区基金作为社区资源的筹集流转平台，聚集社区资源，调集社区资金，以小资金撬动大服务，用小投入激发大活力。

二是依法依规落实内外监督工作，增强透明度，提高项目公信力。

三是结合社区需求与社区资源，构建联动共建机制，助力高效回应社区需要。

四是以社区公益微创投为抓手，搭建"政府—社区—高校"联动合作的孵化培育平台，提升社区成员参与公益慈善服务能力。

五是以"创益五山"公益花园作为服务参与平台，吸引社区成员关注并参与，发挥自身优势，回应社区需要。

（四）项目内容（见表2）

1. 社区慈善基金计划

筹建五山社区基金，动员社区居民、社区社会组织、社区商企参与，整合社区资源。

2. 监督评价机制建设计划

依据慈善工作管理办法，透明化管理项目，明确执行开展、信息公开等工作流程与规范，设立居民评价、意见反馈等指引流程，增加项目公信度。

3. 联动共建机制建设计划

建立社区资源流转对接机制、社区议事共商机制，促使公益项目形成闭合循环，实现社区公益慈善的可持续发展。

4. 社区公益微创投计划

以社区需求为介入点，动员多方参与，创建社区公益微创投大赛，鼓励社区居民、社区社会组织关注社区公共问题，形成具有可实施性的执行方案。在执行期间，提升社区骨干、志愿者能力，孵化、培育社区社会组织。

5. 慈善空间服务计划

依托公益花园慈善空间，传播社区公益慈善文化，通过开展"公益展销""公益课程""公益种植"三大主题服务，推动社区成员参与，回应社区需求。

表2　服务计划表

序号	计划	具体内容	推行时间	备注
1	社区慈善基金计划	（1）社区资源分析与评估 梳理社区资源，定期进行社区资源分析与评估，形成资源列表	2019年4月至今	Y街社区慈善基金是广州市首批社区慈善基金
		（2）社区基金基本管理 筹建并运营社区基金，逐步形成社区基金服务指引，持续完善及规范社区基金运营管理	2019年7月至今	
		（3）社区基金运作与优势发挥 吸引社区资源主体，发挥社区基金在社区资源调动方面的优势与功能		
2	监督评价机制建设计划	（1）内部监督 成立社区慈善基金管理委员会及监督委员会，规范及完善内部监督工作	2019年4月至今	
		（2）外部监督与评价 接受公众监督，提升项目透明度，持续完善与规范外部监督与评估工作		

续表

序号	计划	具体内容	推行时间	备注
3	联动共建机制建设计划	（1）社区资源流转对接机制 以"双需求评估—菜单式对接—契约式合作"的策略，联动各方，明确职责分工 （2）社区资源议事共商机制 明确议事共商主题、沟通反馈频率、工作对接形式等	2019年4月至今	
4	社区公益微创投计划	（1）联动多方合作，打造社区公益微创投 以社区需求为介入点，联动社区利益相关者（如居委会、学校等），达成共识，开展社区公益微创投大赛	2019年4月至今	已连续开展四届社区公益微创投大赛
		（2）各入选队伍根据执行方案，开展具体服务 项目以资源（人力、物力、经费等）支持大赛入选队伍进行社区公共问题介入	2019年4—6月 2020年10—12月 2021年4—6月 2022年3—6月	
		（3）搭建孵化培育平台，提升志愿者、社区社会组织能力 开展主题培训、配对督导等服务，提升入选队伍成员的服务能力		
5	慈善空间服务计划	（1）"创益五山"公益花园建设 发掘社区能人、高校团体资源、专才专业技术力量支持"创益五山"公益花园空间改造，完成建设	2020年5—12月	"创益五山"公益花园获批广州市慈善空间
		（2）动员参与 开展社区公益主题服务，吸引社区居民关注社区公益慈善行动；挖掘公益商企，合作开展社区公益慈善活动	2020年12月至今	
		（3）持续服务 以"公益展销""公益课程""公益种植"为主题，持续开展系列性主题公益服务，深化营造公益慈善的社区氛围	2021年4月至今	

四、做法与成效

（一）服务执行情况

1. 社区慈善基金计划：筹建社区基金，打通资源流动脉络

（1）社区资源分析与评估。梳理 Y 街的资源情况，对辖区内相关单位、

商家等利益相关方进行定期走访，对其建档，评估其与社区需求的匹配度，洽谈合作，按照资源的类别与服务，分层分类对应形成资源列表。

（2）社区基金的基本管理。社区基金的成立是合法合规开展公益慈善服务的坚实基础，因此，在Y街党工委的指导下，项目依托广州市慈善会平台，成立社区基金，着力引入社区内外资源，支持社区公益慈善的发展。

与此同时，根据《中华人民共和国慈善法》等相关规定，结合广州市相关服务指引，项目以"街道工作人员＋社工站成员＋社区居民代表＋熟悉基金运作经验的代表"的搭配，组建Y街社区慈善基金管理委员会（以下简称管委会），共5人。邀请2名在Y街有影响力及服务能力的社会组织骨干代表，组建Y街社区慈善基金监督委员会（以下简称监委会）。经过管委会与监委会成员深入的讨论，制定《Y街社区慈善基金管理办法》以及《Y街社区慈善基金服务指引》，明确组建目标、基金资金来源、基金使用范围、基金使用审批、基金管委会介绍、基金管委会职权以及基金监督机制七大方面的内容，规范社区基金的运营管理。

（3）社区基金运作与优势发挥。社区基金一直秉承"以小资金撬动大服务，用小投入激发大活力"的理念，聚集社区资源，调集社区资金，让多元主体共同参与推进社区公益慈善网络建设，促进资源共享，切实满足社区需求。

社区基金通过公开募捐、定向募捐方式进行资源募集，筹集资源用于开展"粮满社区"帮扶计划、"圆梦大学"计划、"爱心助老"送餐计划以及"社区微治理"计划，分别回应社区困难群体生活保障、高校困境学子圆学习梦、出行不便长者助老配餐以及孵化培育在地社区社会组织四大需求。社区基金筹集资金除了用于帮扶社区困境人群，还支持为社区提供公益服务的社区社会组织、志愿服务团队的发展工作，体现"小资金撬动大服务"。

与此同时，为逐步强化社区居民的公益参与意识，营造"人人公益为人人"的社区公益氛围，社区基金将筹集的部分资金作为"创益五山"公益花园慈善空间建设的第一笔启动资金，后续成功动员公益商企、高校师生、社区骨干、慈善团体等各类公益资源加入，激发社区公益慈善服务活力，体现"小投入激发大活力"。

2. 监督评价机制建设计划：建立内外监督机制，规范慈善管理

（1）内部监督。项目依法依规成立管委会及监委会，规范及完善内部监

督工作。在实际工作开展过程中，管委会成员主要负责社区基金日常的募集、管理、使用、信息公开等事项；监委会成员主要负责监督管委会以及监督社区基金运行情况。每月管委会通过会议总结社区基金筹款情况、资金使用情况、下月运营计划等工作内容，同时，管委会邀请监委会成员列席会议，发挥内部监督功能。

（2）外部监督与评价。项目按时按规落实信息公开及项目总结工作，提升项目透明度。项目每季度会通过广益联募、慈善中国等平台，及时公示社区基金项目进程、运营情况等内容，自觉接受广州市慈善会等外部单位对社区基金的财务管理、日常监管及定期审计监督。与此同时，项目严格按照民政部《慈善组织信息公开办法》的相关规定，设立公示栏，对基金日常运作、开支、变动等内容实时公开，同时设立居民评价、意见反馈、投诉处理等指引流程上墙，接受公众监督与评价。

3. 联动共建机制建设计划："双驱"并行，闭环持续发展

（1）社区资源流转对接机制。项目依托"社工站－社区慈善基金"资源流转平台，活化社区资源，以"双需求评估—菜单式对接—契约式合作"的服务策略构建社区资源流转对接机制，推动社区成员多样化多层次参与社区公益慈善行动。

项目分别针对社区基层单位及社区社会组织进行服务需求评估与服务实践需求评估，通过"双需求评估"形成"社区服务包"，再通过"菜单式对接"联动社区党组织（社区居委会）、社区社会组织、社区单位等主体合作开展服务，最后通过"契约式合作"规范合作内容，明确社会工作机构、社区社会组织、公益商企等各方主体职责。如社会工作机构主要负责推进社区社会组织的服务策划、沟通协调等能力培育，公益商企主要负责人财物资源的支持，社区社会组织主要负责公益服务的推展与执行。依据各自优势确定分工，有助于增强与保障公益慈善服务的延续性。

（2）社区资源议事共商机制。为保障公益慈善服务有序推进，充分发挥各资源主体的作用，项目联动各资源主体明确议事共商的主题、沟通反馈的频率、工作对接形式等内容，健全社区资源议事共商机制。如，社区社会组织在开展服务的过程中收集居民的意见及需求后，会根据需求类型分别向社区居委会、社会工作机构进行对应的反馈，联动相关部门，共商确定适合社区情况的介入方案，这有利于高效回应社区需要。

4. 社区公益微创投计划：开展社区公益微创投，搭建社区孵化培育平台

Y街的社区社会组织主要分为两种类型：一是以高校为背景的社区社会组织，尤其是高校学生组织等类型的社团，对于参与关怀社区困境群体、社区公共问题等议题有一定意愿，也具备一定的能力。然而因缺少参与平台、资金支持，或因其内部松散机制等原因，未能有效地参与介入相关服务。二是以社区居民为主的社区社会组织，多以长者自娱自乐形式存在，对于公益慈善、社会事务类的工作欠缺关注，缺少参与意识和动力。

为此，项目联合街道职能部门、社区基层党组织、华农学生自管会、华工土木与交通学院党建委开展"Y街社区微治理大赛"，搭建高校学生社区公益慈善参与平台，以社区公益微创投的模式开启"政－社－校"三方联动合作。一方面，高校社团根据社区需求，结合专业技能知识以及兴趣爱好特长，设计服务方案，下沉社区开展社会服务，学生获得社会实践机会，社区获得服务，达到双赢；另一方面，社会工作机构为高校社团提供能力培育与服务资金、物资支持，以"专项培训—搭建平台—引导实践"的支持性服务思路，鼓励青年志愿者们走出象牙塔，在"创投报名—服务执行—服务总结"的全过程中，开展服务策划、活动执行、沟通协调、财务管理四大主题培训，结合一对一配对督导等形式，提升其社区参与意识及能力。

针对以居民为主的社区社会组织，项目联动社区基层党组织开展"定投式"社区微治理大赛，依托社区基层党组织推荐社区内积极居民、已有团体，以所在社区关注的议题作为年度服务主题，提供资金、物资支持，推动其逐步尝试协助社区推进公共事务的解决。项目通过开展团队培训、骨干集思会、骨干实践反馈等方式，注重提升社区骨干实践能力，以骨干带动团体成员或新加入成员，以"以老带新"的方式，推动社区社会组织可持续地参与社区公益慈善服务及基层治理工作。

5. 慈善空间服务计划：推广社区公益慈善服务，让社区公益慈善触手可及

（1）推动多元主体共建，打造可视化公益空间。2020年，在街道的支持下，项目收获了一块约200平方米的"7字形"闲置平台空地，依托这块"闲置的空地"，项目打造了可视化公益空间——"创益五山"公益花园。在整个公益花园的建设过程中，项目着力吸引社区多元主体投入参与。在建设前期，项目通过收集居民意见及建议，组织开展公益空间建设研讨会，链接

高校风景园林设计系、建筑工程系的师生等擅长空间设计的专才志愿者，以"社会工作者＋居民＋专才团队"形式，集思广益，规划花园的功能区，致使各功能区符合不同群体需求且发挥最大作用，形成公益花园的模型。在建设中期，以公益花园为载体，通过花泥改造、创意花盆改造、植物种植、空间改造、闲置物品募集等活动，吸引社区居民，特别是青少年和亲子群体参与，为公益花园进行服务预热和宣传。在建设后期，项目持续发动社区能人、热心居民和高校学生社团成员，支持花园种植及维护、花园墙体美化、服务宣传与推广等工作。

项目推动社区居民从参与花园规划设计到共建管理，逐步形成内在的参与动力。通过挖掘社区达人，协同社区社会组织，建立社区内部人才库，共享公益成果，进而共同营造与传播"人人尽力、人人共享"的公益氛围。

（2）推广多元化公益服务，打造"家门口公益"行动。通过"创益五山"公益花园，项目衍生出"公益展销""公益课程""公益种植"三大公益服务，以此联动社区商企，打造公益参与平台。如，项目结合花园自产花卉及社区公益花农的资助，开展公益微花市，居民每选购一盆年花，商家即捐赠对应的善款用于社区困境群体关怀服务。又如，项目联动辖内爱心教育机构，以花园景观为主题开展户外写生教学，居民每参与一次公益课堂，商家在除去课程基本成本后，捐赠相应善款至社区基金，这让居民既可以学习知识又能支持社区公益。再如，项目发动社区居民和志愿者骨干开展可食蔬果公益种植，居民在动手体验植物育种至收成的过程中，不仅能感受耕耘劳作的乐趣，还能将亲手种植的爱心蔬果分装送至辖区的高龄、孤寡老人手中，让长者们感受到来自社区的关怀。

项目在三大公益服务的设计上，会选择社区居民喜闻乐见的方式及内容，居民在参与过程中能体验"寓学于乐"的感觉。并且，在体验过程中，着力传递"动动手就可以做公益"的理念。如项目与环保公益商家合作发起的"创益五山·衣旧有爱"旧衣环保回收行动，鼓励社区居民将闲置的旧衣物变废为宝，不仅能支持旧衣环保回收，也能助力公益置换，公益商家根据收集的衣物重量，捐赠资金进社区基金。与此同时，项目服务采用"社区巡回式"推广策略，即每个社区都会设置公益服务体验，让居民可以参与"家门口的公益"。

（二）服务成效

项目自 2019 年 4 月至 2022 年 4 月，取得以下成效。

1. 坚持政社联动，让治理主体"多"起来

在街道党工委的指导下，项目共联动 116 个社区公益伙伴，涉及辖区政府单位、社区居民、社区志愿团队、辖区内教育机构、辖区外社会组织等多元主体，带动社会力量参与社区建设，协助街道推动实现"人人参与、人人尽力、人人共享"的社区公益慈善格局。

2. 搭建共享平台，让社区资源"转"起来

项目撬动、筹集社区内外资金、人力、物资资源价值折合 121.16 万元，其中资金超过 50.66 万元。项目调动所得资源全部用于回应社区困境人群关怀及社区公共问题介入，助力社区治理。

3. 强化慈善救助，让兜底服务"暖"起来

项目积极链接慈善组织、爱心企业、爱心人士等社会资源，畅通慈善资源与服务需求的供需对接渠道，累计筹集爱心物资超过 1.2 万件，发动志愿者超过 2000 人次，为超过 1500 人次困难人士派送爱心食材包、居家暖心包等，有效为困难群体解决实际困难。

4. 搭建共治平台，让社区组织"动"起来

项目累计孵化培育 8 个公益慈善服务类型队伍，其中 2 个队伍主要参与社区困境人群关怀与支持服务，3 个队伍主要参与社区公益筹资服务，3 个队伍主要参与"创益五山"公益花园慈善空间运营服务。项目联动公益慈善服务队伍累计开展超过 60 场公益义卖行动及公益慈善主题活动，服务范围覆盖 Y 街 13 个社区，服务人次超过 1 万人次，动员超过 2200 人次参与支持公益捐赠。

5. 推动多渠道宣传，让慈善项目"美"起来

项目积极推广宣传有关社区公益慈善工作，获"学习强国"、广州市慈善会、广州市志愿者协会、《信息时报》《广州日报》《老人报》等平台报道达 75 次，其中国家级媒体报道 1 次，省级媒体报道 3 次，市级媒体报道 30 次，提升了项目的社会知晓度和美誉度。

五、服务经验与总结

（一）挑战与应对

1. 社区成员对公益慈善项目持有怀疑与试探的态度

项目初期，面对社区成员对慈善项目的不了解与不信任，项目积极开展

社区慈善基金运作的介绍，并在每次筹集行动后，结合公众号、社区公示栏等途径，以"线上＋线下"的形式及时向社区进行公示，公布资金、物资的数字及用途，社区成员清晰资源使用去向，提升项目公信力。

2. 社区成员公益慈善意识薄弱，参与意愿较低

项目筹集资源是在政府资源的基础上，补充回应社区有需群体的服务需求，明确受益群体服务内容。同时，通过多样化主题、巡回式服务形式，加强项目宣传力度，以"寓学于乐""家门口公益"等设计，让社区成员乐于、易于参与，在体验中增强对"人人慈善为人人"的认同感，提高社区居民的公益慈善意识。

3. 资源方初期以单次合作为主，持续参与合作的意愿较低

为提升资源方持续参与，项目会采用"活动前主动对接—活动中积极反馈—活动后持续联系"的策略，强化项目与资源方的关系。在开始前，项目主动对接资源方并报备准备情况，让资源方"放心"；在合作过程中，项目实时反馈活动进程，让资源方"安心"；在当次合作结束后，项目会及时通过推送相关宣传报道，增加项目"曝光率"，以赠送感谢状等方式表达感激，同步向资源方推荐后续延伸的合作计划，让资源方"舒心"与"动心"。

（二）反思与总结

1. 以整合思维，遵循"在地化"理念，构建多方参与格局

从社区需求出发，以动员社区本地资源为核心，提出本地解决方案。以社区公益慈善项目为纽带，联动起社区、居民、志愿者、社区社会组织和社区企业等资源，以整合思维，带动各主体共同参与社区公益慈善行动，助力社区治理。社会工作者在此过程中，主要发挥资源链接、服务提供两大专业优势，激发社区内在活力，强化社区社会资源。

2. 以项目化运作，实现全流程社区参与，增强共建共治共享效果

在街道党工委的指导和支持下，社区公益慈善工作实行项目化运作，保障服务的专业性、公益性、规范性。同时，公益慈善的核心主体，还是社区居民，让社区居民树立公益慈善意识，提高公益慈善的自觉性，才能更好推动社区公益慈善健康发展。所以，项目在"需求调研—服务设计—服务执行—服务监测—服务总结"的过程中，始终鼓励社区居民、志愿者、商家企业等成员参与，依法依规进行相关的信息公示，建立监督评价机制，

提升项目公信力，提高社区成员的参与程度，助力实现共建共治共享的治理格局。

3. 以协同互益，打造内生动力的公益模式，推动可持续化发展

本着"人人慈善为人人"理念，社会工作者在开展服务过程中，进行社区公益资源主体与社区的双需求评估，优先以社区公益资源主体的优势为合作点，分类进行资金、物资、服务的合作配对，提升参与意愿。社区公益资源主体能多元化参与公益行动的同时，也能回应自身服务奉献、品牌宣传等不同的参与需求，同时促进资源方与受益方良性互动，达到"公益是双向获得"的效果，促使公益项目形成"社区需求—社区资源—公益服务—社区自治"可持续闭合循环，从而实现社区以本地资源有效回应和解决自身需求和发展问题。

（三）服务探索——"325"社区公益慈善资源动员模式

经过"创益五山"公益慈善项目 3 年多的实践，笔者总结出可持续视角下的"325"社区公益慈善资源动员模式，即"三平台二机制五向发力"，助力社区治理（如图 1 所示）。

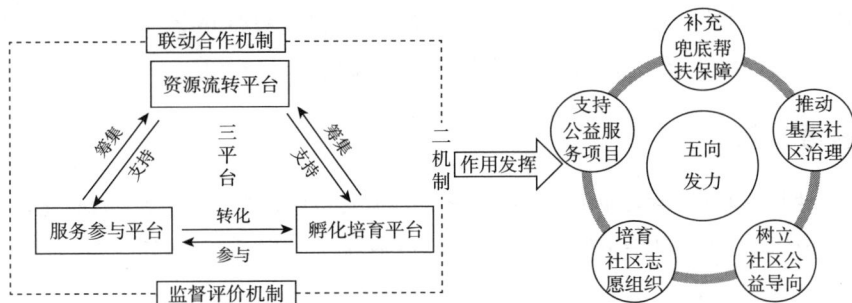

图 1　"325"社区公益慈善资源动员模式

"三平台"即构建社区公益慈善资源整合平台。一是资源流转平台，社区慈善基金合法、有效承载在地资源的良性循环，是公益慈善下沉社区的基础。二是服务参与平台，多元化多途径的服务参与平台，是社区公益慈善资源主体参与的基础。三是孵化培育平台，社区成员参与公益慈善的能力，是社区公益慈善可持续发展的基础。

"二机制"即搭建社区公益慈善资源整合机制。一是联动合作机制：包括资源流转对接机制、议事共商机制，是公益项目形成可持续闭合循环的根本

保障。二是监督评价机制：落实公益项目内外监督和评价工作，是公益项目可持续发展的根本基础。

"五向发力"即社区公益慈善资源作用发挥体系。一是补充兜底帮扶保障：在民政政策托底的基础上，通过社区基金撬动本地与社会资源，补充困境帮扶服务。二是支持公益服务项目：通过社会工作项目化运作，发动各方参与，开展社区公益服务。三是培育社区志愿组织：通过发展和培育社区志愿者，孵化公益慈善类社区社会组织，促进社区慈善可持续发展。四是树立社区公益导向：以多种途径宣传和全民参与监督形式，倡导"人人慈善为人人"理念，营造社区公益慈善氛围。五是推动基层社区治理：以社区公益慈善项目为载体，助力打造社区共建共治共享的治理格局。

社区是慈善参与现代化社会治理体系、发挥共建共治共享作用的重要阵地，有效的社区慈善资源动员是社区慈善工作的关键一环。本文通过对"创益五山"公益慈善项目服务过程和效果的反思与总结，探索可持续的社区慈善资源动员工作，提出通过"325"社区公益资源动员模式，促使社区公益慈善资源的自我发展、自我提升、自我再生，从而实现有效回应和解决自身需求和发展问题。本文希望能为其他实践者或研究者提供参考，同时，限于实践范围、时间和笔者的研究水平等方面存在限制，对社区公益慈善资源的动员仍存有尚待深入研究的内容，有待进一步探索。

参考文献

[1] 中国政府网.中共中央 国务院关于加强基层治理体系和治理能力现代化建设的意见 [EB/OL]. (2021 – 07 – 11). http://www.gov.cn/zhengce/2021 – 07/11/content_5624201.htm.

[2] 任敏，胡鹏辉，郑先令."五社联动"的背景、内涵及优势探析 [J]. 中国社会工作，2021 (3).

[3] 张晓玲.可持续发展理论：概念演变、维度与展望 [J]. 中国科学院院刊，2018 (33).

[4] 龙永红.现代慈善组织的资源动员：一个分析框架 [J]. 学习与实践，2012 (11).

"五社联动"模式下社区慈善基金介入社区治理研究

——以广州市 B 街道为例

孙晓寒　杨时河　贺立平[①]

摘　要：2021 年中共中央、国务院发布《关于加强基层治理体系和治理能力现代化建设的意见》，提出完善社会力量参与基层治理激励政策，创新社区与社会组织、社会工作者、社区志愿者、社会慈善资源的联动机制，从国家层面提出"五社联动"发展公益慈善事业，推动社会力量参与基层治理。在此背景下，笔者以广州市 B 街社区慈善基金为例，结合"协同治理"理念，探索"五社联动"下社区慈善基金介入社区治理的做法和成效，帮扶困难群体，推动多方参与社区治理，改善社区问题。

关键词：五社联动；社区慈善基金；社区治理；困难群体帮扶

一、引言

党的十九届四中全会对社会治理工作提出了新的指引方向，指出社会治理是国家治理的关键环节，要进一步推进社会治理创新，完善社会协同的社会治理体系，建设人人参与的社会治理共同体。

2021 年 4 月中共中央、国务院发布《关于加强基层治理体系和治理能力现代化建设的意见》，提出完善社会力量参与基层治理激励政策，创新社区与社会组织、社会工作者、社区志愿者、社会慈善资源的联动机制，支持建立乡镇（街道）购买社会工作服务机制和设立社区基金会等协作载体，吸纳社会力量参加基层应急救援。完善基层志愿服务制度，大力开展邻里互助服务

① 作者简介：孙晓寒，广州市中大社工服务中心北京街社工服务站项目主任，中级社会工作师；杨时河，广州市中大社工服务中心服务总监，高级社会工作师；贺立平，中山大学社会学与社会工作系副教授，广州市中大社工服务中心理事长。

和互动交流活动，更好地满足群众需求。此处，从国家层面提出"五社联动"发展公益慈善事业，推动社会力量参与基层治理。

2021年，随着B街社工站在公益慈善方面探索日益增加，在《关于加强基层治理体系和治理能力现代化建设的意见》指导之下，广州市B街社工站发现困难群体的帮扶和社区问题的改善，可依托社区慈善基金平台介入，结合"协同治理"理念，探索"五社联动"下社区慈善基金介入社区治理的做法和成效，帮扶困难群体，推动多方参与社区治理，改善社区问题。

二、服务背景

（一）社区慈善基金背景

社区基金会起源于1914年美国的克利夫兰，银行家弗雷德里克·高夫使用银行闲置的信托资金和社区慈善捐赠建立慈善保本基金，并组建资助委员会，将保本基金的理财收益用于发展社区公益。经过100多年的发展，社区基金会在全球50多个国家发展了超过1800家社区基金会。然而，虽然共同使用"社区基金会"这一概念，但各地社区基金会的资金来源、运作模式、发展路径有着巨大的差异。早期的社区基金会采用"社区信托"模式，如今，这一模式仅存在于少数基金会。在全球范围内，社区基金会也没有统一的模式。无论社区基金会采用哪种具体运作模式，它的使命是类似的，即链接整合社区慈善资源，促进社区发展。

2019年4月，广州市民政局关于印发《广州市实施"社工+慈善"战略工作方案》的通知，落实市委市政府关于创建"慈善之城"和实施"社工+"战略的决策部署，促进全市社会工作与慈善事业高质量融合发展，加强保障和改善民生，营造共建共治共享的社区治理格局。广州市慈善会、广州市善城社区公益基金会联合发布《广州市慈善会社区慈善基金合作服务指引（试行）》，鼓励广泛动员社会资源，成立社区慈善基金，建立社区长效募捐机制，推动广州慈善事业发展。此后，广州市依托成熟的社工站平台，将社区慈善基金（会）嵌入社区治理，通过广州市慈善会资助启动资金，由广州市善城社区公益基金会提供培育和指导，分别在慈善资源和能力建设方面为社区慈善基金提供支持。此后，广州市社区慈善基金如雨后春笋，蓬勃发展。

（二）案例背景

在成立 B 街社区慈善基金之前，B 街社工站积极链接各方资源，用于帮扶社区困难群体，其中包括企事业单位捐赠的爱心物资、社区志愿队伍的志愿服务以及个别爱心人士/单位的善款等。由于缺乏资源整合平台，社工站所链接的资源呈现松散的状态，难以回应困难群体突出需要，资源运用情况不太理想。2021 年，在《关于加强基层治理体系和治理能力现代化建设的意见》指导之下，社工站尝试依托社区慈善基金平台介入，通过"五社联动"工作框架推动社区多方力量参与社区治理。于是，在广州市 Y 区民政局、B 街道办事处的支持下，以广州市中大社工服务中心作为发起方，B 街社工站作为承接方，广州市善城社区公益基金会为指导方，与广州市慈善会联合成立了 B 街社区慈善基金。

三、需求评估

（一）社区需求

B 街地处广州市政治、经济、文化中心地带，是"广府文化发源地、千年商都核心区、公共服务中心区"的核心区域。地域面积约 1.3 平方千米，辖内设有 13 个社区居委会，常住人口约 5 万，60 岁及以上长者 9607 人，占常住人口的 19%，社区老龄化情况较为突出。低保低收、特困、在册残疾人等困难人群 2357 人，困难人群数量较大，虽然困难群体有政府进行兜底救助，但在心理关怀、家庭问题、临时救助以及改善生活水平等方面较难全部覆盖。

此外，B 街作为老城区，房屋较为老旧，社区内有超过 50 栋楼宇楼龄超过 35 年，居住者主要为本地居民，其中长者所占比例较高。旧楼楼宇缺少安全扶手，楼道缺乏消防设备，对社区居民的出行、居住安全造成较大影响。而旧楼问题涉及的利益主体较多，关系复杂，单靠居民个人较难解决。

（二）社区慈善基金对 B 街社区治理的重要性

社区慈善基金对社区治理能够发挥重要作用，如广州社会组织研究院执行院长胡小军关于社区基金会发展的观点："从社区基金发展的演变和历程来

看，社区基金发展的重要性有三点。第一点是慈善救助，在城市的快速发展过程中，社会群体在分化，我们既有高端的社区，也有老旧贫困的社区，针对不同的社区的特点，慈善的救助是授人以鱼，帮助有需要的群体走出困境。第二点是发展赋能，帮助困难群体自我解困，授人以鱼不如授人以渔。第三点就是社区营造，社区营造是一个综合的进程，是一个需要动员、协调多方力量共同参与的过程。"

以 B 街社区慈善基金的探索为例，社区慈善基金对社区治理的重要性体现在以下三点。

首先，在慈善救助方面，社区慈善基金关注困难群体需要，改善社区问题，推进社区治理。

B 街困难人群数量较大，需求集中体现在经济资助、物资帮扶和家庭关系疏导等方面，而这些需求可以社区慈善基金为载体，通过社会工作者的组织策划，联动社会组织、志愿力量开展帮扶服务，有效地帮助困难群体解决问题。而旧楼问题涉及的利益主体较多，单靠居民个人较难解决。这一类社区疑难杂症，可以社区慈善基金为载体，社会工作者、社区、社区社会组织、社区志愿者协同改善社区问题。

其次，在发展赋能方面，社区慈善基金注重多元主体各司其职，形成合力。B 街道办事处和中大社会工作服务中心牵头推动了社区慈善基金的筹备与成立，由街道指定的街道人员加入管理委员会，在筹备与成立阶段，街道发挥了关键的作用；社工站则侧重挖掘社区需求，负责发起慈善项目，链接社会慈善资源，发动社区志愿力量，执行慈善项目；社会组织负责人、志愿者和居民代表等则作为社区中不同人群的代表，表达自己对社区问题的了解和意见，并参与慈善行动。

最后，在社区营造方面，社区慈善基金注重多元共建参与社区治理。按照《广州市慈善会社区慈善基金合作服务指引（试行）》规定，B 街社区慈善基金（会）设立管委会，管委会涵盖街道人员、社会工作者、社会组织负责人、志愿者和居民代表等，多元主体参与社区慈善基金，尽可能地代表社区不同群体的意见，使得社区慈善基金所开展的服务具有代表性。

（三）社区慈善基金对 B 街社区治理的必要性

党的十九大报告中提出打造共建共治共享的社会治理格局，强调社会治理的重心在基层，鼓励通过慈善捐赠、设立社区基金会等方式，引导社会资金投向社区治理领域。在城市社区治理问题中，城市社区的异质性表现为社区和社区之间的巨大差别。面对社区需求的多元化与分层化，资源的有效配置、社区合作平台和推动社区社会组织的自主参与格外重要。

首先，在社区资源有效配置方面，社区基金能够有效地动员社区资源，改善社区问题。社区需求是多层次、多样化的，需要资源能够快速、灵活回应社区需求，而社区基金是基于本地的资源，服务本地的居民，具有"活性"资源的特点，能够动员本土资源，满足社区需求。相反地，刚性资源，如政府资源由于具有短期性、阶段性，无法涉及社区长久的、个性化需求，可见社区基金在动员社区资源方面的关键作用。B 街是广州城建之始所在地，是历史上最繁华的商业集散地，社区历史悠久，广府文化浓厚。邻里间互动较多，社区责任感和归属感较强，社区氛围友好，有着开展公益慈善服务的重要基础。B 街社工站从 2015 年开始，借助北京路西湖花市，每年开展迎春慈善义卖活动，链接多家企业爱心资源，并发动社区志愿者开展义卖，多年来得到街道、社区居民的赞赏和支持，所筹善款、物资多用于帮扶社区长者和困境家庭改善生活条件。但是西湖花市义卖活动，每年只在春节开展，若能借助社区基金，通过类似的品牌筹款和帮扶活动，邀请企事业单位定期资助，号召社会组织参与，才能真正做到源于社区资源，服务社区居民，提高资源的有效配置，更好地动员社区资源，解决社区问题。

其次，在社区合作平台搭建方面，社区基金可作为社区合作的媒介。通过搭建社区慈善资源平台，将捐赠方、受益方和社会组织联系起来。过往社工站服务中，公益慈善资源呈现松散的状态，其中较为关键的原因是社工站优先关注困难群体的需要，缺乏对捐赠方的需求关注与关系维护意识。而与社会组织的联动，也是基于困难群体的需要，当困难群体某一需要满足后，则结束资源对接服务，较少关注社会组织在此过程中的成长或意见。若能够借助社区基金在社区合作平台方面的作用，在帮扶困难群体的同时，双向联动捐赠方和社会组织，提高资源运用效果，则有利于更好地维系社区多元资源。

最后，在社区社会组织自主参与方面，社区基金可提升其社区建设能力。社区治理中强调社区社会组织的培育，推动社会组织的内生动力和自主参与，而社区社会组织的培育需要活性资源，社区基金源于社区，可承担起社区社会组织培育的角色。通过社区基金的资助，推动社区的自助和互助，培养社

区居民形成一种社区的公共精神。B 街社工站培育了多家社区社会组织和一批志愿服务骨干，积极参与社区公益慈善行动。但是，由于社区需求多样且复杂，缺乏统一目标的社区社会组织自由发展，难以聚焦社区中较为突出的困难群体需要，若能通过社区基金的资助，形成统一目标，聚沙成塔，将能事半功倍。

从以上分析可见，B 街社区基金可在资源的有效配置、社区合作平台的搭建和社区社会组织的自主参与方面发挥重要作用，这些作用是其他资源无法替代的，可见社区慈善基金对社区治理的必要性。

四、服务目标

基于 B 街在困难群体和旧楼改造方面的需求，借助 B 街社区慈善基金对资源的有效配置、社区合作平台的搭建和社区社会组织的推动参与方面的作用，以"协同理论"为指导，以"五社联动"工作框架，撬动 B 街辖区内外爱心资源，帮扶社区特殊困难人群，构建共建共治共享的社区治理新模式。从 2021 年 1 月至 2022 年 6 月，服务具体目标如下。

（一）资源整合

通过 99 腾讯公益筹款和迎春花市义卖等慈善专项行动，至少筹集 15 万元善款，用于帮扶困难群体。

（二）搭建平台

开展"三微"帮扶行动，搭建困难群体、企事业单位和社区社会组织合作平台，至少推动 30 家企事业单位参与行动，为 100 户特殊困难家庭实现微心愿、4 户特困家庭实现微梦想、3 栋老旧楼宇加装扶手，满足困难群体的经济救助、物资帮扶和改善出行安全问题。

（三）推动参与

开展社区公益慈善创意大赛，培育及推动 4 个社区社会组织、100 名志愿者参与策划与帮扶行动，提升社区社会组织和志愿者的服务能力。

五、理论框架

现代协同理论认为，各个部分有机协同能够促进整体系统有序而稳定地运行，保证系统更高质量和高效率运行，创造出系统局部所没有的新功能。从理论内涵上看，协同治理是以协同理论和治理理论为依据的国家治理思想，是大数据时代政府、社会组织、企业、公民等运用信息技术、网络技术相互协作、共同参与社会事务管理和公共服务供给中形成的协同规则、治理机制等。从社会特征看，协同治理并不是"协同"和"治理"的机械相加，而是将协同理论融入国家治理体制所形成的国家治理形态；协同治理所要达到的治理状态并非模式化的社会治理格局，而是动态化的、可以实现自组织平衡的耗散聚合格局。从治理功能看，协同治理有利于超越传统的科层制、官僚制的对抗格局，建构平等、互动、协商的国家治理框架，使国家权力在阳光下和制度内运行；有利于推进国家治理的长效化、规范化、法治化，让公众、企业、社会组织等有效参与国家治理。

在"协同治理"理论指导下，本案例结合当前国家政策指引，以"五社联动"作为社区基金运行的行动框架。"五社联动"是指以提升社区治理能力、建设"共治共建共享"的社区治理共同体为目标，坚持党建引领，以社区为平台、以社会工作者为支撑、以社区社会组织为载体、以社区志愿者为辅助、以社区公益慈善资源为补充的现代社区治理行动框架，亦是体现"协同治理"精神的运作机制。

"五社"是指社区、社会工作者、社区社会组织、社区志愿者、社区公益慈善资源。社区是指社区党组织和社区居委会。社会工作者是指提供专业社会工作服务的人员。社区社会组织是指由社区居民发起成立，在社区开展为民服务、公益慈善、邻里互助、文体娱乐等活动的社会组织。社区志愿者是指以社区为范围主动承担社会责任，参与社区服务与社区治理等活动，奉献个人时间和资源的人。社区公益慈善资源是指社区可获得、可支配，用于回应社区需求、提供社区服务、解决社区问题、促进社区治理的一切物资、资金、技术、服务等社会资源。

六、服务策略

B 街社工站以专业社会工作服务为基础，通过社区慈善基金，搭建 B 街慈善公益服务平台，将社区、社会工作者、社区社会组织、社区志愿者和社区公益慈善资源联动起来，发挥各方优势，通过议事协商、慈善筹款、物资认捐、志愿行动、困难帮扶以及社区倡导等方式，链接及整合困难人群所需

资源，帮助困难人群实现"三微需求"（"微心愿""微梦想""微改造"），解决困难人群在生活、工作等方面的困难，改善社区旧楼安全问题，构建共建共治共享的社区治理格局。具体服务步骤如下。

（一）启动期

2021年1—2月，正式成立广州市B街社区慈善基金。借助传统节日开展启动仪式，通过活动宣传B街社区慈善基金。

（二）宣传期

2021年3—8月，借助广益联募、腾讯公益、社工站微信公众号进行线上宣传。通过外展，走访临街商户、社区居民等方式进行线下宣传。

（三）筹款期

2021年9月至2022年1月，开展99腾讯公益和迎春花市筹款活动，邀请社区内的党组织、企事业单位及个人参与筹款；开展B街社区慈善基金公益慈善创意大赛，推动社区社会组织参与筹款行动策划，并实施策划方案，为社区困难群体进行筹款。

（四）实施期

2022年2—4月，实施帮扶。为100户特殊困难家庭实现微心愿、为4户特困家庭实现微梦想、为3栋老旧楼宇加装扶手。

（五）总结期

2022年5—6月，展示项目成效。总结项目年度服务情况，向社区基金管委会汇报工作情况，进行经验总结并制订新一年计划。

（六）公示期

每季度进行一次社区基金信息公示，定期在社工站宣传栏、社工站微信公众号将社区基金的捐赠及使用情况进行公示。

七、服务过程与成效

"五社联动"下B街社区基金介入社区治理和困难群体帮扶，从社区筹款、帮扶行动和管委会、社区社会组织的培育等方面实施，回应社区基金对社区治理的必要性，即资源的有效配置、社区合作平台的搭建和社区社会组织的自主参与。

在实施过程中，"五社联动"贯穿服务的每一个细节，社区、社会工作者、社区社会组织、志愿者和社区慈善资源紧密合作，协同参与社区治理。可喜的是，服务取得了明显成效。自 2020 年 12 月社区基金成立以来，在"五社联动"运行模式下，实现服务目标，包括联动 50 个资源方，开展了 18 场筹款活动，培育 4 家社区社会组织深度参与，推动 675 人次志愿者加入慈善行动，2047 名爱心人士献出爱心，累计筹集善款 1656798.81 元。善款用于为 B 街 151 户困难家庭提供帮扶，为 3 栋社区旧楼进行扶手改造。笔者将服务中主要的实施内容和成效归纳如下。

（一）资源的有效配置：人人参与的社区筹款

社区需求是多层次、多样化的，需要资源能够快速、灵活回应社区需求，而 B 街社区基金是基于 B 街的资源，通过开展各种筹款活动，将社区中各种资源凝聚在一起，筹集善款超过 16 万元，提升资源的有效配置，满足困难群体的需求。

1. 借助 99 腾讯公益平台进行筹款

"99 公益日"是腾讯公益联合慈善组织、用户、企业、媒体等自 2015 年共同发起的一年一度的全民公益活动。倡导人人公益、透明公益和理性公益的公益慈善文化，推动多元、健康和可持续的互联网公益慈善生态建设。在此背景下，为帮助社区困难家庭实现"微梦想"，B 街社区慈善基金开展了"随手捐一块，一块筑梦想"B 街社区慈善基金筹款活动，推动 740 名爱心人士参与捐款，筹集善款 2 万多元。

社会工作者通过线上发布推文宣传，线下开展志愿培训活动，号召社区居民通过捐款、捐步、答题等行动积累小红花，从而助力社区基金在"99 公益日"活动中获得更多配捐。活动期间，更以"随手捐一块，一块筑梦想"为口号，由志愿者带动其他社区居民捐款，并转发筹款链接到个人朋友圈，增加本次筹款活动的宣传力度。

社会工作者向过往合作过的企业发出活动邀请，成功邀请了 18 家企业参与本次筹款活动，参与方式较为多样，可直接捐款，也可以企业名义发起

"一起捐"，还可以转发本次活动的推文、捐款链接等。借助合作方的资源，拓宽社区基金的宣传途径，让更多人了解并愿意为 B 街社区慈善基金提供支持。

2. 借助新春节庆活动进行筹款

2022 年春节，B 街社工站开展为期 10 天的"微慈善，释放爱能量"社区基金迎春义卖活动，超过 10 家爱心单位、80 名志愿者参与，为困难群体筹集善款超过 2 万元。这是开展社区慈善基金筹款活动以来，时间最长的一次，也是爱心单位、志愿者参与最多的一次。

活动得到辖区内外众多爱心企业支持，社区基金管委会主任热心牵线，链接义卖场地并承担场地租金。他还带上家人朋友一起参与本次义卖行动，他说："支持慈善义卖义不容辞！"还有企业以党支部名义进行合作，早在一个月前，他们就与社会工作者着手沟通采购义卖物资，并号召党员作为志愿者参与义卖行动。除此之外，还有 8 家企业以专场认捐的方式，认捐义卖物资、组织员工作为志愿者或者提供义卖经费等方式，加入志愿慈善行动。

毛姨是社工站的一名长者志愿者，同时也是社工站的忠实粉丝，她用一双巧手，带领几名长者志愿者，为本次义卖制作了多只栩栩如生的纸折天鹅。这次活动中，超过 300 人次志愿者参与了义卖品的制作和现场义卖。义卖品中超过 80% 是志愿者一针一线、一笔一画制作出来的，折纸天鹅、传统挥春、粤风团扇、艾草香囊、走马灯、手工盆橘等，义卖品精致非凡，注入了志愿者们满满的爱心。

（二）社区合作平台的搭建："三微"帮扶行动

B 街社区基金作为社区合作的媒介，通过"三微"帮扶行动，以"五社联动"为框架，满足 151 名困难家庭成员的"微心愿""微梦想"，以及对 3 栋楼宇进行"微改造"，关注困难群体在物质帮扶、情感支持和社区关怀方面的需求，以及社区旧楼安全问题，搭建社区合作平台，将 50 个捐赠方（企事业单位）、300 多个受益方（困难群众、旧楼居民）和多个社会组织联系起来，多方参与，协助社区困境人群解决问题，共同参与社区事务。

1. 帮助特困群体实现"微心愿"

微心愿是指困难群体提出的涉及切身利益的急难愁盼问题，或其他合理的个体诉求，包括物资和服务需求。

社工站借助 B 街社区慈善基金平台，将辖区内党组织、爱心企业和困难群体联结起来，由党组织和爱心企业认捐社区困难家庭"微心愿"，既帮助了困难群体，又推动党组织和企业关注社区需要。2021 年 3—12 月，累计为 146 名社区困难成员家庭实现微心愿，接受微心愿物资 186 件，折合价值 43992.9 元，服务成效较为突出。党组织和企业认为社区慈善基金提供的志愿服务平台，更能贴近群众需要，让服务群众不再是一句口号，而是一项目实际行动。

B 街社区中有一户特困家庭，面临家庭经济与子女照顾压力，社会工作者接案后与社区居委会联系，帮助这户家庭成功申请紧急救助金、低保救助和保暖衣物（微心愿），缓解该家庭经济和生活上的困难。此外，社会工作者与辖区内小学沟通，跟进两名适龄失学孩子的情况，后来成功入读小学，并申请到学校低保家庭餐费减免等福利。该家庭另外两名尚未入户的孩子也在社会工作者的协助下随母亲户籍办理入户。通过社会工作者的介入服务，该家庭目前获得稳定的低保救助，成功解决该家庭生活救助以及儿童失学、"黑户"等问题。儿童的入学权利也得到了保障，家庭成员生活及学习情况得到良好改善。

2. 帮助特困群体实现"微梦想"

微梦想是指家庭为单位，家庭困难情况较为复杂，迫切希望改善生活、求医求学或长久以来的梦想等。

社会工作者在上门探访、电话访问困难家庭时发现，除了生活物资匮乏，困难家庭也有一些小梦想由于家庭或者自身困境无法实现。有的家庭因为孩子患有脑瘫，无法长期住院进行康复治疗，需要申请一套康复器材在家进行训练，并需要专业康复师的指导；有的家庭因为孩子从出生开始便患有多重残疾，孩子现在 9 岁了也未曾外出游玩过，希望能有一次机会一家人一起开心地外出；还有的家庭因为孩子（已成年）患有智力、肢体残疾，加上过度肥胖，无法独自外出，30 多年来只能坐在床边看着街上的风景，希望在孩子入住养老院前，能够有一次外出游玩的机会。

这些小梦想对于普通人而言可能很简单，但是对于困难家庭而言却是遥不可及。由于这些梦想所需的费用在 1000 ~ 5000 元，无法通过"微心愿"服务满足需求，因此，2021 年 9 月，B 街社工站通过开展 99 腾讯公益日，发起"随手捐一块，一块筑梦想"B 街社区慈善基金筹款活动，号召社区社会组织、企业和志愿者进行筹款，筹款所得用于困难家庭"微梦想"的帮扶。此

后，社会工作者以个案管理的服务方式，联动社区党员、志愿者以及其他专业人士为 4 户困难家庭提供一对一服务，不仅帮助困难家庭实现"微梦想"，更加关注这些梦想背后的故事，帮助困难家庭克服生活困难。"微梦想"不仅是实现"梦想"，更是培养困难家庭积极向上的生活态度，树立对未来生活的信心和勇气。

3. 为困难群体开展旧楼改造"微改造"

B 街是广州市典型的老城区，社区内的楼房多为楼梯房，且楼龄普遍较长，楼道内光线较为昏暗，没有安全扶手或为较宽的水泥扶手，电路和消防设备老化并存在一定程度的损毁。由于这些楼房普遍缺乏物业管理公司管理，楼房的住户即使发现问题，也无处反映无法解决。同时，在住的居民多为长者、经济困难的家庭和部分租客，长者和困难家庭对问题无能为力，租客大多置之不理，因此，社区环境友好度一直未能改善，意外时有发生。

为此，由 B 街社区慈善基金为旧楼改造提供改造资金，社区居委会转介需要改造的楼宇，再由 B 街社工站培育社区社会组织"乐安居街坊委员会"，经过技能培训，社区社会组织和志愿者共同上门摸查楼宇情况，对楼宇的居住人群、居民数量、楼宇新旧程度、光线情况等进行登记。经过一系列评估后，由"街坊委员会"根据楼宇中在住长者、残疾人以及其他需求较为突出的人群情况进行迫切程度排序，进行投票表决。表决通过后由社会工作者组织工程队进行楼道扶手改造。

（三）社区社会组织的自主参与：管委会、社区社会组织的培育

社区治理中强调社区社会组织的培育，推动社会组织的内生动力和自主参与，而社区社会组织的培育需要活性的资源，社区基金源于社区，可承担社区社会组织培育的角色。通过 B 街社区基金日常运作，推动社区基金管理委员会自主管理社区基金；通过社区基金资助，培育 4 家社区社会组织深度参与，推动 675 人次志愿者加入慈善行动，得到 2047 名爱心人士献出爱心，推动社区的自助和互助，培养社区居民形成一种社区的公共精神。

1. 社区基金管委会自我管理

社工站作为 B 街社区慈善基金发起和执行方，在街道的支持下，组织了社区基金管理和监督委员会。社区基金管理和监督委员会由 1 名管委会主任、1 名秘书长、5 名管委会成员负责日常管理，3 名监督成员对基金进行监督，

共 10 人组成管理机构，同时 B 街社区基金的日常运作将主要由秘书长（社会工作者）负责。管委会成员来自社区党组织、街道民政部门、B 街商会、B 街企业、资深志愿者和 B 街社工站。值得一提的是，管委会主任由 B 街辖区内的老字号企业总经理担任，该企业在社区中有较强的影响，能够吸收更多爱心资源的加入。此外，该代表有强烈的社会企业责任心，在社区的各项爱心帮扶活动中都能够见到他的身影。在社区基金日常管理中，他能够作为其他成员的榜样，提高管委会的凝聚力。

按照《广州市慈善会社区慈善基金合作服务指引（试行）》要求，管委会每季度召开一次会议，会议围绕社区慈善基金年度方案、帮扶方案、宣传方案、筹款行动方案以及困境家庭帮扶审议等内容展开。此外，秘书长每月及时向各委员汇报社区慈善基金当月工作情况、媒体报道和信息公开等工作情况，推动管委会积极参与决策，发挥监督职能。

2. 社区社会组织自主参与

2021 年 11—12 月，B 街社工站组织开展"善行传万家"B 街公益慈善创意大赛，这是一场由 B 街社区慈善基金提供参与平台和义卖经费的大赛。大赛旨在推动社区社会组织关注社区困难群体的需求，激发社区社会组织自主参与服务动力，主动提出自己的意见和建议，培育社区社会组织的策划和服务能力，带动更多社区居民参与。

本次大赛邀请了 4 家社区社会组织参加，包括初老志愿服务队、亲子志愿服务队、初中志愿服务队以及大学生志愿服务队，代表着社区中不同的人群，能够从不同人群的角度思考问题，更能感受到困难群体的需要。为了激发社区社会组织的服务动力，除了为他们提供志愿服务技能培训，更是引导 4 家社会组织参与活动策划、义卖物资采购，团队分工和开展筹款行动。为期两个月的公益慈善大赛，取得了较好的成效，吸引超 300 人次的爱心人士参与捐款，为困难群体筹集 6000 多元善款。

4 家社会组织均成功策划了筹款方案并实施，它们不仅运用社区基金资助的经费开展筹款活动，更是发挥主动性，挖掘身边的资源加入筹款行动。例如参与本次大赛的初中志愿服务队——侨中彩虹梦之队，该队伍由 8 对初一年级青少年亲子志愿者组成，他们希望通过参与社区筹款活动，在为社区慈善事业贡献自己一份力量的同时，也能更加深入地了解社区慈善与志愿服务的意义，激发正能量。经过多次讨论，他们决定募集物资用于慈善义卖，他

们在学校初一年级发起倡导，鼓励大家捐出闲置但依然有价值的物品，实现物品的二次利用。同学们了解后积极响应，有的捐出自己闲置的课外书，有的捐出自己崭新的毛绒公仔，有的捐出全套的学习用品……在一些物品上还附带着小纸条，是"原主人"暖心的介绍，希望所捐物品得到青睐。

八、专业反思

（一）多元主体协同参与社区治理

"五社联动"运行模式的建立，结合"协同治理"的理念，借助 B 街社区慈善基金这一平台，将社会工作者、社区、社区社会组织、志愿者和社会慈善资源紧密联系起来。社会工作者作为社区基金发起人，能够与社区更好地沟通交流，分析困难群体需求、社区治理等问题，并寻求资源改善问题，向更专业化的方向发展；社区（街道与居委会）有了工作指引和方向，能够解决一些困难群体需要解决而又难以解决的问题，提高了工作积极性；社区社会组织有了进一步展现自身能力的平台，激发组织活力；社区慈善资源（企事业单位）有了展现企业形象的舞台，更乐于捐赠或资助社区的公益活动，更好地为社区居民服务，形成了良性互动，促进了自身发展和社区治理水平的提升。

（二）社会工作者的专业作用促进社区基金的有效发展

在"五社联动"下社区慈善基金介入社区治理中，社会工作者的角色很关键，这也是 B 街社区慈善基金发展时间虽然不长，但服务初具成效的关键原因。一是社会工作者是技术支持者。社会工作者具有专业服务技术，在开展社区需求评估、社区项目策划和项目执行等方面，起着独有的专业优势。二是社会工作者是发展赋能者。针对社区社会组织、社区志愿骨干的培育，社会工作者可对其进行赋能和支持，激发他们的自主参与动力，为社区不同人群发声。三是社会工作者是专业协作者。在社区基金的运作管理方面，社会工作者推动社区基金管委会，做好资源的募集管理、使用支出和信息公示等，并形成管委会管理机制，推动管委会的日常运作。

不过，也是由于社会工作者角色很关键，在社区基金日常运作中，较多依赖社会工作者的执行。担任秘书处职能的社工站，需要对捐赠人的开发与维护、项目立项、结项审核、年度资金使用计划、年度筹资计划、管委会会议、档案管理、社区基金信息公开等运行管理工作，工作内容较多，亦缺乏专职人员负责以上工作，是对社工站的考验与挑战。

（三）打造社区参与平台，社会组织和志愿者参与无门槛

社区社会组织和志愿者在社区治理中发挥着社区"黏合剂"的作用，他们无私奉献的精神，推动着他们积极参与公益活动，并感染着身边的其他居民，社区社会组织和志愿者的活力是推动社区居民参与社区治理的关键所在。

过往不少社区社会组织和志愿者找不到参与社区服务的平台，他们甚至需要通过"熟人介绍"的方式寻找参与机会。为此，社工站借助 B 街社区慈善基金筹款的需要，打造社区参与平台，让社区社会组织和志愿者无门槛参与服务。例如在"善行暖万家"公益筹款大赛中，社会工作者十分注重社区社会组织和志愿者的深度参与，通过开展前期培训，帮助社区社会组织了解筹款大赛的细则、活动策划的要点和注意事项，指导社区社会组织学习撰写活动方案，并通过资助一定的物资经费，调动社区社会组织的积极性，以及开展表彰活动，肯定社区社会组织的参与与付出。

（四）项目化运作，打造社区公益参与新路径

通过"五社联动"运作模式，探索了"群众关注—社会工作者牵头—社区号召—社会组织协同—社会筹款—居民参与及受益—社会监督"的社区公益路径，通过项目化管理运作方式开展社区服务，有效提升服务质量和水平。

社工站根据居民需求和社区问题，联动街道、社区居委会协商共议，借助 B 街社区慈善基金平台，制订项目整体方案，培育社区社会组织策划和组织筹款活动，进行多渠道传播推广，并借助 99 腾讯公益日、新春主题节日等重要筹款契机，开展筹款行动，最终将善款用于困难群体的"微心愿""微梦想""微改造"，并依法进行信息公开，接受社会监督。

（五）多渠道传播提高社会影响力

社区慈善基金的传播，从传播动员方面，可动员内部人员、志愿者、捐赠方和合作方等进行传播。通过多渠道的传播互动，可让社区慈善基金走进家家户户，形成较大的社区影响力。

1. 通过捐赠方、合作方进行传播

B 街社区慈善基金结合 B 街政治与商业中心的优势，向 10 家意向企业发出共同传播邀请，得到 8 家企业的积极回应，其中便包括了来自管委会成员所在的 2 家企业。B 街社区慈善基金借助社区慈善成立仪式，邀请 8 家企业参与，授予"爱心合作单位"牌匾，并协助这些企业在门店、公司总部设立爱心展示点，将 B 街社区慈善基金宣传海报、由志愿者制作的手工义卖品和广州市慈善会公募资格证书等进行展示，帮助社区慈善基金获得更多关注。经过一年的探索，该做法成效突出，超过 3000 人次了解 B 街社区慈善基金，其中 1 家爱心企业更是发挥企业优势，将 B 街社区慈善基金的宣传海报放到 50 辆计程车后座的宣传栏上，浏览海报的乘客不计其数。

2. 通过社会工作者、志愿者进行传播

B 街社区慈善基金结合 B 街社工站每月开展的志愿服务集市，进行摆摊宣传，志愿服务集市上社区居民可体验来自社区党组织、企业提供的便民服务外，还能购买志愿者手工制作的义卖品，向社会工作者或志愿者了解社区慈善基金的情况，间接地宣传社区慈善基金，通过社区志愿进行传播，能够更加亲近社区，达到润物细无声的传播效果。

3. 通过微信公众号、报纸等媒体进行传播

B 街社区慈善基金自成立以来，借助 B 街社工站微信公众号已发布 27 篇主题推文，侧重宣传社区基金各项重要筹款活动、帮扶活动、志愿行动以及信息公示等，7315 人次阅读。社区基金还得到《人民日报》《广州日报》、善城广州等媒体 18 次报道，具有不错的社会影响力。此外，B 街社工站成功获得"广州市第二批慈善空间"称号，致力打造"家门口的社区公益慈善平台"，改变社区居民认为"慈善"是个"高大上的舶来品"这一刻板印象，为社区居民提供便捷、亲民的公益慈善参与平台，致力营造"人人可参与"的社区氛围。

B 街社区慈善基金基于 B 街特殊的政治、经济优势，吸引企业和媒体的关注，进行传播推广，既能在社区广泛宣传企业善行义举，赢得群众信任，提升企业社会效应和市场效应，又能获得企业支持，为社区慈善基金注入源源不断的资源，推动社区建设和企业发展双赢。借助志愿服务使"公益慈善"更加亲近社区，改变社区居民对"慈善"的刻板印象，为社区提供便捷、亲民的公益慈善参与平台，营造"人人可参与"的社区氛围。

九、结语

B 街社区慈善基金成立至今，虽然时间较短，但在《加强基层治理体系和治理能力现代化建设的意见》和《广州市实施"社工＋慈善"战略工作方案》两个文件的指导下，得到市慈善会、街道的扶持。基于社工站多年的在地服务经验，对困难群体需求的把握、辖区企业资源的了解以及对社区社会组织的推动等，结合"协同治理"理念，运用"五社联动"工作模式，从社区筹款、帮扶行动和管委会、社区社会组织的培育三个层面实施项目，帮扶困难群体，改善社区问题，推动社区多元化参与，探索了社区基金介入社区治理的有效路径，并在 2022 年 7 月成立全市首个"社区慈善（志愿服务）工作站"，服务具有示范性和推广性。

B 街社区慈善基金在"五社联动"工作模式下，发挥社区基金在整合资源、搭建社区合作平台和推动社区社会组织参与等方面的作用，取得不错成效之余，亦面临一些难题，如在社区公益项目资助平台方面，还未能较好地施展，原因主要是当前社区基金还未形成稳定的筹款来源，筹集善款优先使用于社区困难群体。因此，笔者认为，B 街社区慈善基金还需开拓筹款来源，增加筹款额，除了帮扶困难群体，回应社区居民的个性需求，支持社区长远的战略需求。此外，笔者亦思考社区慈善基金的最终目标，不仅局限于筹款、帮扶等目标，而是构建相互信任、共同创造的社区慈善文化氛围，就像亲人之间的关系，是更加生活化，更有归属感、更有情感纽带的慈善文化氛围。笔者希望 B 街社区慈善基金的运作是基于信任、共同创造的文化氛围，始于本土关怀，基于对本社区的问题，运用本社区的资源，改善本社区问题。希望社区慈善基金就像一颗小种子，随着时间推移，枝繁叶茂，播下新的种子，最终成为一片森林，造福社区。

参考文献

［1］中国共产党第十九届中央委员会第四次全体会议公报［EB/OL］.（2019－10－31）. http://www.npc.gov.cn/npc/c30834/201910/effc64fc945f463898421d4959 308a27.shtml.

［2］国务院关于加强基层治理体系和治理能力现代化建设的意见［EB/OL］.（2021－7－11）. http://www.gov.cn/xinwen/2021－07/11/content_5624201.htm? ivk_sa＝1024320u.

［3］WALKLENHOST, PETER. Building philanthropic and social capital：The work of com-

muniry foundations［J］. Verlag berelsmann sifung, 2010：7 – 8.

［4］王筱昀, 曹洋. 广州社区慈善基金（会）发展现状、面临挑战和对策建议［M］. 广州公益慈善事业发展报告（2020年）, 北京：社会科学文献出版社, 2020：132 – 133.

［5］胡小军. 从"概念"到"行动"：社区基金会发展路径探析［EB/OL］.（2019 – 08 – 13）. https://www. sohu. com/a/333527743_99904059.

［6］王利平, 倪连晶. 多元协同治理理论视域下推进国家治理体系和治理能力现代化［J］. 党史博采, 2022（7）：53.

［7］民政部关于大力培育发展社区社会组织的意见［EB/OL］.（2018 – 01 – 15）. https://www. mca. gov. cn/article/gk/wj/201801/20180115007214. shtml.

"五社联动"打造 T 街商圈慈善平台的服务实践

梁寅递　陈健辉[①]

摘　要：近年来，我国高度重视社会治理创新。党的二十大强调，"建设人人有责、人人尽责、人人享有的社会治理共同体"。在此背景下，T 街立足社区需求，结合辖内慈善资源情况，"五社联动"打造慈善资源平台，推动辖内慈善资源有效整合、管理、输送，保障困境群体的生活所需，在探索实践中取得了初步成效。本文首先分析了 T 街"五社联动"打造慈善平台的背景、需求、做法和成效，进而分析存在的不足，诸如志愿者、社区社会组织在参与过程中的自治程度有待提升，慈善平台的资源单一等问题。从而提出建议，培育队伍带头人、骨干，强化参与能力；探索多元化的资源筹措渠道。

关键词："五社联动"；慈善平台；资产为本的社区发展模式

一、案例背景

T 街共有民政六类兜底群体 104 人，边缘困难群体 635 人，普遍面临各类生活困难，如因病、因残致贫等，有获得持续资源供给、生活救助的需要。与此同时，辖内拥有天河路商圈大部分区域，中型企业众多，商圈慈善资源丰富。不少企业主动表达参与慈善公益服务的意愿，但由于缺乏有效的资源整合及流通平台，造成慈善资源的输入多为单次性，慈善资源的管理缺乏框架化、系统化，也没有及时进行公示，导致资源的可持续性参与不足等情况。

党的二十大报告强调，"建设人人有责、人人尽责、人人享有的社会治理共同体"。而"五社联动"以提升社区治理能力、建设社区治理共同体为目

---

① 作者简介：梁寅递，广州市天河区启智社会工作服务中心，中级社会工作师；陈健辉，广州市天河区启智社会工作服务中心，助理社会工作师。

标，以社区为场域，以社会工作者为支撑，以社区社会组织为载体，以社区志愿者为辅助，以社区公益慈善资源为补充的现代化社区治理行动框架，可合力解决社区居民的迫切需求及基层治理中的难点、热点问题。

有鉴于此，启智社会工作服务中心通过"五社联动"，立足社区，以党建为引领，以居民需求为导向，发挥社会工作的专业优势，赋能社区社会组织、社区志愿者、居民，搭建及管理慈善资源平台，推动辖内慈善资源有效整合，输送至辖内外帮困、发展性慈善服务中，保障困境群体的生活所需，推动社区人人关爱、联动帮扶的发生，打造慈善社区。

二、需求分析

（一）困难人群有保障基本生活的需求

T 街辖内民政六类兜底群体共有 104 人，边缘困难人群 635 人，面临各类生活困境，如经济困难、生活无人照顾等。尤其是边缘困难人群，由于未达到受救助标准，较难获得政策帮扶，然而他们大多为"老养残"家庭或"因病陷困"家庭，该类人群对求助渠道及资源缺乏了解，需要社会资源支持从而更好地走出当下困境。

（二）企业有参与慈善公益服务的需求

T 街拥有天河路商圈大部分区域，辖内中型企业众多，大多企业希望通过参与慈善公益服务提升美誉度、影响力。如维多利广场过往曾主动发起困难家庭及外来务工人员子女关爱活动；新冠病毒感染及其他重点传染病下，天河路商圈发起了如"谢谢你，为爱守城"的无人值守加油站公益活动等。2019—2020 年，各类商企通过社工站为社区赞助的慈善资金、物资超过 84 万元。可见辖内慈善资源丰富，企业有参与慈善公益服务的需求。

（三）辖内有搭建慈善资源平台的需求

通过对各社区党委访谈以及社会工作者在服务过程中发现，由于缺乏有效的资源整合、流通平台，辖内慈善资源对接率较低、可持续性不足，又或者出现资源"扎堆"等情况。例如某类型资源可能在同一时间针对某一类特殊群体扎堆提供，"供过于求"，造成资源重复投放。又或是商企虽有意愿参与慈善行动，但不清楚有哪些群体/项目可投放资源，亦不知晓能为这类群体提供何种支持。更多时候，他们倾向于与从前有过联系的个别项目进行合作，提供物资、资金支持，多为单次性，资源可持续性参与不足，且缺乏规范的公示。

三、服务计划

（一）服务理论

美国学者克雷茨曼和麦克耐特在《社区建设的内在取向：寻找和动员社区资产的一条路径》中提出"以资产为本的的社区发展模式（Asset-Based Community Development）"，简称"ABCD 模式"。资产为本的社区发展模式以社区资产或社区强项、能力作为介入要点，强调通过现有能力采取行动以动员社区资产参与，把社区服务中心作为动员其他资产的平台，并以此为中心产生磁场效力，吸引其他资产参与社区发展；资产为本的社区发展模式还强调通过合作资源库建设、社区社会组织的培育来构建资产关系并形成制度或规则，以调整发展节奏解决内部冲突，并通过拓展外部资源增强社区能力，形成稳固网络，共同作用于社区的发展。

社区资本在立足社区需求、介入社区治理中发挥着重要的作用：其一，建立社区资产链接支持网络，即将社区现有及潜在的慈善公益资产整理出一份能力清单，方便在社区自治过程和社会工作者介入过程中对社区优势的有效利用；其二，发动个人及群体潜藏资产，即社区内专业社会工作者、社区社会组织的潜藏资产；其三，培育志愿服务精神；其四，发展互助系统。

T 街辖内慈善资源丰富，有大量有待发掘、整合的社区资源。在党建引领下，立足社区需求，以社区基金、公益仓、微心愿等为载体，联动党组织、商企、社区社会组织、志愿者、居民等搭建议事平台及机制，增强他们对慈善社区的认识，参与劝募工作。整合商圈慈善资源，促进上述主体参与慈善平台的搭建及管理，推动资源输送至辖内外帮困、发展性慈善服务中，保障困境群体的生活及一般群体发展所需。并搭建慈善展示平台，一方面营造社区慈善参与氛围，促进辖内资源与慈善项目的对接；另一方面则推动资助方了解慈善项目、受助群体的改善情况，推动资源存量的可持续性发展。最终促进社区居民的联结互助，营造慈善 T 社区。

（二）服务目的

搭建慈善资源平台，使困境群体获得救助资源供给，基本生活得到保障。

（三）服务目标

80%以上困难人群及有需要的特殊人群因应标准每月获得 3 项以上慈善物资救助。

（四）服务策略

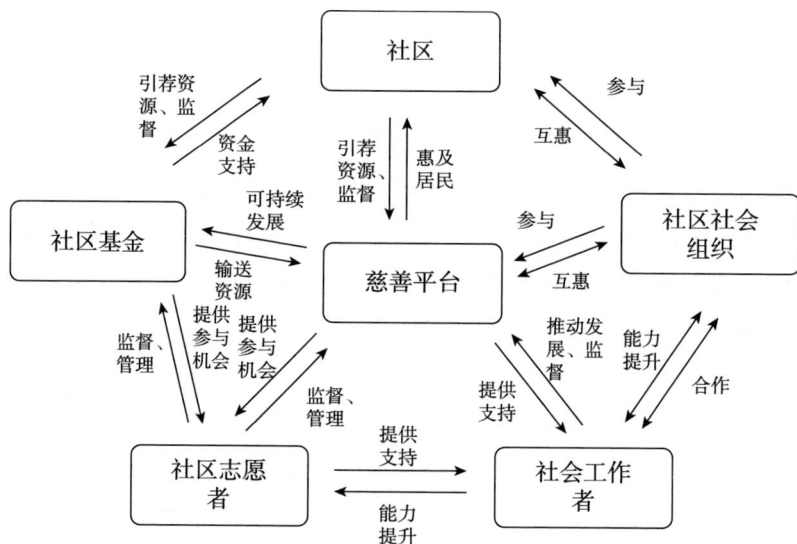

1. 立足社区需求，搭建多元联动机制

以党建为引领，通过党工委、党建办、社区党委等的引荐，接触辖内各慈善资源主体。与有意向合作的党组织、商企共建，了解、评估他们的资源、能力、优势情况，签订合作协议及建立联动机制，达成服务共识。

2. 发挥社会工作专业优势，体现多元角色功能

社会工作者是群众与政府沟通的桥梁纽带，是"五社联动"之间的协调者，是专业服务的提供者，也是社区文化的倡导者。在项目开展的不同阶段，社会工作者发挥社会工作专业优势，在项目的初始阶段发挥资源获取者、倡导者的角色，联动党组织、企业、社区社会组织、志愿者等，共

同关注社区需求，提升社区参与意识及行动意愿。在项目的中后期，社会工作者发挥支持者、协调者的角色，对参与者进行增能赋权，增强他们的组织、自治、服务能力，以及资源整合能力，推动他们参与慈善平台的搭建与管理。

3. 提升志愿者能力建设，参与慈善平台运营

根据前期的关系建立和社区资产整合的具体情况，通过社会工作专业的知识、方法和技巧，促进志愿者提升自治意识和能力，以优势视角及赋权理论为指导，以提高他们的社区归属感与存在感为基础促进社区能力建设，带领志愿者参与慈善平台的搭建及管理，完善相关流程、机制。

4. 推动社区社会组织发展，提升社区事务参与能力

培育、发展社区社会组织，提高社区社会资本的存量。关注以内在取向作为社区发展实践优先考虑的工作策略，强调社区社会组织界定社区问题、参与推动社区事务、自治运营管理的能力。

5. 搭建慈善资源平台，惠及有需要的群体

通过前期党群联动，与各资源主体的接触、了解，明确辖内社区情况及社区现有的资产，包括硬件资产、软件资产。硬件资产包括社区基础设施、商圈物资资产等。软件资产包括党组织、自治组织、文化、娱乐、社交、个人（居民才能、知识、技能、参与投入感）等，从而就社区已有及潜在资产，进一步完善社区资源能力清单。同时以社区基金、公益仓、微心愿等为载体，搭建慈善平台，进一步规范管理慈善资源，促进资源输送至辖内外帮困、发展性慈善服务中，保障困境群体的生活及一般群体发展所需。并定期对资源供给方进行回访，对慈善平台的运作进行检视，了解社区资产的运用情况及合作反馈，推动社区社会资产的存量可持续发展。

四、服务程序

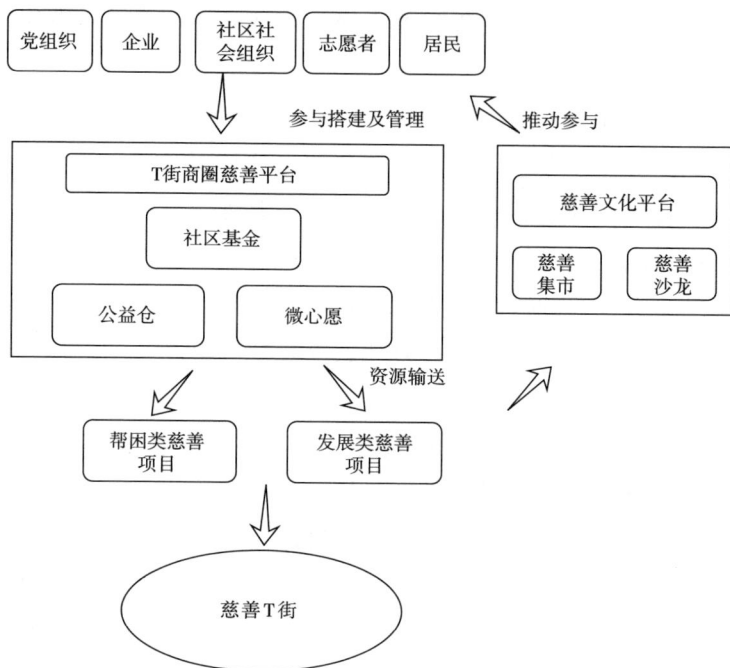

（一）2021 年 1—3 月，立足社区需求，整合慈善资源

一方面，社工站对辖内特殊群体底数进行摸查、动态管理，实现需求精确化，通过结合特殊群体需求程度进行资源再分配；另一方面，社工站以党建为引领，通过党工委、党建办、社区党委等的引荐，与辖内各慈善资源主体建立良好合作关系，从而筹措慈善资源。

（二）2021 年 4—10 月，培育志愿者及社会组织搭建慈善平台

通过"慈善合伙人招募计划"，邀请志愿者、社区社会组织参与公益仓、社区基金搭建及管理。如共同设计公益仓实体效果图、现场布置及商洽慈善物资入仓流程（验收、清点、登记、入库）、物资出仓流程（申请、审核、打包、登记、出库）、服务对象申请流程及沟通机制等。过程中关注志愿者、社区社会组织的培育、赋能。

（三）2021 年 4—12 月，多种形式输送资源至困境群体

资源输送共有三种形式。

第一种是普惠性服务，项目针对不同困难情况的特殊群体制定了分级资助标准，通过定期开展公益仓开仓日活动，邀请特殊群体以"逛超市"的形式，因应资助标准在公益仓领取所需的日用品、食物等，促使基本生活所需得到保障。针对出门不便的特殊群体，则由志愿者协助将所需物品从公益仓中取出并送上门。

第二种形式是针对特殊群体个性化的服务需求，或是以微心愿的形式为他们筹集所需资源，实现精准帮扶。或是以社区基金形式，为突发陷入困境的居民提供临时性经济救济服务。

第三种形式是作为慈善中转站，将各类慈善物资输送至辖内外的慈善公益组织、项目中。

（四）2021 年 10—12 月，慈善公益组织获得资助，慈善平台获得可持续发展

慈善平台定期开展慈善集市、慈善沙龙会等，搭建慈善公益组织、项目与党组织、企业、居民对话平台。在活动现场，慈善公益组织、项目为党组织、企业、居民提供慈善服务体验，分享运营过程中的心路历程及所需资源支持，提升党组织、企业、居民等进一步参与慈善服务的意识及行动。与此同时，慈善平台定期对内部运作进行检视，了解慈善资源的运用情况，并向各资源主体反馈受助者情况，促进资源存量的可持续发展。

五、服务成效

（一）整合了慈善资源，拓宽了输送渠道

社会工作者首先发挥专业优势，对辖内困难、边缘困难群体底数进行摸查、动态管理，实现需求精确化，并结合特殊群体的个别化需求进行资源再分配。其次以党建为引领，通过党工委、党建办、社区党委等引荐，摸查了解辖内慈善资源情况，形成慈善资源数据库。并与辖内各慈善资源主体建立良好合作关系，为后续慈善平台的资源筹集奠定基础。

之后，联动志愿者、社区自治组织搭建慈善资源平台，以社区基金、公益仓、微心愿等为载体，促进慈善资源获得整合。并通过慈善资源管理团队的商议，制定了慈善平台管理机制（如公益仓管理制度、入库及出库制度、公示制度；社区慈善基金管理办法）。在制度的指引下，志愿者、社区自治组织参与慈善平台的管理及运作，保障了资源管理的规范性。

在资源输送方面，通过多种形式"点单送菜"，拓宽慈善资源输送渠道，形成普惠性服务，通过定期开展"开仓日"活动，邀请特殊群体以"逛超市"的形式，在"公益仓"领取所需的日用品、食物等，促使基本生活所需得到保障。针对出门不便的特殊群体，则由志愿者协助将所需物品从"公益仓"中取出并送上门。另一种形式是针对特殊群体的个性化服务慈善中转站等在疫情下，公益仓充分发挥慈善枢纽平台功能，为辖区内外中风险地区输送防疫物资，以支持居委会、社区卫生服务中心、社工站防疫工作。以及多次通过友好合作单位"连州市起航社会工作服务中心"，为连州山区特殊儿童筹集各类生活、助学用品。

（二）培育了慈善平台管理队伍及形成机制

社会工作者通过"慈善合伙人招募计划"，邀请志愿者、居民等参与慈善平台搭建。借公益仓筹备工作坊、公益仓进阶培育工作坊的开展，培育了"启智公益仓"志愿服务队，过程中社会工作者关注志愿者的培育、赋能等，提升团队的参与感和凝聚力。目前队伍共有 20 余人，参与公益仓的搭建及管理，共同设计了公益仓实体效果图及商洽慈善物资入仓流程（验收、清点、登记、入库）、物资出仓流程（申请、审核、打包、登记、出库）、服务对象申请流程及沟通机制、公示内容（物资入库、出库，受助者情况，近期服务安排，申请流程）等。以及通过两期公益仓开仓日活动，推动成员参与公益仓场地布置、与申请者电话访问沟通确认、物资清点、物资打包、物资派送等环节，目前团队已形成相应的分工。团队成员王姨表示："我觉得这个平台非常好，能够帮助有需要的人，我是从公益仓刚开始成立的时候就加入进来，参与筹建的各个环节，就像看着自己的孩子逐渐成长起来。我在这里感受到了归属感，很有意义。"

在社区基金方面，目前慈善基金设立了基金管理委员会，设主任 1 名、秘书长 1 名、管理委员会成员 3 名，负责日常管理，另设管委会监督小组成员 3 名，负责监督管委会和社区慈善基金运行情况，共 8 人组成管理机构。并制定了《广州市慈善会 T 街社区慈善基金管理办法》，使接下来社区基金的管理、运作有据可循。

（三）困难群体获得救助，慈善公益项目获得资助

因应辖内困境群体需求，社工站通过开展"福袋传万家，幸福来敲门"社区关爱日活动、公益仓常规服务、"汇聚微力量，守护小愿望"微心愿圆梦行动、"党群同行，情暖 T（街道）"关爱露宿街友行动等，共联动了 186 个党组织、企业、社区居民、慈善团队等，筹集了折合价值 723980.14 元的生活物资、助学用品，如饺子、活络油、大米、食用油、蛋卷王、粽子、成人护理垫等，送到辖内 2336 人次困难群体、流浪街友手中，其中 104 名困境居民因应资助标准每月可获得 3 项以上的救助物资。以及作为慈善中转站，通过共建单位"连州市起航社会工作服务中心"将所筹集的各类生活、助学用品，送至逾 100 名山区特殊儿童手中。

此外，还搭建了线上、线下慈善展示平台，通过"慈善集市"嘉年华、慈善沙龙会、社区志愿行动工作坊等，促进 24 个党组织、企业、高校团队、报社，对 11 个公益组织、项目的了解（服务内容、运营管理情况、所需支持），所有参与者均表示后续愿意提供所需支持，或进一步参与。过程中，亦促进了 5 家公益组织间的经验交流与资源共享，如分享项目资金申请途径、组织管理及运营等，从而不断完善、提升公益组织服务及管理。

如"流浪街友救助行动"开展后，获得来自社会各界人士的关注。来自国家税务总局广州市天河区税务局天河南税务所党支部、广东天胜律师事务所党支部、广州加兔网络科技有限公司、《信息时报》及社区居民等相关方，纷纷联系社工站，表示愿意进一步为辖区内外流浪街友救助行动提供人力、物力支持。

六、专业反思

本项目贴合辖内慈善资源丰富的背景，充分发挥"五社联动"作用，搭建慈善资源平台，使资源得到有效整合、管理，送至困境群体手中。并通过及时公示、反馈促进资源存量的可持续发展。总体而言，项目有一定的探索意义，但同时亦存在以下问题。

（一）志愿者、社区社会组织在参与过程中的自治程度有待提升

一方面，志愿者、社区社会组织在参与过程中的主人翁意识较为薄弱，目前他们的参与仍需依赖社会工作者牵头，慈善平台运营的自治成熟度有待进一步提升。社会工作者需要留意队伍中领袖、骨干的培育，并关注在平台不同发展程度中社会工作者自身角色功能发挥的调整；另一方面，志愿者、社区社会组织在参与慈善平台管理、运作过程中习得的经验和能力需要强化。

（二）慈善平台的资源单一，自我造血路径缺乏

目前慈善平台的资源主要依赖企业、居民捐赠，资源途径单一，在资源的支配和使用上有一定的局限性。未来需要探索多元化的资源筹措渠道，通过设置互惠互利的社区慈善公益项目，引导社区多元主体积极参与慈善平台筹资活动，从而丰富社区慈善资源种类，为有需要的群体提供更为适切的资源调配。

七、结语

"五社联动"是 T 街因应辖内情况构建共建共治共享社会治理新格局上的一次实践。本文以 T 街"五社联动"打造商圈慈善平台为研究，概括了"五社联动"对慈善平台打造的意义、慈善平台的实践基本情况，总结了其取得的成效和不足，提出优化建议。希望通过对"五社联动"打造 T 街慈善平台的呈现，为其他同类型地区提供经验参考。限于笔者的理论水平有待提高、调研工作有待加强，在今后的工作和研究中，笔者将继续关注 T 街"五社联动"打造慈善平台的工作动态，不断深化认识、深入研究，为"五社联动"打造慈善平台提供更多参考。

社区治理

社会工作嵌入社区居委会服务场域的行动策略

——以广州市 J 街为例

林雨晴[①]

摘　要：社会工作是推进国家治理体系、促进社会建设的重要主体。本文拟以场域理论为指导，探析广州市 J 街社会工作在嵌入社区居委会服务场域开展社区治理工作时，社会工作所处的不同场域位置、实践困境以及所采取的行动策略，即在入场阶段要适当妥协、争取一席之地，在磨合阶段要创新形式、输出专业服务，在融合阶段要建立机制、获取专业资本，从而为社会工作在居委会服务场域有效推进社区治理提供实践经验参考，并进一步提出发展建议。包括社会工作者要主动作为，融入环境，促进社会工作与社区工作的融合；社区居委会要增强认知，调整观念，建立适度的合作关系联盟；政府部门、行业协会、社工机构要搭建社会工作共同体，共同推进社区治理的高质量发展。

关键词：社会工作；社区居委会；嵌入；服务场域

一、问题提出

党的十九届四中全会审议通过的《中共中央关于坚持和完善中国特色社会主义制度　推进国家治理体系和治理能力现代化若干重大问题的决定》强调必须加强和创新社会治理，完善党的领导、政府负责、民主协商、社会协同、公众参与、法治保障、科技支撑的社会治理体系，建设人人有责、人人尽责、人人享有的社会治理共同体。广州市的社会工作服务紧扣时代需求，不断调整和改善现行的政府购买社会工作服务体系和社会工作的评估体系，从制度

---

① 作者简介：林雨晴，广州市汉达社会工作服务中心，中级社会工作师。

上、技术上、操作上都对社会工作服务进行了系统化、规范化和精细化的要求。

基于广州市社工服务站第三周期113X模式，对于"服务下沉社区至少有60%的服务时数"这个规定，各个街道均有不同的解读和理解。第一种是街道要求社会工作者必须下沉各个社区居委会服务场域办公，与居委会工作人员共同推行民生服务；第二种是街道认为社会工作者只需将服务覆盖辖区的居委会片区，社会工作者主要办公地点仍在社工站；第三种是街道认为社工站与居委会能够保持每个月的定期联系和对接即可。本文主要探讨前面所提及的第一种（即社会工作者下沉居委会服务场域办公），社会工作在嵌入的过程中会遇到何种挑战？社会工作又如何有效应对挑战，更好地发挥社区治理的专业效能？

二、研究必要性

（一）为社会工作有效嵌入居委会服务场域提供实践经验参考

社区居委会是社会工作推进基层治理工作有效实施的一个重要合作主体。随着"广东双百工程"的实施，社会工作下沉社区居委会服务场域推行专业服务是一个必须面对的议题。本文通过剖析广州市J街社会工作在与居委会合作推行社区治理时不同阶段的场域位置、实践困境以及应对策略，从而为广州市的社会工作者嵌入社区居委会服务场域提供实践经验参考，促进社会工作发挥专业的最大效能。

（二）拓展社会工作嵌入社区居委会服务场域的本土化研究

目前关于社会工作如何有效嵌入社区居委会服务场域的研究仍较为匮乏，尤其对于社会工作在基层治理中如何与不同主体互动合作、社会工作的角色定位、面临困境以及如何有效应对困境的指导经验较少。本文以场域理论的视角为指引，丰富社会工作嵌入社区居委会服务场域的研究，从而为社会工作有效嵌入社区居委会服务场域提供理论支撑。

三、理论指导

布迪厄的场域理论认为场域是一种客观的关系系统，由附着于某种权力

（或资本）形式的各种位置间的一系列客观历史关系构成。其中惯习和资本是场域理论的核心概念。惯习是行动主体在某一特定场域面对临时遇到的情境时产生的，它并不是理性逻辑的产物。资本是实践场域较为活跃的力量，场域内会存在主体力量的竞争，而资本的运作逻辑会决定竞争的逻辑。资本与场域是相互依存的。

社区居委会作为一个兼具服务与管理功能的基层性群众自治组织，承担着政府日益下沉的公共服务和社会管理的任务，偏向综合性；而社会工作因其自身惯习和资本的影响，更加注重居民的服务需求和服务成效，偏向专业性。这两者在技术层面和工作逻辑的差异性上直接影响双方在同一场域内的共存共生。本文拟以场域理论为指导，对社会工作者在社区居委会服务场域下双方所呈现的动态关系与行为策略进行分析，从而探寻社会工作与居委会合作推行社区治理的实践经验。

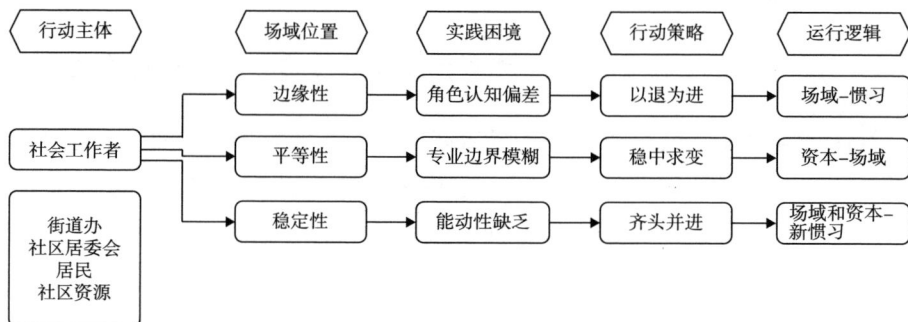

图1　场域、资本、惯习下社会工作嵌入社区居委会服务场域的治理行动逻辑

四、介入行动阶段

社会工作与居委会两者之间在服务理念、工作惯习、所拥有的资本等方面虽存在差异，但双方均是社区治理的重要推动力量，有着共同的目标和愿景。社会工作作为政府购买服务的主体之一，入驻社区居委会服务场域虽然具有一定的合法性与正当性，但其作为社区的"外来人"，不可避免会受到排斥、质疑，甚至出现"服务内卷化"和"专业异化"的现象，社会工作者必须在嵌入的不同阶段选取针对性的行动策略，谋求专业发挥空间。

（一）谨慎入场阶段——适当妥协，争取一席之地

1. 社会工作的场域位置：边缘性

社会工作者进驻社区居委会服务场域是政策使然，在某种程度上有合法的进场权。社会工作者在街道扎根已有 9 年时间，但仍存在社区居委会和居民对社会工作的认识度和认可度不足的情况。社会工作者由于离开了社工站这一熟悉的场域环境，进而表现出"被动、担忧、不适应以及游离"的状态。

2. 实践困境：角色认知偏差

社会工作者作为第三方进驻居委会的场域时，居委会理所当然地认为其是街道外派的"人力资源"（伙计关系），容易将居委会的行政性任务，如创文、台账录入等工作转移到社会工作者身上，这就与社会工作者原本的专业角色产生冲突。在这种情境下，社会工作者所处的场域位置并不是由自身的专业性质所赋予的，而是由其在居委会所能够承担的工作任务量和任务完成的效果所决定的。

居委会很多时候都是临时性的工作任务，上次为了应付某个领导的检查，我花费半天时间准备了 1000 份物资上门探访居民，并分类装好在环保袋里。突然，领导又说不来了，然后又花了半天时间把这些物资拆分出来。全都是一些毫无意义的工作。（社会工作者小 A）

感觉社会工作者就是居委会人力，居委会有权分配社会工作者的时间，比如安排去协助疫苗点、协助创文等，而当与社会工作者的其他事项或服务有冲突时，社会工作者还是得优先做居委会的任务。（社会工作者小 H）

3. 行动策略：以退为进

社会工作者要想在居委会对社会工作角色认知偏差的状态下，调整现有边缘化的场域位置，获得"入场许可证"，应基于"惯习"与"场域"脱节的情况作出能动性反应，即采取"适当妥协"与"寻求机会"的方式入手。

（1）学会妥协，承担行政性任务。在实践场域，入驻社区居委会服务场域的专业社会工作者会面临多重期待，不仅需要承担本身作为专业社会工作者的服务指标要求，又肩负着居委会所赋予的行政性任务，但要赢得更多生存的权利和机会，为后续的合作打下关系基础，社会工作者需更新自身惯习，弱化专业角色，甚至在某种程度上舍弃某些专业服务流程，主动接受和配合居委会安排的创文、巡逻、录资料、行政接待等额外的工作量。

我所驻点的 D 居委会是属于街道的重点关注区域，每次的创文工作和上级检查工作都会优先选取我所驻点的 D 社区，我经常都会被安排去居民楼扫楼梯。（社会工作者小 C）

有时候我没有直接上门服务，就会主动去问居委会工作人员是否有需要协助的地方，我觉得这也能够进一步拉近彼此关系吧。（社会工作者小 Z）

（2）寻求机会，嵌入主题活动平台。社会工作者在入场阶段尚未与居委会建立完全信任的关系，即使街道办组织会议向居委会主任统一说明社会工作者进驻居委会的服务内容，但进驻居委会服务场域后，与社会工作者对接的是居委会的其他工作人员，如综治、民政等，导致对社会工作者的角色认知出现偏差。因此，社会工作者在嵌入过程中，即使居委会没有明确提出行政性任务配合的情况下，亦可主动做出相应的行动支持，甚至在居委会需要开展节庆活动时，提出参与策划和协助的想法，从而发挥自身的专业优势，赢得认可，为后续争取场域话语权奠定基础。

我驻点的那个居委会，一开始是我对接居委会主任，后来转为对接民政，不过因为民政人员是社会工作者出身的，所以她知道社会工作者是做什么的。而且社会工作者在驻点期间无意中听到他们即将准备搞节庆活动，我也主动提出可以协助，如写计划书、现场活动执行等。慢慢地，居委会对我也逐渐产生好感，经常会点下午茶请我一起喝。（社会工作者小 L）

（二）努力磨合阶段——创新形式，输出专业服务

1. 社会工作的场域位置：平等性

基于入场阶段社会工作者能够主动配合和协助居委会的行政工作，高效地完成各项安排，并能够在居委会需要开展活动时，充分发挥自身的专业优势，承担起活动计划书撰写以及活动执行等工作，积极链接社区慈善资源，提供人力、物力和资金支持，极大地减轻了居委会在服务功能属性上的负担，获得居委会的接纳和认可，积累了自身在社区居委会服务场域对话的资本，赢得了平等对话的空间。

2. 实践困境：专业边界模糊

居委会偏向管理，肩负着上级管理部门对其工作的考核，即使居委会有服务的功能，但是在活动安排的权重上，更加关注服务的全面性，要求覆盖社区内不同类型的人群并且期望这项服务的开展能为管理工作"锦上添花"

而不是"添堵"。然而，社会工作有其自身的价值理念和原则，其关注的是居民需求和服务成效，注重服务对象的分层分类和问题的聚焦，从而提供精准化和精细化的服务。社会工作者在居委会的场域为了迎合对方管理的需要，就不得不放弃原有的专业惯习，协助居委会开展本不是居民真实需求的服务，这种专业服务与综合管理之间的张力，为社会工作者带来极大的冲击和困惑。

一般来说，居委会会让社会工作者写份简单的计划书（一页纸，包括概述、名称、活动流程），比如清明扫墓活动、垃圾分类活动等，而这些活动又没办法与领域的年度主题吻合，但为了不破坏关系，社会工作者还是得配合居委会完成，而且最后也不能放入社工站的服务指标，社会工作者只能再利用非驻点（或加班）时间来完成专业服务的指标。（社会工作者小C）

居委会开展服务一般都是以整个社区的居民为主，而社会工作的服务在筛选对象时却会优先考虑有需要或特殊困难群体等个别人群，所以有时候在合作时，选择何种服务对象是双方要面对的第一难题。（社会工作者小H）

3. 行动策略：稳中求变

社会工作者原有惯习与现有场域位置上的"脱节"，是角色定位上"不合拍"所呈现的结果。社会工作者要结合场域位置变化，降低对场域环境的期待值，建立起与社区不同行动主体的紧密互动关系。

（1）调整观念，把握专业尺度。社会工作者进驻居委会服务场域后，若继续保持自身的专业惯习，追求专业流程、专业方法，会显得与居委会的管理要求格格不入，甚至逐渐破坏已建立的信任关系。因此，社会工作者需依据场域环境的变化以及出现的服务限制，常怀"空杯"心态，接受这种变动性，通过适当妥协后增加居委会对社会工作者的认识和了解，并进一步思考如何将该场域内所要承担的内容与原有的专业规划达到平衡和契合，在不违背专业伦理的情况下最大化地满足场域内不同行动主体（居委会、社会工作者、社区居民）的利益。

居委会优先考虑的是社区的稳定，认为不触碰一些事情就会万事大吉。以之前接触到的一位居民为例，居委会跟我说这人可能存在一些精神上的问题，所以他提的问题是解决不了的，建议我不要去跟进。我虽然表面上妥协了，但基于专业理念的影响，我还是选择尝试继续接触这位居民，关注他的需求。同时向居委会汇报，表示自己有意愿去跟进这位居民，最后居委会也答应了我的请求。由此可见，社会工作者在居委会的场域内还是有选择的空

间的。（社会工作者小L）

我知道居委会也是有活动指标的，所以我要开展服务时，就会先把计划书大纲给居委会主任，并表达所需要的支持。若居委会主任对这个活动感兴趣，就会给社会工作者意见，并融入居委会的元素一起合作，若居委会不想加入，社会工作者也会跟居委会报备说明具体的活动安排。（社会工作者小Z）

（2）学会借力，调动多方资源。社会工作者在开展专业服务时注重资源的整合，并且能够建立社区的资源库，这是社会工作者的独特资本。为更好地推进社区治理行动，社会工作者基于文件要求，以"周五街坊主题日"系列活动为契机，结合不同的社区特性和居委会的工作重点，开展针对性的服务。因此，社会工作者积极借力，链接社区志愿者、企事业单位等资源，为开展社区服务增加人力和资金上的支持。居委会也逐渐认可社会工作者的专业性，并愿意与社会工作者有更多服务上的互动与合作，包括主动转介个案、邀约社会工作者一同设计社区活动、介入社区公共问题等。

我所驻点的J社区，地面的垃圾随地可见，居民多次到居委会投诉。社会工作者发现了这个情况后，便与居委会主任商量尝试利用组织培育的形式。挖掘社区领袖力量组建环境巡逻队，并带动辖区内的有能长者、青少年及儿童家庭共同参与。经过一段时间的介入后，社区的垃圾不仅减少了，而且还加强了社区居民的互动，增强了社区的凝聚力。（社会工作者小W）

（三）谋求融合阶段——建立机制，获取专业资本

1. 社会工作的场域位置：稳定性

社会工作者通过采取"以退为进"和"稳中求变"的应对策略后，场域位置实现了从"边缘性""平等性"到"稳定性"的转移，与社区居委会建立相对信任、稳定和平等的关系，社会工作在场域内获得了一定的独立自主性，在服务内容、服务场地等方面也获得了居委会更多的支持。

2. 实践困境：社会工作者能动性缺乏

由于服务的零散化、服务成效评估难以开展，以及在前期的驻点中受到居委会工作风格的影响，社会工作者逐渐产生职业倦怠情绪，缺乏工作能动性，包括服务内容固化、服务模式停滞、忽视服务质量等。社会工作者与居委会之间逐渐产生较强的依附性关系，而这种稳定性的场域位置对于社会工作者却有着不利的影响，弱化了社会工作者驻点社区居委会服务场域的专业

价值和意义。

我提出离职的原因很大一部分是因为在居委会驻点。我在那个环境下真的很不开心。感觉很受限制，而且也没有归属感。甚至有时候觉得自己就是一个"边缘人"，既不是社工站的人，又不属于居委会的人，身份很尴尬。（社会工作者小T）

看了你们的居委会驻点日程表，90%的专业服务推进一栏都是空白的。很多都是在其他一栏处，比如做一些协助居委会的行政工作。专业社会工作者下沉社区在配合居委会工作的同时，更要加大力度去开展专业服务。（评估专家对社会工作者下沉社区的评估反馈建议）

3. 行动策略：齐头并进

社会工作者获得了稳定性的场域位置，但长期受所处场域的环境影响，逐渐形成了新的工作惯习。为凸显社会工作价值和意义，应凝心聚力，建立社会工作者与居委会的对接机制，提升社会工作者的效能感。

（1）多方协调，确定机制。社会工作者自入驻街道和社区居委会服务场域后，多方主体都存在不同的要求和期待，这让社会工作者在变动性的情况下难以找到自身专业角色的定位和评估服务成效。因此，社工站通过寻求街道办的支持，组织开展街道、居委会和社会工作者的三方联席会议，建立社会工作驻点社区居委会服务场域的服务计划、服务细则，明确社会工作者驻点社区场域推行的专业内容，包括组织培育、公共问题解决、兜底群体帮扶等主题服务，并进而明确社工站内部的驻点运营管理机制，包括驻点专业服务套表、驻点日志等，以更好监测和评估社会工作者驻点居委会场域的服务情况和工作成效。

确定了下沉社区工作指引后，我感觉相比以往在服务上会更有方向，起码知道自己要做什么，要培育几支队伍，也知道该如何寻求居委会的支持了。（社会工作者小H）

（2）专业支持，提升能力。社会工作者下沉社区居委会服务场域，变化的不仅是工作方式、工作场地，还有工作团队的关系（即从原有社工站熟悉的团队中转为独自融入新的工作团队）。若社会工作者未能顺利调适和适应，会极大影响个人情绪和工作效率。因此，社工站、社工机构、督导者应及时给予社会工作者情绪支持，增强团队凝聚力，并通过提供培训和督导，教授社会工作者开展社区社会工作的技巧，处理社区的各种关系，提升专业能力。

五、实践成效

社会工作者经过嵌入社区居委会服务场域 3 个阶段的实践探索后,不仅在场域位置上有了显著改变,也进一步提升了社会工作的社区社会资本。

其一,在关系网络层面,社会工作与居民、居委会之间建立了不同程度的正式网络与非正式网络系统。在正式网络层面,社会工作通过发挥专业优势,培育了 18 家社区社会组织,成为社区共治的新力量。包括安全巡逻队、环保宣传队、社区治理探索队等。此外,社会工作能够更清楚地了解居委会的运作逻辑与政策资源,为服务转介和信息获取提供了极大的便利性,为推进社会治理储备了宝贵的行政资源与政策经验。在非正式网络层面,社会工作者能够更加熟悉和了解驻点片区的居民特性,有效掌握社区居民的数据和情况,加强对兜底人群的动态管理,在发现居民需要和社区问题时能够快速进行专业响应,较好实现社会工作者与居民、居委会、街道的深度互动,提高社区治理的精细化和精准化程度。

其二,在信任层面,社会工作者逐渐获得居委会和居民的信任。如居委会在工作过程中能够主动向居民介绍社会工作者或向社会工作者转介服务;居民对社会工作者的信赖有所增强,在遇到困难时能够主动求助社会工作者以及积极参与社会工作者所组织的社区活动等。同时,社会工作者善用非正式的力量,通过活动发现社区领袖和居民骨干并成立社区自主管理委员会和社区自治组织,针对社区问题开展议事协商行动,有效推动居民参与,实现社区自治。

其三,在规范层面,社会工作者与居委会明确了双方在社区治理中的角色定位、合作内容和机制,并探索出社区志愿者管理制度、社区资源调动指引等,进一步实现社区的共建共治共享目标。

六、实践反思

场域是一个客观存在的关系网络,有其自身运行的逻辑和规则,每个进入该场域的客体和行动者都会受到该引力的制约。社会工作者嵌入社区居委会服务场域,从不同的发展阶段来说,既有其可行性,也存在不同程度的嵌入难点。社会工作者如何在"夹缝的环境中"获取专业发展空间的自主性,在不断的互动合作中谋求专业话语权,这值得我们进一步深思。

（一）社会工作者：主动作为，融入环境，促进社会工作与社区工作的融合

社会工作者必须遵循社区居委会服务场域运行的逻辑，努力作出能动性反应，采取策略性计划与居委会进行"权力的斗争"，进而在实践场域获得生存的位置。一旦社会工作者走进社区开展服务，并不是"单打独斗"，而是要在本土的社会工作场域实现扎根，联动社区、社区志愿者、社区社会组织和社区慈善资源，发挥各自优势，实现资源互补，解决社区问题。同时，社会工作者应秉承"人在情境中"的理念，将社会工作放在真实的生活场景中进行考察，将社会工作专业服务与居委会的综合管理服务有机结合，以一种螺旋式的发展视角去推行社区治理行动，最终实现公共利益最大化。

（二）社区居委会：增强认知，调整观念，建立适度的合作关系联盟

社会工作和社区工作从本质上来说均是为了提升民生福祉，满足社区居民利益，两者的工作目标具有一致性。社会工作作为一种外在的服务力量嵌入社区居委会的服务场域，在某种程度上可以发挥彼此优势，有效打通服务的"最后一米"。因此，社区居委会需进一步加强对社会工作者的认识，厘清社会工作者下沉社区的工作内容和工作方式，避免只是把社会工作者定位为"伙计"和"帮手"，应建立起现代社会治理的理念，协同发展，密切合作，让社区闲散的资源实现整合，让多元的服务主体实现协同，让社区的问题有效解决，从而真正实现社区善治。

（三）政府部门、行业协会、社工机构：搭建社会工作共同体，共同推进社区治理的高质量发展

社会工作要有效嵌入社区居委会服务场域不能仅依靠社会工作者自身的努力，更需政府部门、行业协会、社会工作机构等相关部门的支持和组织建立起"社会工作共同体"的意识，相互扶持、相互配合，推进社会工作在社区基层治理中有序发展。如政府部门需进一步完善对社会工作专业服务的监管，利用社会工作智慧管理平台系统实时对社会工作服务进行监督和指导；行业协会需建立和规范专业社会工作伦理操守原则和指引机制，加强社会工作者专业自律，并做好政府与社工机构的沟通桥梁，促进专业社会工作者服

务开展、社会工作者服务评估与社会工作者下沉社区实际工作内容的一致性；社工机构作为社会工作者的直接服务者，应针对一线社会工作者在下沉社区所遇到的实际困难及时寻求相关主体进行合理对话，为社会工作者在推进专业服务时争取最大的支持。

结　语

本文采取实地研究中的个案研究方式，并通过参与式观察和访谈的形式对广州市 J 街社会工作在嵌入社区居委会服务场域推进基层治理时所面临的困境以及有效应对困境的策略进行研究。但由于本研究仅是以某个街道的社会工作作为样本，某种程度上不具备普遍性的意义。后续进一步研究的方向将结合社工机构入驻街道的不同年限、机构背景、与居委会的合作方式等多维度选取不同样本，并进一步探索在"广东双百工程"模式下，政府购买的社会工作与居委会合作的新路径。

参考文献

[1] TONG M，SHI T Q. 社会工作专业服务的本土框架和理论依据：一项本土专业服务场域的动态分析 [J]. 中国农业大学学报（社会科学版），2017（3）：8.

[2] 洪佩，费梅苹. "场域 – 惯习"视角下我国社会工作者的实践策略分析 [J]. 华东理工大学学报（社会科学版），2015（6）：21 – 30.

[3] 费梅苹，李丹阳. 从入场、对话到合作：驻所社会工作者的实践策略研究：基于上海市 Y 机构驻所社会工作实践 [J]. 社会工作，2022（1）：24 – 35 + 102 – 103.

[4] 席小华. 从隔离到契合：社会工作在少年司法场域的嵌入性发展：基于 B 市的一项实证研究 [J]. 中国社会工作研究，2017（1）：54 – 90 + 209 – 210.

[5] 皮埃尔·布迪厄，华康德·布迪厄，等. 实践与反思：反思社会学导引 [M]. 北京：中央编译出版社，1998.

[6] 宫留记. 布迪厄的社会实践理论 [M]. 郑州：河南师范大学出版社，2009：105.

党建引领下"社会工作者＋居委会＋党员"协同共治服务的服务分析

林土琼①

摘　要： R社区是一个典型的老旧社区，公共设施落后、楼道卫生、公共区域卫生、文明养宠等问题突出。在社区"两委"的领导下，一方面盘活社区资源，挖掘、培育社区志愿者，组建社区志愿者队伍；另一方面推动、引导社区居民积极参与社区议事协商，解决公共纠纷，为社区问题提供解决路径，以此助推社区健康有序发展，促进居民参与，营造温馨、关爱的社区氛围。最终，成功培育了一支"党员＋居民"的社区志愿者队伍，并促进了社区居民对社区事务的关注，奠定了良好的社区治理基础。

关键词： 社区治理；社会工作；老旧社区

一、引言

R街道存在数量较大的老旧社区，而这些老旧社区中存在着相同的社区问题，如公共设施落后、配套设施不齐、违章搭建严重、环境卫生差等问题突出，影响了居民的生活质量与和谐社区的构建及城市现代化进程。因应街道和社区的需求，社会工作者提供了介入服务，学习、领悟"五社联动"参与社区治理模式，探索出"社会工作者＋居委会＋党员"的治理模式，并取得了一定的成效。本文主要从实践角度出发，在实践中总结经验，为后续介入其他社区的治理提供可借鉴经验和可复制的社区治理模式。

---

① 作者简介：林土琼，广州市白云区黄石街道办事处工作人员，曾在广州市心明爱社会工作服务中心工作，中级社会工作师。

二、案例背景

随着共建共治共享的社会治理制度的提出，再到《中共中央 国务院关于加强基层治理体系和治理能力现代化建设的意见》的出台，加快推进了乡镇（街道）和城乡社区治理。社区治理是通过正式的法律、法规及非正式的约定（如居民公约）等，联动社区内的各利益相关方，共同为解决社区共同利益的公共事务进行协商谈判、协调互动、协同行动等，从而增强社区凝聚力，增进社区成员社会福利，推进社区发展进步。

R 社区是一个城乡接合部的老旧小区，出租户较多。从社会工作者的调研数据来看，居住 3 年以上的长期住户较多，小区内环境卫生问题突出，如商家占道摆卖、小区内随意张贴广告、绿化带垃圾多、共享单车乱停放、高空抛物、私家车占用消防通道、楼道生活污水积聚、垃圾堆积及宠物随地大小便的问题等。而该社区的居委会很重视环境整治工作，有意愿去解决社区问题，且社区内在册在职党员有 120 多人，也有部分居民中的积极分子，这是 R 社区能联动做好社区治理的很好的前提条件。

社区治理是近年来国家较为重视的社会议题，而社会工作在社区治理中也发挥了较大的作用。社会工作者在广州市 R 街道参与社区治理工作已经 3 年有余，其中有成功的经验，也有需要继续改进的地方。社会工作者在本文中，期望通过梳理在 R 社区的治理经验，总结出一些行之有效的社区治理方法或介入手法，为后续在其他社区复制该经验或模式提供借鉴。

三、需求评估与问题分析

R 社区治理主要通过问卷调查法、观察法、访谈法及文献分析法等方法对社区环境卫生问题进行了调研。

首先，社会工作者通过问卷对社区内 39 名居民进行了走访调查，了解他们对社区内环境卫生的看法及建议，了解他们所认识的社区资源情况，同时引导他们从自身出发去思考可以为社区作出的努力。在做问卷调研的过程中，社会工作者结合社区走访观察社区内的人文、生活方式、娱乐方式、基础设施、社区环境及社区资源等，全面、多维、立体地认识社区、服务社区。

其次，社会工作者对街道、居委会、环监所、城管科、物业等利益相关方进行了访谈，同时社会工作者招募了社区党员、居民代表进行焦点小组访谈，最后综合各方意见，梳理了社区的问题，分析社区需求及可利用的社区资源，制订社区工作计划。

最后，社会工作者通过文献分析法对 R 社区过往的服务进行分析整理，收集与社区治理相关的文献资料，对分析进行补充和完善。

经过调研分析，社会工作者了解到 R 社区环境卫生问题产生的原因：一是社区居民的环境卫生意识较弱；二是社区居民对社区关注度不高；三是社区居民改变社区现状的动机和意愿不足。找出问题后，运用资产为本社区发展模式，社会工作者侧重挖掘社区资源，并努力找到各方的利益融合点，在结合资源及工作员能力的前提下分阶段推进社区治理工作。

四、服务目标

坚持党建引领，发挥党员引领力，立足社区资源，通过多方联动、社区教育、社区倡导等发动居民关注、参与社区建设，提高居民社区主人翁意识和社区认同感及社区责任感，从而促进社区各方的共建共治共享。

五、介入过程及策略

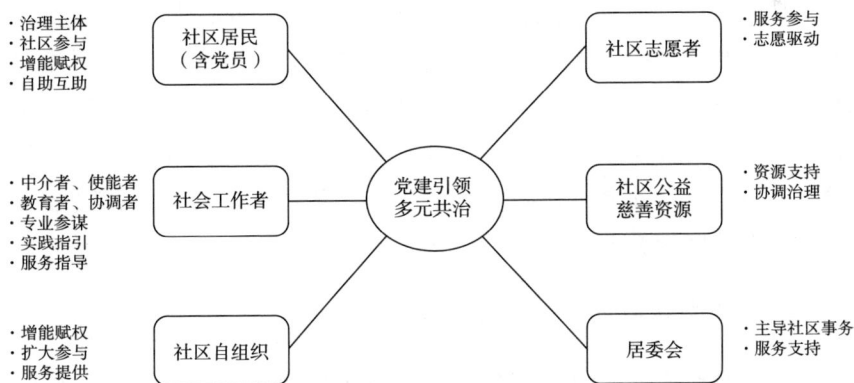

图1　R 社区联动治理图

（一）厘定需要和问题，分析社区资源

社会工作者通过走访调研、社区观察、访谈、问卷等方式，对 R 社区居民、党员、物业代表、居委会主任、街道办事处主任及职能部门工作人员等各方进行了调研，综合分析各方的需求，找到利益融合点，确定社区的问题

和需求。此外，在调研过程中，社会工作者收集分析社区可利用的资源和优势，挖掘潜在资源，并在制订计划过程中，考虑社区资源的运用，根据现有资源设定可行的目标，盘活社区。在 R 社区中，居委会支持、党员队伍及积极居民是很好的社区资源。

（二）活用民主议事厅，组建议事队伍

社会工作者在 R 社区调研结束后，多次组织居委会、党员、物业、居民多方代表进行民主协商，就社区问题的界定和解决进行了商讨。此过程中，议定并建立了民主议事机制，成立了民主议事小组，小组成员包括社会工作者、居委会、党员、物业、居民五方代表。

（三）志愿驱动，发掘培育社区带头人

社会工作者在服务过程中侧重发掘社区力量，推动社区居民参与。R 社区有多名与居委会关系良好的积极居民，且社区内在册党员有 120 多名，社会工作者与居委会主动沟通、相互配合。一方面，居委会组织开展党员会议，在会议中宣传志愿服务，鼓励党员积极参与社区事务，同时，居委会联系与其关系较好的居民，动员他们参与集体行动；另一方面，社会工作者在社区内开展社区教育、社区倡导服务，促使居民认识社区和关注社区事务，号召居民参与。同时，社会工作者在社工站原有的志愿者登记库中筛选 R 社区的志愿者，召集其开展座谈会，动员其参加 R 社区的治理。在鼓励和推动社区居民参与的过程中，社会工作者协助积极参与的居民和党员发挥潜能，并从中发展、培育社区带头人。

（四）坚持党建引领，发挥党员引领力

R 社区治理服务过程中，社会工作者借助党建的力量，发挥好党员的先锋模范作用，即充分发挥党员在社区治理中的带头作用、骨干作用。组建了一支以党员为核心力量的社区治理巡逻队伍。该队伍在后续发展成一支关爱社区特殊困难群体的爱心志愿队，每月定期电话访问、探访社区的孤寡长者、困境家庭等，促进了社区的和谐，在社区内形成了相互关怀和社区照顾的氛围。

（五）凝聚各方力量，促进多元共治

社会工作者在 R 社区治理过程中，将居委会、物业、环监所、城管科等部门及社区居民、党员等组织起来，多方予以协调，促进其合作努力，共同为社区治理贡献力量，使社区内各种资源得以充分运用，满足社区需求。

六、服务成效

（一）改善了社区生活环境和居民素质

R 社区治理项目从介入初期，即成立了一支社区巡逻治理队，队伍成立初期主要任务是巡逻、拍照，将发现的卫生问题反馈给物业，促使物业及时清理。运作一段时间后，各方发现服务可以进一步拓展，因此在民主议事会议中进行了协商，服务从单纯的巡逻、拍照增加了整治。社会工作者、居委会工作人员及巡逻治理队的成员，以身作则在社区范围内开展了长达几个月的卫生整治服务，社区居民被这种默默为社区奉献的精神所鼓舞，慢慢地有部分居民加入了巡逻治理队，同时赢得了其他社区居民对巡逻治理队工作的理解和支持。经过半年的整治，社区面貌焕然一新，绿化带、楼道、公共区域的卫生有了质的改变，高空抛物、宠物随地大小便现状也得到了较大改善。在半年的总结会中，有居民代表反馈说，小区干净后，社区内随地乱扔垃圾的情况基本消失，居民主动把垃圾扔到垃圾桶内，而养狗的居民主动清理宠物粪便。针对干净后的社区环境，议事小组还商议制定了维护机制、社区公约等，通过在社区宣传栏中张贴，向社区居民宣传教育，培养居民的公共意识、社区主人翁意识。

（二）社区实现了自助、互助、自决

现 R 社区巡逻治理队的成员均为本社区居民，有 25 人，该队伍完全实现了自治，队伍有自己的机制，有能力去解决社区问题。且在社区内，该队伍一方面加强与居委会的联系，另一方面深入社区居民中，主动接近和拉近与其他社区居民的关系，如见到有居民在小区内聚集闲聊，巡逻队的成员会主动凑上前，加入聊天，渐渐地与社区居民的关系熟悉起来，巡逻治理队也逐步得到了居民的认可。在聊天过程中，巡逻队成员了解社区居民对社区的看

法和需求，从中得到很多对改进工作有利的信息。

（三）增进了社区邻里交流，促进社区和谐

R 社区治理后期，巡逻治理队的成员增加了"睦邻志愿者"身份，协助社会工作者、居委会为社区内需要关爱的特殊困难群体送去关心和问候，如每月队员定期电话访问社区内的孤寡、高龄独居长者以及其他困境家庭和人士，定期开展一次上门探访服务，在服务过程中收集服务需求反馈给居委会或社会工作者，并做好每次的服务详细记录。同时，在日常生活中，队员团结邻里，加强邻里间的沟通与交流。此外，社区内经常组织社会交往和公共活动，让居民相互熟悉，促进居民之间的交流。居民反馈，社区内见面问好的声音多了，邻里互助的情况也常见了。

七、服务总结与反思

（一）关注社区共同性问题，搭建沟通平台

社会工作者在老旧小区治理中，对各利益相关方进行了调研，在调研的基础上，综合各方意见，找到了居民、物业和政府三方的融合点，最终确定了社区问题。界定问题和需求后，社会工作者借助民主议事厅，搭建了一个供各方进行沟通、协商与合作的平台。

（二）"五社联动"，实现共建共治共享

"五社联动"是以社区为平台、社会工作者为支撑、社区社会组织为载体、社区志愿者为辅助、社区公益慈善资源为补充的新型社区治理机制。在R 社区治理中，社会工作者充分发挥了社区、社会组织、社会工作、志愿者和社区资源五方的作用，形成了优势互补，合力为解决社区问题而努力。

（三）促进居民参与，提升居民权能

在 R 社区治理中，社会工作者以社区居民为中心，促进社区居民的成长和进步，发展居民之间相互关心和合作的态度，培养居民解决社区问题的能力和信心。目前 R 社区居民已经具备了解决本社区问题的能力，社区议事小组自主运作，社区居民的社会意识得到提高，开始关心社区问题，社区邻里关系也得到了改善。

（四）善用社区资源，满足社区需求

在R社区治理中，社会工作者充分挖掘社区内商业机构、居委会、物业、社会组织及社区成员的人力资源等资源，使得社区需要和社区资源互相协调配置，此过程中既使资源得到了充分利用，也使社区居民得到了有效服务。此外，通过社区治理，在社区内营造了相互关怀和社区照顾的社区氛围，促进了社区和谐发展。

（五）做好社会工作者角色定位，尊重社区自决

社会工作者在R社区的治理中，主要运用了资产为本社区发展模式及地区发展模式。在服务过程中，社会工作者主要是使能者、教育者、中介者和协调者的角色，避免居高临下地指挥和命令居民按其目标去努力，而是在服务过程中多听取社区居民的意见，与居民一起讨论和交换意见，使居民对社区事务有客观的认识，让居民作出符合自己期望的决定。

八、结语

社区治理是目前国家和社会都普遍关注和重视的议题，随着社会治理现代化进程的推进，基层治理变得越来越重要，特别是新冠病毒感染及其他重点传染病发生以来，更显现出基层治理的不足，社区治理应摆在更加重要的位置。本文借鉴了资产为本社区发展模式、地区发展模式及"五社联动"参与社区治理的三种模式等相关的社会工作理论模式，分析了R社区治理现状，对其问题和不足进行了调研分析，并对"社会工作者＋居委会＋党员"的治理模式进行了探讨和实践，最后梳理总结出了该模式内容和经验，为下一步在其他类似社区开展社区治理提供了有益的实践经验。

由于经验、知识储备和能力有限，本文研究虽然取得了一定的研究成果，但也存在不足之处，特别是发展壮大志愿者队伍，提高社区居民参与率等方面还有待继续增强，这也是笔者后续进一步的研究方向。

参考文献

［1］中共中央关于坚持和完善中国特色社会主义制度 推进国家治理体系和治理能力

现代化若干重大问题的决定［N］. 人民日报，2019 – 11 – 06.

［2］中共中央 国务院关于加强基层治理体系和治理能力现代化建设的意见［N］. 人民日报，2021 – 07 – 12.

［3］史柏年. 社区治理［M］. 北京：中央广播电视大学出版社，2004.

［4］湖北省民政厅. 省民政厅关于印发《湖北省城乡社区"五社联动"工作指引》的通知［EB/OL］. （2021 – 04 – 09）. http://mzt. hubei. gov. cn/fbjd/zcwj/gfwj/202104/t20210409
_3460859. shtml.

［5］社会工作综合能力（中级）［M］. 北京：中国社会出版社，2018.

以政社合作为支撑的社会工作赋能型治理服务实践探析

——基于南风参与社区工作者培育的思考

何珊珊　王子楠　王淑娟　韦斐文[①]

摘　要： 随着社区治理的深入，尤其是近 3 年来应对公共突发事件的背景下，社区工作者的能力越来越重要。传统的社区工作者能力培养是以政府体制内的培养为主，随着社会组织的发展，社会服务机构有机会与政府协同，参与社区工作者的能力建设。南风机构以政社合作和赋能型治理为理念，开展了"一室一营一班"三个社区工作者赋能项目。本文通过多样本分析社会服务机构在培育社区工作者中如何与政府协同并进行专业赋能，最后对政社协同、专业性以及成效进行反思。

关键词： 社会工作；社区工作者；政社协同；专业赋能

一、背景

社区治理现代化最重要的是人的现代化。社区治理的主体之一社区工作者[②]的专业化至关重要。《中共中央 国务院关于加强基层治理体系和治理能力现代化建设的意见》提出"充实基层治理骨干力量，加强基层常务工作者队伍建设"。《"十四五"民政事业发展规划》提出"加强城乡社区工作者队伍建设。……建立健全社区工作者分级培训制度"。同时，广东省在《加强党的基层组织建设三年行动计划（2021—2023 年）》中也提出"着力加强队伍建

---

①　作者简介：何珊珊，深圳市南山区南风社会工作服务社，理事长、总干事，中级社会工作师；王子楠，深圳市南山区委组织部组织一科科长；王淑娟，深圳市南山区南风社会工作服务社，常务副总干事，高级社会工作师；韦斐文，深圳市南山区南风社会工作服务社，社区治理事业群总监，中级社会工作师。

②　本文的社区工作者是狭义的社区工作者，主要是指社区党委和社区居委会的专职工作人员。

设，锻造过硬的基层党员干部人才队伍"。由此看出，党和政府非常重视社区工作者，尤其是对社区党组织的领头人社区党组织书记、副书记的能力培养。同时，在一线实践中，社区工作者与社区治理新时代下的新要求还有一定的距离，尤其是面对疫情等公共危机的情况时社区工作者的能力重要性更加凸显。

2017 年，中共中央、国务院在出台的《关于加强和完善城乡社区治理的意见》中提出了"三社联动"。2021 年，中共中央、国务院在《中共中央 国务院关于加强基层治理体系和治理能力现代化建设的意见》中提出了"五社联动"。同年，民政部在发布的"十四五"民政事业发展规划也提出"更好发挥社会组织在社会治理中的作用，畅通社会工作者和志愿者参与社会治理的途径"。在这样的政策背景下，有学者认为，发挥专业社会工作的骨干作用，可以有力支撑基层治理现代化。也由此可见，社会工作者在参与社区治理中越来越有体系性角色。部分社会服务机构尝试参与社区工作者的能力建设。

深圳市较早注重社区工作者的能力培养，其中 N 区又较早先行先试。南风机构作为 N 区较大的社工服务机构，积极参与社区治理的创新。在过去 10余年的发展中，南风机构在社区领域经历了"岗位模式"到"中心模式"的转变，与政府与社区工作者互动日益紧密，也逐步嵌入社区治理结构体系。秉承"让社区更美"的愿景和"专业立身，持续创新"的使命，南风机构在社会工作参与社区人才培养的道路上深耕，从 N 区 S 街道优秀书记培养工作室（以下简称书记工作室）的三年社区人才分层分类培养，到 N 区社区中青年干部先锋训练营（以下简称青训营）的两年全周期特训到 L 区短精优的社区中青年干部先锋训练营（以下简称中青班），南风机构有幸参与，在社区人才培养上积累了较为丰富的经验。

本文以三个案例为分析样本，在项目中运用参与式观察，思考机构在政社协同与专业赋能上如何可能及如何运作，同时访谈了案例中涉及的执行团队、购买方、学员等 10 余人，探讨创新项目模式社会服务机构的行动逻辑。笔者希望借助案例对赋能型治理等相关内容进行探讨和解释，分析政社合作支撑下的赋能型治理及其介入和解决的主要问题，并进一步阐述赋能型治理的优势和作用。

二、分析框架

在社区治理的视角下，社会工作应以什么样的理念与策略参与社区工作者的培育？

（一）政社协同

发源于西方的新公共管理运动催生了新的理念和机制。实现公私合作，公共服务购买是主体多元化的制度安排之一。政府购买服务作为新公共管理运动的新机制，形塑了多元的政社关系，伙伴关系就是重要的产出之一。政社伙伴关系，是指政府部门与社会组织为了提供公共服务而建立起来的一种合作关系，这种合作关系需要通过正式的契约来确立。在契约的履行中，双方根据事先约定履行各自的职责，发挥各自的运行机制，以达到提供有效公共服务的目的，这个契约是基于平等地位而建立的，双方都应该履行各自的权责利，二者结成合作伙伴关系，共同满足公民的公共服务需求。

（二）"五社联动"

"三社联动"与"五社联动"是近年来社区治理创新研究的核心议题之一，无论是"三社"还是"五社"，核心都是社区、社会组织和社会工作者的联动。有学者指出，在"三社联动"中，居委会是社区自治与民主协商的中心，社会组织是项目运作、服务提供的平台，社会工作者是福利传送、能力提升的行动者；也有学者强调社会工作在基层社会治理中的整合性建构不可或缺。还有学者提出，"五社联动"框架下，社区（主要指社区"两委"）和社会工作者的深度融合——彼此间一定程度的目标互嵌、思路互学、行动协同，即"嵌合"，成为"五社联动"机制有效运行的基础。

（三）赋能型治理

社会工作参与社区治理需找到合适的路径。王思斌教授提出了服务型治理，与一般参与社会治理的方式相比，社会工作参与社区治理有其显著特点，即以服务的方式参与社会问题解决和良好社会秩序建构，从而实践着服务型治理。通俗地讲，就是做好服务就是参与了治理。服务型治理是绝大多数社会服务机构都采用的模式，例如深圳党群服务中心的运营、社工站的运营、

各专项服务项目的开展均属于此类。但随着 2017 年国家对于社区治理的重视，笔者意识到仅仅是服务型治理是不够的。社区是一个生态系统，仅对群体的服务是不足的。同时，笔者也发现，社区治理和服务要突出成效，仅仅依靠社会工作者队伍的专业化是不够的，其他治理主体的专业化也是重点和难点。其他主体的专业化谁来做？如何做？除了政府的常规方法，社会组织的创新项目也是路径之一。于是，南风机构针对社区这个场域重要的利益相关方进行分析和赋能，比如社区骨干、社区社会组织、社区工作者，以提升社区多主体能力为路径，从而提升社区治理效能，笔者称之为赋能型治理。在过去的两年，南风机构首先对社区社会组织进行赋能，从 2019 年开始对社区工作者赋能。

与服务型治理不同，赋能型治理有其独特的服务路径。首先是获得入场机会，社区治理是一个政策性和专业性都较强的领域，社会工作参与社区相关主题的赋能需要政府的认可，才能获得承接相关创新项目的机会；其次是推动合作，社区治理尤其是赋能型治理需要某种程度的行政授权，其成效才有保证，因此如何提升合作方的动力是其关键；最后是协作创新，社区赋能是较新的议题，没有太多过往经验可以参考，社会工作需要激发政府的创新动力和成效为本的项目逻辑才能共同创新和突破。

（四）行政赋权和专业赋权

赋权理论起源于 20 世纪 60 年代，社会工作者主要从三个层面介入：在个人层面上激发动机、意识提升、问题解决能力提升；在人际层面上开展支持性小组，激发个体权利意识；社会层面上开展政策倡导等。笔者认为，在培育社区工作者的过程中需要行政赋权和专业赋权的结合。行政赋权上，以组织部、街道为主的购买方需要对项目执行机构"官方背书"，使执行机构的培育更有合法性和正当性。另外，社区工作者的培育需要政府提供大量的资源，包括行政资源、平台资源等。只有政府的深度参与，才能保证项目的成效；专业赋权上，社区工作者培育是一个专业性较强的领域，对项目执行人员要求较高，既要懂社区治理的相关政策、知识；同时也要运用社会工作、公共管理、项目管理等多学科的知识，还需要了解基层政府运作的基本机制、熟悉社区工作者的工作内容和需求。

综上所述，南风机构在培育社区工作者项目中，运用政社协同、"五社联动"与赋能型治理理念，以行政赋权与专业赋权为策略开展创新项目。本文的研究框架如图1所示。

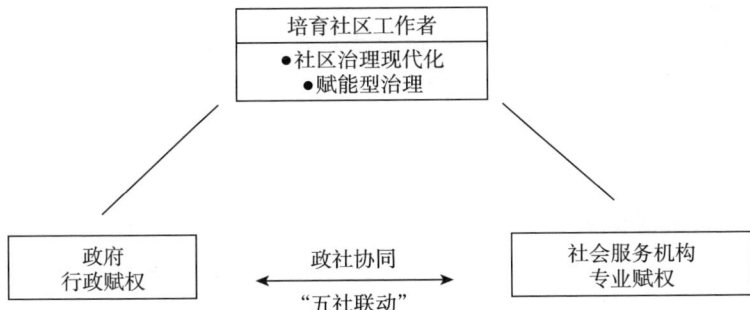

图1　南风培育社区工作者的研究框架

三、培育社区工作者的南风实践

N区较早开始社区治理的实践。早在2007年就开始了"和谐社区"建设；2018年开始"精品社区"建设。在治理过程中，N区深感社区工作者的重要性，出台了《深圳市N区社区人才培养三年规划暨社区领头人储能计划》。面对这个新议题，南风机构如何抓住机会参与社区工作者培育？面对从未有过先例的社区工作者培育的创新项目，南风机构应该匹配什么样的专业资源予以保障成效？运用什么策略和方法？南风机构从以下5个方面进行尝试。

（一）在创新议题中积极抓住入场机会

尽管有政策支撑，培育社区工作者也是较大的挑战。一是课题新。尽管多方都认同提升社区工作者专业性，但新时代的社区工作者到底应该具备什么样的胜任力，如何使之具备胜任力，之前并没有太多经验可循。二是破题难。对社区工作者的传统培训主要是党校模式和社区"传帮带"模式。党校模式是以理论学习的大课制为主，周期短、互动少，效果可能参差不齐；社区的传帮带（例如北京、上海等地的"名书记工作室"）难以形成机制，培育成效也有较大差异。三是主体多。社区工作者的培育有较强的政治性、政策性和系统性，仅做好培育一个环节就期待改变是较难的，因此需要多方主体的协作。

行动策略一：基础扎实，广覆盖深耕耘建立初始信任

南风机构有机会参与 N 区的书记工作室和青训营试点，一是因为机构深耕 N 区 10 余年，与 N 区建立了良好的信任关系；二是积极参与 N 区"精品社区"等创新实践，政府看到了南风机构具备的专业能力；三是运营近 30 个党群服务中心，对社区与社区工作者有一定的熟悉和了解。因此，N 区的社会服务和社区治理的制度设计给南风机构入场创造了机会和空间。

行动策略二：主动作为，举机构之力创新党建品牌项目

社区治理品牌的特点是必须抓准政策、问题、热点。南风机构首先参与了 N 区委组织部主导的"精品社区"，2019 年已经是"精品社区"实施的最后一年，如何在社区治理领域继续保持较为领先的地位，是南风机构管理层思考的问题。因此当区委组织部提出培育社区工作者这个议题后，南风机构总干事以敏锐的眼光抓住这一契机。机构马上组建了最高配的专业力量队伍，通过查找文献，赴北京、上海参访学习，请教高校教授等策略，拿出初步方案，赢得了区委组织部和 S 街道办的信任，也为南风机构继续深耕社区治理品牌提供了再次"进场"的契机。

作为一家专门提供社区服务的机构，原来我们一开始并没有想好如何参与社区治理。但"精品社区"让我们意识到，社会工作在社区治理中应该有所作为。于是，我们积极参与 N 区的"精品社区"创新。在与区委组织部的互动中，一开始是有一些专业张力的。区委组织部发现，原来我们区有这样一批社会组织，它们可以参与社区治理。以此为起点，区委组织部开始与以南风机构为代表的社会组织互动，社会组织慢慢参与社区治理。（南风机构负责人 S）

行动策略三：找对试点，强强联合初步打出影响力

社区人才培育如何做，各街道也在思考路径。基于过往合作项目的初始信任，S 街道办事处决定与南风机构合作，这个合作也得到了区委组织部的支持，于是全区第一个试点——S 街道书记工作室应运而生。S 街道书记工作室的成功，又增加了南风机构的专业资本和政府对南风机构的信任资本，于是继续在区级层面创办高规格深协作的青训营。随着项目的影响力逐渐增大，南风机构又与 L 区合作了短精优的中青班。

（二）推动政府全流程深度参与

由于培育社区工作者的政策性，南风机构与各合作方在项目运行中深度

融合，尤其是在项目策划期间推动合作方深度参与。

一是定方向。以书记工作室为例，将书记工作室定位为党建引领示范经验推广的"党建示范阵地"、完善社区管理人才梯队的"人才培育园地"、提炼社区治理实践经验的"基层治理高地"、拉近与群众之间"最后一米"距离的"联系群众驻地"。这就意味着，书记工作室的定位不仅仅是社区人才培养，也是社区治理的试验田。

二是定模式。运用社会工作项目策划思维、传统社会工作三大方法是否足够？培育模式上，也需要精心设计。以青训营为例，确定一年为一个培养周期，采用全周期管理模式，以锻炼"善谋、实干、会提炼"三个能力为核心，以"集训学习和实战锻炼"为主要路径，通过封闭式、跟踪式、可持续性的培养形式，采取季度小循环、年度大循环，每季度安排一批主题课程、一次研讨、一次PK、一次路演，加强年轻干部思想淬炼、政治历练、实践锻炼和专业训练。

三是定学员。学员怎么选？谁来选？南风机构参与不同项目的深度不同。在书记工作室和中青班中，是以街道或L区委组织部选拔为主。但在青训营的学员选拔中，南风机构深度参与8场50余名学员面试中，结合提出的能力模型，运用行为事件访谈法等方法筛选出30名基础较好、动力强、新上任的学员入营，在这过程中区委组织部也对南风机构行政授权。

很多学员其实是我们机构其他政府购买项目的"甲方"，在这之前，社会组织从未被授权面试社区书记，但区委组织部的行政授权让我们可以暂时跳出"乙方"的身份专心做项目。这样的授权一方面是领导对我们专业的信任，另一方面可能也是为了帮我们树立专业权威，便于未来项目执行。（南风机构青训营项目督导W）

四是配资源。在人力资源上，以社会工作者为主体的项目团队是否足够？在3个项目的实践中，合作方都配置了多层次多类别的培育团队。在书记工作室中，共设置了导师团队、专家团队、牵头人团队、督导团队四级体系，一起陪同学员成长。而青训营更是设置了更高规格的导师，由区级相关科室负责人和街道党群工作部副部长组成；专家团队里除了党校、高校的教授，更优选了全区优秀的社区党委书记来分享和授课。尽管南风机构可提出人选建议，但这些行政资源的配置是必须要靠政府予以实现的。

培育社区工作者项目涉及的主体较多，包括导师团队、牵头人团队、助

教团队，还包括区委组织部、区委党校等主体。参与的学员尽管经过层层筛选，但参与程度有所不同。如何激发书记们的学习动力、处理好书记们之间的关系也都需要较高的技巧。一个社会服务机构如何推动多方的协作？机构的应对策略一是"抱大腿"。项目团队深知，仅凭团队制定规则其权威性和双重角色可能效果有限，因此无论是制定项目的评比规则、考勤都建议由组织部/街道直接开展，保证了后续项目执行的出席率与参与度。二是借力打力。项目团队会定期将项目执行情况发至微信群，组织部和街道领导看到会点赞与回应，学员感觉自己的付出和努力被看到，因此更有积极性。

（三）能力导向的程序逻辑模型和专业跟进

确定了方向、模式，南风机构应该如何具体设计这类较为复杂的创新项目？与常规的社工项目有什么不同？南风机构运用了能力导向下的程序逻辑模型。程序逻辑模型（Program Logic Model，PLM），可协助项目管理人员以逻辑分析其活动资源投入及成效要求是否平衡。这种模式不仅全面量度活动成效（目标），还顾及成效与活动的服务量以及资源投放（系统）的逻辑关系，令评估的范畴更全面，让工作人员有更充足的依据确定活动成效的达到。因此，PLM 能让工作人员更有系统地制订服务计划，从而确定活动能达到其成效。

行动策略一：确定"能力为本"的项目逻辑体系

《中共中央 国务院关于加强基层治理体系和治理能力现代化建设的意见》等政策对社区工作者能力有相关规定。但这些能力是否可以放之四海而皆准，是否可以在项目中都达到？事实上，南风机构曾做了大量的文献研究并访谈了大量政府官员和一线社区工作者，发现各购买方基于辖区现状对能力要求又有不同的侧重。如青训营确定"善谋""实干""会提炼"三个核心能力，这是基于选拔的都是青年副书记而制定的。中青班时间较短，将培养的能力聚焦到调查研究、问题解决、团队合作、逻辑思维、经验总结 5 个维度且用小组 PK 的形式予以检验。

基于不同购买方的能力导向，南风机构制定了项目的程序逻辑模型，如图 2 所示。

行动策略二：以尊重、真诚的价值观与各方相处，与多方共赢

无论是对组织部还是街道都予以尊重，及时肯定学员在培训与日常工作

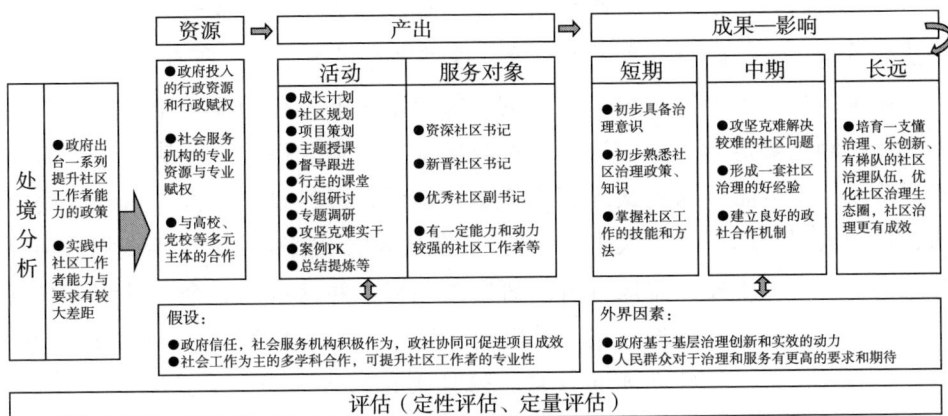

图2 南风培育社区工作者项目逻辑模型

中的价值与成效。以助教协助牵头人书记开发课程为例：社会工作者虚心请教，最大激发书记的荣誉感，给予真诚的赞美，与之建立良好的关系；在课程开发中，协助梳理课程框架，总结提炼观点，增加理论提升格局；在环节设计上，为减少书记压力，和书记共同授课，各讲一半；在书记需要上台授课前给予鼓励和提前演练，建立"同路人"的氛围。从授课成效来看，书记的授课与之前的分享不同，不但分享了平时工作的干货，同时从理念、技巧、知识进行了全面讲解，让其他书记"刮目相看"。为了提升其他书记的成就感，也设计了其他优秀书记分享的环节，减少竞争，增强合作。

（四）成效为本的多技术运用

培育社区工作者不是传统意义的社会工作服务项目，培育的方法与策略要结合政府的实际，还要有效，这对项目设计提出了较高要求。项目团队学习公共管理的理念（如新公共管理、新公共服务等）与知识（公共管理人力资源管理等），同时借鉴培育社会工作者的方式和方法，取代以往社区书记培育的传统授课模式，采取创新的学习方法，让大家有兴趣、重参与、学得进、留得住。

首先，这些创新模式和技术采用问题导向的 PBL（Problem – Based Learning）模式。PBL 更强调学员的主动学习，通过学习者的自主探究和合作来解决问题，从而形成解决问题的技能和自主学习的能力。

以青训营为例，运用了 PBL 模式帮助学员个人成长。青训营基本是以两

条主线设置内容；第一条主线是基于能力模型和现实所需来设置的课程，比如主题课程、专题调研、实干攻坚等，这类培养强调共性，所有学员都参与；第二条主线是基于个人成长来设置的，每个学员的目标与需求不同，青训营的督导机制主要是为了回应这种个性化的能力发展。PBL 具体执行体现为在善谋阶段，学员需要通过文献查阅、走访访谈、资料收集等方式进行开题调研，在个人层面撰写《个人成长计划》，在社区层面撰写社区三年规划、项目计划书。在实干阶段，需执行自己研发的项目，并逐步完成个人计划的各项任务。在"会总结"阶段，撰写社区治理案例、人大建议、个人成长报告等。

PBL 如何结合社区发展并应用在社区书记的成长中，之前都是空白的，更没有相关的课程。于是我们找到深大教授，共同讨论开发出了新课程，同时我们也开发了与之配套的社区规划、社区年度计划、项目计划以及个人成长方案模板，而这些方案之间又有相关性，后来发现虽然开头很难但成效不错。（青训营项目督导 W）

其次，还利用 4F 学习反思技巧整理和反思。例如在书记工作室中，通过街道设置课题，督导带领学习调研实践，注重团队的参与式讨论，加强实践课程研发和课后 4F 引导反思（Fact——事实、Feeling——感受、Finding——收获、Future use——将来的运用），让学员不仅听懂更会思考和运用。值得一提的是，团队也注重包含本土化的专业化，有意识地挖掘资深社区工作者的实践智慧。例如在书记工作室中，运用 TTT（培训"培训者"）模式，团队与 4 位资深优秀书记开发了四门课程，这种来自一线的实践派结合了理论的高度与机制经验的梳理，学员学完即可运用。

4F 笔记既让我们有更直观的感受，又能学以致用，在日常工作中能够灵活有效地运用；同时工作室邀请了优秀书记来上课，让参与的工作人员有身临其境的感觉，更加感兴趣，更有实操性。同时，社区与社区之间的联系更密切了，如 4F 作业是大家一起完成的。（书记工作室学员 D）

（五）成长导向的贴身式督导

为顺利推进项目中的各项任务和个人成长，南风机构派出资深督导支持小组。根据人选学历、专业特长、任职经历等情况将学员进行分组，南风机构对每个项目配备 3 ~ 5 名督导深入小组，尤其是教育和情绪支持。在教育上，协助各小组完成小组任务及个人任务，督导会在 PK 前，进行大量辅导。

以青训营的善谋阶段 PK 为例，督导需协助优化社区计划书和项目方案、演讲 PPT 以及演讲稿，同时匹配演讲主题培训以及各类诊断会。

以前也参加过针对社区书记的学习，但大课较多，参与人数也多，容易走神，学完不久也就忘了。这次青训营为我们配备了督导，和我们一直在一起。督导既专业又严格，PK 的 PPT 和演讲稿我改了至少 5 次！经过训练，现在我感觉我的逻辑思维强了许多。说实话，社区工作已经很累了，但每周五都还是很期待的，感觉像是打了鸡血一样。（青训营学员 Q）

同时，在督导支持中融入学员评价。以中青班为例，为推动各小组案例研讨顺利进行，南风机构督导积极协助组长做好组内分工，协助组员进行文献收集、走访调研、资料整理、案例总结、PPT 制作等工作，提供了线上"一对一"贴身辅导及线下专项指导。尽管中青班时间短，但创新性地加入了学员观察这一环节。基于社区工作者胜任力模型，南风机构设计了观察表，在开营时邀请学员前测，在结营时对学员后测和督导测评，并根据关键事件法形成最终的观察报告，既是对学员学习的反馈，也可为未来学员晋升提供依据。

四、结论与讨论

（一）结论

两年多来，南风机构开展了 3 个培育社区工作者项目的实践，3 个案例既有相同点，又有不同之处。相同点体现在：一是都是政社合作下的项目制模式，购买方都深度参与了项目的策划与执行；二是培育都运用程序逻辑模式，都是全周期链条式培养；三是项目团队专业性较强，督导对学员进行贴身式陪伴；四是都产生了一系列的正向效应，社区书记的能力都有了不同程度的提升，也产出了较多典型案例。不同点在于，一是能力模型有差异；二是项目周期不同，书记工作室和青训营是长期培育项目，而中青班时间较短，能力改变也存在差异。

在政社协同过程中，南风机构首先敏锐抓住社区治理的切入口，与政府积极合作，从无到有参与社区工作者能力建设的创新实践；其次是推动政府深度参与，从项目策划到执行与机构共同创新和优化；在专业赋能上以程序逻辑模型进行项目化运作，并运用了多种模式和技术。同时在过程中强调督导的贴身式支持与专业示范，成效较为显著，具体来说，书记工作室 16 名学

员走上书记/副书记管理岗位；作为全区样板在街道召开现场会；青训营先后培养社区后备干部326名（其中11名学员于2021年"两委"换届中当选新一届社区党委书记）；通过"微改革"课题下的实干形成一批优秀基层治理经验，被评为省、市优秀治理案例；"善谋"PK作为阶段性成果赢得上级部门和学术界的高度肯定；省委组织部等专家前来调研学习；N区培育模式被深圳市作为经验在全市推广。中青班90%学员表示自己的综合能力得到一定程度的提升，作为首个将"中青班"培训机制导入社区干部培养的短精优样本，区委组织部部长对项目成效给予了肯定。

（二）进一步讨论

从案例中笔者进一步反思，就以下3个问题进行讨论。

1. 如何构建更好的政社合作

社会工作参与社区工作者培育要解决的是合法性和有效性这两个核心问题。合法性要解决的是社会工作参与社会治理若要有结构性位置，首先需要政府的承认并以制度确立下来，政社合作才有保障。正是因为社区治理中从"三社联动"到"五社联动"的重视，社会工作者在社区治理中才有体系性角色，让社会组织的入场具有正当性。

那么在创新项目的政社合作过程中，政府需要什么样的能力才能与社会服务机构良好合作呢？笔者认为，首先是了解社会组织和社会工作。从笔者10余年与政府各层级的互动来看，越是高层级政府越是了解社会组织和社会工作，沟通相对也更为顺畅。其次是学会与社会组织合作，创造让专业人做专业事的氛围。通过笔者的观察，政府越懂社会工作，越会创造条件，让社会工作发挥专业优势。

而对社会服务机构来说，一是专业服务能力。政府与社会组织合作的核心原因之一就是其专业性。因此，专业性应是机构的立身之本。二是与政府建立联系的能力。要了解政府的运作方式，要从原来的社会组织自身运作，变为社会组织与政府、高校等多元主体合作，适应外部环境的变化。三是创新能力。以社区治理为契机，抓住社区治理新的关键点，创新服务手法，获得政府更多的承认。

2. 社会工作的专业赋能何以可能

政社协同解决了社会服务机构参与治理合法性的问题，有效性要回答的是社会工作的专业性是否能达到预计的治理成效。学界一致认同社会工作与社区治理的契合性特征，社会工作理念与治理目标是一致的，社会工作实践能够嵌入社区治理。然而这需要两个因素，一是良好的政社互动，二是机构的专业性。良好的互动关系包括但不限于积极良好的沟通、对购买服务达成专业共识、各自的资源投入与相互支持等。机构的专业性则至少包括机构内部治理的专业性及运营项目的专业性。在项目执行过程中，不同合作方表达了对南风机构团队专业性的肯定，也因为其专业赢得了尊重，同时也给予了较大的自主性。

团队有较敏感的政策意识，已逐步了解政府的话语体系，可在政府需求和专业空间中寻找平衡，灵活切换；具有较强的主动性和执行力，对于组织部提出的期望能够快速行动并有效完成；项目的内容和形式设计具有创新性，执行中展示了丰富的技术、知识和技能且成效明显。（N 区组织部项目负责人 Z）

但同时也应该看到，在社区治理创新中，政府与社会服务机构都是行动建构者，其互动是双向的。当机构在行动中构建有利于自身利益的策略时，追求绩效的政府作为购买服务的"理性人"也在进步与行动。政府在购买服务中不断学习，突破科层制治理的限制，主动作为，以项目制作为新的手段，在既有的政府购买公共服务的机制中，期望与有心有能力的优秀机构合作，用更理性、务实的行动主动构建良好的合作关系。

3. 仅社会工作化是否可以提升社区治理专业性

在项目执行中，笔者一直在思考一个问题，社会工作者的专业性是以社会工作的职业资格证来认证的，那么，社区工作者的专业性可以用什么来认证？到底需要什么样的学科知识才能培养出一个优秀的社区工作者？不少学者认为社会工作可以是增强专业性的一个路径，甚至个别学者认为社区工作者持有社会工作者资格证书就代表专业。但笔者认为，社区治理的专业性是多学科融合的专业性。社区工作者可以借鉴社会工作，尤其是社区社会工作的方法，但绝不仅仅只是社会工作。以笔者的观察，社区工作者需要具备公共管理、社会工作、项目管理、社会学等学科知识，从宏观到中观再到微观，应是多学科的融合性知识和能力。

与之相关的，培育社区工作者的社会工作者到底需要什么样的素质和能力？仅熟练运用社会工作的知识技巧即已足够？在这 3 个项目中，机构配备了以总干事牵头、高级社会工作师领衔的近 10 人的多学科多技能团队。其

中，核心团队人员6人，支持团队4人，工作时间均超过10年。团队包括1
名高级社会工作师与8名中级社会工作师（其中两名通过高级社会工作师笔
试）、5名深圳市初级督导、4名研究生，3名持有项目管理证书，5名持有历
奇辅导师资格证书，1名具有促参师资格。

我们团队在开展培育社区工作者项目中也在不断进步，这与社区治理专
业化要求有关系。我们期待培养新时代下的社区工作者，首先我们自己就得
会。最开始我们只懂社会工作，后来我们发现需要懂政府、懂社区，再到后
面发现要运作好项目，还要懂项目管理，在微观上我们发现还需要懂具体的
技术，于是我们团队就一起学。以前我们写方案时一些政府部门的名字都写
不准确，现在我们已经基本可以在政府体系和专业话语中相对灵活切换了。
（3个项目的督导W）

4. 社区工作者培育的成效可以评估吗

评估是某个时间对项目进行深入且系统的回顾和分析，分析已开展的行
动是否能达到目标。一般来说，评估的内容包括效率、成效和影响。所谓效
率是指善用投入和资源以获得最多的产出；所谓成效是是否为服务对象带来
所预计的益处或改变（包括知识、技巧、态度等）；所谓影响是评估是否在组
织、社区或体制中带来的整体改变和深远的影响。

近年来，学术界非常重视证据为本的成效评估，笔者团队在项目策划之
初会基于成效设置评估指标。从评估方法来看，团队经历了从定评评估到定
性定量评估的结合，如中青班运用了基线测量评估成效。调查显示，3个项目
学员对于社区治理的理解都有较大转变；核心能力都有不同程度的提升；但
在解决社区难题、系统性思维、学员个人成长上还存在一定的差异。同时，
在过程评估中团队也发现，督导机制是非常有效的，但导师、牵头人的机制
效果却存在差异。

但笔者最期待的是项目的影响力评估。南风机构参与培育社区工作者一
方面是基于机构品牌效应的考虑；还有一个重要的期望是通过项目深度嵌入
社区治理系统，影响社区治理生态环境，从而创造更有利于社会工作发展的
空间。然而现实是，部分社区党委对社会组织不了解、不认同，认为社会组
织和社会工作不专业；而以社会工作为主体的社会工作机构又深感没有专业
空间，难以施展专业性。如何突破误解推动协作？南风机构作为一家社会组
织，以项目运营为契机，开发政社协同相关课程、专业示范等巧妙植入社会

组织和社会工作元素，将政社合作、服务型治理等理念植入其中。

在本次中青班中，邀请到的两位优秀社区党委书记不约而同地提到了"政社协同"发展这个理念，使我深受启发。通过用好社会工作者、培育孵化社区专业社会组织，助推社区治理与服务创新，也是我们接下来提升社区服务水平，推动基层治理所要努力的方向。（中青班学员 J）

尽管在政府系统内，南风机构所做的实践有较正面的评价，但南风机构并没有充分的证据证明这些培育有长远的正向影响。笔者相信，这些需要时间，也只有时间才能给出答案。

参考文献

[1] 陈涛. 发挥专业社会工作的骨干作用，有力支撑基层社会治理现代化 [J]. 中国社会工作，2021（28）：17－18.

[2] 莱斯特·M. 萨拉蒙. 公共服务中的伙伴：现代福利国家中政府与非营利组织的关系 [M]. 田凯，译. 北京：商务印书馆，2008.

[3] 徐永祥，曹国慧. "三社联动"的历史实践与概念辨析 [J]. 云南师范大学学报（哲学社会科学版），2016（2）：54－62.

[4] 徐选国，徐永祥. 基层社会治理中的"三社联动"：内涵、机制及其实践逻辑：基于深圳市 H 社区探索 [J]. 社会科学，2016（7）：87－96.

[5] 任敏. "五社联动"参与社区治理的三种模式及其共同特点 [J]. 中国社会工作，2021（10）：28－30.

[6] 王思斌. 社会治理结构的进化与社会工作的服务型治理 [J]. 北京大学学报（哲学社会科学版），2014（6）：30－37.

"五社联动"在社区治理中的实践与运用

——以"社区合伙人"项目为例

张九丽　卢建娣　罗思妮[①]

摘　要：F 社区聚焦社区治理困境与居民多元化需求，运用"五社联动"机制，吸纳社区志愿者、社会工作者、社会组织、社区慈善力量共同参与社区治理，赋予社区多元参与主体以"社区合伙人"身份，构建需求与资源匹配对接平台，壮大社区服务力量，使得社区党群服务中心在兼顾防疫及行政任务的同时，顺利推进多个服务计划，有效改善现有单一、低效的服务结构，构建多循环服务网络。该实践有效激发老城活力，激发居民参与社区治理的内生动力，推动建设人人有责、人人尽责、人人享有的社会治理共同体。

关键词：社会工作；社区治理；社区合伙人

一、问题的提出

（一）社区治理是落实社会治理的重要领域之一

2020 年 10 月，党的十九届五中全会提出"畅通和规范市场主体、新社会阶层、社会工作者和志愿者等参与社会治理的途径"。2021 年 4 月，中共中央、国务院提出"创新社区与社会组织、社会工作者、社区志愿者、社会慈善资源的联动机制"。党的二十大报告提出：完善社会治理体系，健全共建共治共享的社会治理制度，提升社会治理效能，畅通和规范群众诉求表达、利益协调、权益保障通道，建设人人有责、人人尽责、人人享有的社会治理共

① 作者简介：张九丽，深圳市福田现代社工事务所专业总干事，中级社会工作师、深圳市中级督导；卢建娣，深圳市福田现代社工事务所，三级心理咨询师、初级社会工作师；罗思妮，深圳市福田区福田街道福民社区党群服务中心副书记，初级社会工作师。

同体。习近平总书记指出:"一个国家治理体系和治理能力的现代化水平很大程度上体现在基层。"他在视察深圳时强调:"社区治理中,要实现人人参与、人人尽力、人人共享。"社区治理是落实社会治理的重要领域之一,事关群众切身利益和基层稳定与发展。

(二)社区治理超负荷困境

F 社区始建于 1992 年,辖区面积为 0.75 平方千米,社区平均楼龄超过 25 年,属于典型的老旧混合型社区。社区共有 8 个住宅单元小区,辖区高层楼宇 14 栋,多层楼宇 55 栋。辖区内有企事业单位及个体工商户 322 家,其中有机关单位 6 个、学校 4 所、社康 1 家、医院 1 所、酒店 3 家、公司 170 家、"三小"场所 69 家、社会组织 6 家、志愿者组织 5 家。社区居民 4512 户,户籍人口 8619 人,常住人口 16784 人,其中 60 岁及以上老人有 3316 人,常住 18 岁以下青少年儿童 2865 人。从小区结构看,F 社区老旧住宅多,公共配套少;道路破损情况多,新建基础设施少;小区停车难,安全隐患等问题难以解决。从公共条件看:群众急难愁盼多,社区资源少;历史遗留问题多,管理抓手少。社区治理困难,不能满足居民正常或者较高的生活需求。从居民构成看,老幼人多,青壮年少;租客多,业主少。居民归属感不高,活力不足,公众参与度不高。从管理模式看,物业服务难点多,管理费收益少;"三不管地带"多,公众关注度少。社区管理难度大,成本高。总体来说,社区现有服务与群众多元需求呈现供需不平衡的状况。

长期以来,深圳市的社区服务由社区党群服务中心牵头实施,但服务团队人数有限,服务内容众多且需覆盖社区大部分人群,难以对特殊群体做到精细化、精准化的服务匹配。此外,自 2020 年新冠病毒感染暴发以来,社区需要大量的人力、物力等参与防疫,疫情防控更是对基层治理体系和治理能力的一次"大考",也是对一线社会工作者工作能力的"大考",其工作中展现出的实践智慧体现了社会工作者参与社区治理成绩的高低。综上所述,怎样让社区内的多种主体参与社区的事务及服务,怎样发挥社区内各种力量的作用,怎样依靠社区内在的组织、文化、人情机制等应对各种压力和挑战,实现社区共融、发展,是社区治理的关键。

二、"社区合伙人"服务实践

（一）生态系统理论，建构合伙人的视角

生态系统理论认为人与环境是一个整体，相互影响，相互适应，理想状态是相互匹配。人与环境的适应是一个应对方式的寻找过程，通过具体的应对行动消除或减轻环境的压力。人和所处的环境是相互依赖并彼此辅助的一个整体，人和环境互为对方进行持续的改变和塑造。系统包括微观系统、中观系统和宏观系统，人与环境相互影响和反应以达到最佳的调和度。生态系统理论这样一种有关互动和交流的整体观念，对于回应社区治理困境与满足社区居民多元化需求是较为恰当的观点。面对 F 社区众多社区治理难题，社会工作者运用生态系统理论，从"五社联动"出发，推动系统的完善及人与环境的互动。

（二）"五社联动"，构建合伙人的主体

"五社"是指社区、社区社会组织、社会工作者、社区志愿者、社区慈善资源。"五社联动"的核心内涵在于坚持以人民为中心的发展思想，以社区为平台，以社区社会组织为载体，以社会工作者为支撑，以社区志愿服务为依托，以社区慈善资源为助推，实现"五社"优势互补、有效联动，提升社区治理效能，推动形成共治共建共享格局。"五社联动"并非简单的要素叠加，而是需要多元主体的资源共享、分工协作，做到优势互补、互相增益。其中，社会工作者专业能力的发挥起重要作用。"五社联动"过程中，社会工作者需清晰社区需求，注重培育社会组织及社区志愿者队伍，挖掘并有效调动社区慈善资源，在汇聚平台、组织、人力、资源的基础上，围绕社区需求推动各方合力，实现"3＋2＞5"的治理效果，为社区居民谋得更多幸福。

为切实解决当下社区面临的多重挑战，F 社区党群服务中心运用"五社联动"机制，探索"社区合伙人"项目。首先，发挥社区平台优势。社会工作者发挥专业能力开展大量调研，形成需求报告及工作思路，获得社区党委支持认可。借助社区工作者、网格员等服务基础，协调社区资源如便民办事、暖心服务、信息提供等发挥及时传输功能，如给残障人员上门办理证件，实现了针对残障人士、高龄老年人送服务上门。其次，赋能、培育社区社会组

织。F社区有包括社区老年人协会、青少年培训机构在内的6家社会组织。社会工作者走访社会组织，了解其参与社区服务的动机，吸纳其为"社区合伙人"，打通其参与社区服务、社区事务的通道。如协助老协完善组织架构，开展培育骨干活动，将社区内创文、小学门口安全引导等重要事项赋权其开展服务。再次，培育志愿者队伍方面，发挥社区志愿者的参与作用。依托目前社区内活跃的志愿者骨干，以点带面，继续在社区内居民、商家、企事业单位等招募志愿者，壮大志愿者队伍，发挥社区志愿者在社区治理中的参与作用。最后，在社区慈善资源方面。社会工作者活用各类平台载体，通过走访、合作等形式挖掘社区爱心企业资源。项目周期内，链接包括热心企事业单位在内的社会慈善资源53家，共筹集包括电瓶车、食品、日用品在内价值10万元以上的物资。社会工作者根据社区居民的实际需求有针对性地开展慈善救助项目，例如专门针对困难儿童的捐赠、高龄独居老年人的帮扶，通过单独小项目运作的方式让参与捐赠各方清楚明了捐赠的用途，增加参与者的成就感。同时通过社区公示栏、居民微信群、"社区合伙人"微信群等对本社区的慈善榜样进行宣传，激发社区主体投身社区慈善的积极性。

（三）组织化规范，保障合伙人的运作

"社区合伙人"项目以党建为总引擎，吸纳社区企业、组织、志愿者等成为"社区合伙人"，通过搭建平台，组织各合伙人认领实施社区服务通道，化被动为主动、化粗放为精细，使得社区在兼顾防疫及多项行政任务的同时，顺利推进多个服务项目，获得居民、社区及街道的认可和好评。实现以上成效，F社区"社区合伙人"项目主要采取了以下4个方面的做法。

第一，建立合伙人准入机制，吸纳合伙人。社区党群服务中心通过大量调研，形成包括"心理关爱""社区融合""安全宣教""环境保障"四大板块的服务项目清单。同时，向社区内社会组织，社区志愿者，有意愿服务社会、履行社会责任、社会信誉好的企事业单位、群众团体等发出邀请，邀请其成为社区合伙人，并凝聚各类资源主体，签订具有约束力和激励功能的合伙人战略协议，扩大服务效益。

第二，以组织化规范服务推进。一方面强化组织领导，建立"社区合伙人"组织架构。"社区合伙人"以党委牵头，邀请街道领导、专家等成立顾问

团，设置合伙人议事团、执委会、项目部、文秘部、合作发展部、品牌传播部。其中顾问团由街道党工委、驻社区党代表、街道挂点团队、专家组成，为"社区合伙人"项目运营提出战略建议和专业指导。合伙人议事团由各合伙人主要负责人构成，经由全部合伙人推选组成。执委会由社区党委副书记、社工团队负责人组成，负责统筹制订年度计划与总结，并推动年度计划执行及与各合伙人的日常沟通。项目部负责构思项目策划，执行及跟进项目进度，撰写项目总结。文秘部负责制度制定、团队建设、档案管理及财务管理工作。合作发展部负责综合调研，收集社区需求，发展合伙人。品牌传播部负责项目宣传、文案设计、摄影摄像、视频制作、信息推送。另一方面，完善组织运营规范，建立《章程》《组织架构》《运行机制》《议事机制》《考评制度》《服务认领协议》等一套机制，规范项目运营。

第三，以合作协议实现目标导向。针对申请加入"社区合伙人"项目的组织或个人，必须提交申请书，经社区党委审核通过后，签订协议方可成为正式合伙人成员。"社区合伙人"需和社区党委签订合作协议书，明确责任和义务，实打实地开展工作。合伙人享受社区党委提供的政务服务便捷支持、会议活动免费场地支持、专家资源及专项增值服务。同时，作为义务，"社区合伙人"需保质保量完成认领的项目服务，执行合伙人议事团的决议，积极参加合伙人组织的各项活动；完成合伙人议事团交付的任务，并提供相关的信息；各成员单位联络人如若调离本辖区或变更工作单位，须与原单位继任者做好合伙人交接工作；成员退出应书面通知执委会。协议内容制定过程也是与合伙人共同商定的过程，让各合伙人最终以主人翁的心态参与其中，形成牢固的社区认同和归属感。以目标导向的合作协议，配合定期会议机制，有利于解决项目难点，推动项目顺利进行，确保项目获得到高质量实施。

第四，以三大措施保障执行落实。一是实行议事机制。由执委会牵头，召集合伙人代表每个月至少召开一次工作例会。会议内容主要是新项目认领、跟踪、推进项目的进展，对遇到的问题提出意见和建议，同时对项目内容进行改良、升级，每场工作例会应邀请顾问团参加，向合伙人提供政策咨询服务和指导意见。对实施项目实行一事一议，进行精细化拆解。二是实行激励机制。在社区内建立合伙人文化长廊，对所有合伙人展示。同时，每年度针对参与项目的合伙人录入志愿者时，颁发感谢信、荣誉证书。此外，各合伙人在整个活动中可获得其他的收益，如活跃的党建团建内部氛围，良好的企业文化品牌，共享周边环境提升。三是畅通引进退出机制。对于积极支持治理项目各项工作的合伙人，社区给予最大限度的支持与激励。另外，合伙人实行成员资格年度审核制，每年定期由执委会对成员单位资格进行检查。对一般违反合伙人条件的单位予以提醒，对连续提醒 3 次仍不加以改正或严重不符合合伙人条件的成员，由执委会提出动议，由合伙人议事团研究决定终止其成员资格，并在议事会中予以公告。

三、"社区合伙人"项目的服务成效与启示

（一）服务成效

项目运行以来，现已成功吸纳 59 家组织成为合伙人。先后设立并执行包括社区涉疫法律宣传队、"同书同写"民法典宣传活动、"遗嘱库"专项普法宣传、"少年廉洁大使"等 14 个服务项目。有效解决了"小区停车难，安全隐患多；社区资源少，管理抓手少；居民归属感不高，公众参与度不高；'三不管地带'多，公众关注度少"等诸多问题，并在疫情不断反复下，探索出志愿者共同参与防疫机制。

1. 消除社区安全隐患，营造社区安全环境

在解决"小区停车难，安全隐患多"方面，社会工作者通过招募本地居民作为志愿者，协助物业通过现身说法帮助纠正居民不良停车习惯，一车一位来停，营造杂乱无章的场景。有些居民还自发拿出自家一楼的平台给没有车位的业主停靠，邻里间的距离由此拉近，也带动了停好车的邻居在小区内当安全劝导志愿者。通过物业、志愿者、社会工作者共同努力，F 社区内乱停车、安全隐患多的局面得以改善。

2. 激发社区内部动力，建立社区治理共同体

通过"社区合伙人"搭建平台，社会工作者设计项目，通过议事会让各合伙人认领并实施社区服务项目，有效解决"社区资源少，管理抓手少"的困境，极大地丰富了管理抓手，使得社区在兼顾防疫及多项行政任务的同时，顺利推进多个服务项目。

3. 促进社区公众参与度，提升社区居民归属感

由于 F 社区大多数是外来居民，他们当中大部分男劳动力都外出打工，家庭事务由家庭妇女承担，人际关系淡漠，家庭支持网络弱。通过社区党群

服务中心阵地化的打造，组织社区相同兴趣爱好者，成立了相应的兴趣小组，如家庭教育小组、手工编织小组、健美操小组等，回应"居民归属感不高，公众参与度不高"的问题，促进社区居民对社区服务、社区事务的参与，促进居民之间的互动，提升居民的归属感。这些居民在建立了较为熟悉的关系后，又自发成为志愿者，参与社区活动开展、疫情防护等工作，进一步促进了其社区参与度，增强社区互帮互助意识。

4. 提升公众关注，改善社区环境

面对"'三不管地带'多，公众关注度少"问题，社会工作者通过工作坊的形式，开展各类活动，以"尚法明理，法治福民"为主线，以创促改，依托居民议事会和儿童议事会，征集居民群众对福民新村老旧公共设施改造提升的创意点子，建设打造了"法治托起中国梦"文化墙、法治大讲堂、法律图书馆、"福民法治号""福民法治护学路""儿童友好"法治特色阵地、社会主义核心价值观主题墙绘等法治文化阵地，形成了"法治文化广场、法治教育实践基地、法治护学路、法律图书馆"四张亮丽名片，成功构建福民社区"15 分钟法治文化圈"，在社区营造了热烈浓厚的崇德尚法氛围，推动了 F 社区老旧小区面貌焕然一新。

5. 探索形成志愿者共同参与防疫机制

新冠病毒感染反复之下，社区党委带领"社区合伙人"快速作出反应，组建了防疫志愿队、创文志愿队、守楼志愿队、安全志愿队等，注重"联建共建"，让"小区域"汇集"大资源"，社区合伙人积极响应号召，以各种各样的方式为抗疫助力。先后有 59 家组织加入合伙人队伍，为抗击新冠病毒感染贡献力量。联结"神经末梢"让服务细致到户，精确到人，为了守护大家的安全，社区党群发布"社区防疫守楼合伙人"招募令，得到合伙人的大力支持。其一，采取一家企业对接一个小区的合作形式，共同成立新冠病毒感染及其他重点传染病防控临时指挥部，利用企业志愿者的力量，协助小区做好卡口管理、核酸检测、防疫宣传等疫情防控工作。其二，以楼栋为单位，招募社区居民守护每一个楼梯，以邻里情形成牢固的防疫屏障。在新冠病毒感染中，社区合伙人演绎社区抗疫"大合唱"，项目发挥出了特有的加强社区联动和推动社区成长的作用，将社区更深入和紧密地联合在一起。

（二）服务启示

1. "五社联动"：社区对多元力量的有效吸纳整合

"社区合伙人"项目采用"五社联动"机制整合多元力量，项目运行以来，已成功吸纳 59 家组织成为合伙人。其中包括社会组织 6 家，热心企事业单位在内的社会慈善资源 53 家，以及有效动员社区志愿者队伍 550 人，社会工作者 7 名参与社区服务。社区社会慈善资源共提供价值 10 万元以上，包括电瓶车、食品、日用品在内的物资支持。同时构建长效运营机制，探索可持续发展之路。有效形成党委聚力、群众发力、企业出力、单位助力、社会协力的全新局面，满足多元需求，合社区多元主体之力把社区服务做实做细做精彩，实现多元参与的"多循环"模式。

2. 供需匹配：服务供给与社区需求的精准对接

社区党群服务中心通过大量调研，形成包括"心理关爱""社区融合""安全宣教""环境保障"四大板块的服务项目清单。同时，向社区内社会组织、社区志愿者，有意愿服务社会、履行社会责任、社会信誉好的企事业单位、群众团体等发出邀请，邀请其成为社区合伙人，建立服务供给资源库。形成以居民需求为出发点，社区党委牵头，社会工作者、社会组织、社区志愿者、社区慈善资源共同发力的服务项目。先后设立并执行包括社区涉疫法律宣传队、"同书同写"民法典宣传活动、"遗嘱库"专项普法宣传、"少年廉洁大使"等 14 个服务项目。服务供给与社区需求的精准对接有效促进了社区发展共融。

（三）社区治理共同体：激发居民参与社区治理的内生动力

"社区合伙人"项目聚集关心社区共建的居民、组织、企事业单位等多元主体以"合伙人"身份参与社区服务，围绕社区内服务人群"心理关爱""社区融合""安全宣教""环境保障"四类迫切需求，引导"社区合伙人"发挥创意、自主策划、执行服务，打破原来组织或团体独立执行的割裂现象，促成社区更广泛的互动及合作。执行过程中注重分类引导，通过提供专业培训、实践机会和陪伴支持，帮助提升其自身能力，支持个人和组织不断发展及强大。围绕统一行动目标，项目充分发挥支持、鼓励、促进功能，发动"社区合伙人"群策、群力、群执行、群监督，转变原来习惯"被安排""等

任务"的状态，极大调动了社区多元主体的自主意识，扩展社区参与深度、广度，提升了多元参与主体的社区主人翁意识，为社区培育、积累了可持续发展的基础资源和服务力量，激发居民参与社区治理的内生动力。

四、结论

F 社区面对社区多项服务需求与现有服务供给现状呈现供需不平衡的问题，探索"社区合伙人"项目。运用"五社联动"机制，吸纳社区志愿者、社会工作者、社区社会组织、社区慈善力量共同参与社区治理，赋予社区多元参与主体以"社区合伙人"身份，构建需求与资源匹配对接平台，壮大社区服务力量，使得社区党群服务中心在兼顾防疫及行政任务的同时，顺利推进多个服务计划，有效改善现有单一、低效的服务结构，构建多循环服务网络。同时，为确保项目顺利推进，强化组织领导，完善组织运营规范；建立合伙人准入机制，签订合作协议；实行议事机制、激励机制，畅通引进退出机制。各方面机制保障了"社区合伙人"项目的顺利推行。该经验为社区构建共建共治资源平台，探索社区治理经验与模式，提供了良好的经验支持和实施启示。

参考文献

[1] 郭伟和. 集体效能感：基层社区治理韧性的核心要素 [J]. 中国社会工作，2022 (15)：8.

[2] 贺志峰，刘进亚，向羽. 基层治理的实践智慧：以广东省珠海市香洲区凤山街道春晖社区为样本 [J]. 中国社会工作，2022 (15)：25 -26.

[3] 刘淑君，雷杏珊. "五社联动"全民共治，一个街道的治理实践 [J]. 中国社会工作，2022 (1)：34 -35.

[4] 李素庆，庞国志. 中国特色社会工作概念的时代特征和属性：基于社会工作参与基层社会治理实践的探讨 [J]. 社会科学论坛，2022 (5)：189 -198.

[5] 罗桥，汤皓然. 价值重构、场景塑造与行动赋权：社会工作参与社区环境治理共同体构建的三个基础 [J]. 社会工作与管理，2022 (5)：5 -14.

[6] 王江伟. "党建 +新型农业经营主体"的基层治理创新：以江西省董家镇"红色合伙人"为例 [J]. 党政研究，2018 (1)：33 -39.

[7] 周静. "五社联动"助力社区养老服务的实证研究：以江油市 D 社区为例 [J]. 活力，2022 (16)：127 -129.

［8］徐晓军.“政法规制”与“社工服务”：新时代社会治理的“两只手”［J］.华中师范大学学报（人文社会科学版），2022（5）：1-9.

［9］吴节，马泽波.城市社区再组织化与基层社会治理创新：以云南省 J 县 BS 社区基层治理实践为例［J］.红河学院学报，2022（5）：60-64.

社会工作介入社区儿童议事组织能力培育服务实践

——以 L 社区儿童议事会孵化项目为例

朱小芳①

摘　要： 如何发动儿童积极参与社会公共事务，引导儿童发声，规范儿童议事过程、推动儿童相关议题落地成为儿童友好型城市建设的重要内容，以儿童作为关注对象，孵化培养基于儿童为核心的议事组织，提高其社会参与意识，对儿童友好城区建设非常具有现实意义。本研究将以 L 社区儿童议事会孵化项目为例，对该社区儿童参与社区议事活动情况展开分析，借助群体动力理论以及增能理论相关知识，选择小组工作介入方法对其进行个人增能训练和团队建设，以此达到改变社区儿童参与不足的现状和提升儿童议事组织团队凝聚力的总体目标。

笔者将会论述 L 社区儿童议事会孵化项目的具体服务内容，实际分析社会工作介入儿童议事组织培育过程中的一些方法和技巧以及经验建议。

关键词： 增能理论；社会工作；社区儿童参与

2001 年，国务院颁布的《中国儿童发展纲要（2001—2010 年）》明确将主题定位在推动儿童发展上，并将未来工作重点放到提升儿童身心素质上，从儿童与健康、儿童与教育、儿童与法律保护以及儿童与环境这四大领域着手来培养新世纪现代化建设人才。2011 年发布的《中国儿童发展纲要（2011—2020 年）》进一步明确儿童是人类的未来，是社会可持续发展的重要资源。我国文明进步以及经济社会发展都会同儿童发展之间存在紧密关联，借助有效方式使儿童整体素质提升，对于中华民族未来发展具有关键意义。

---

①　作者简介：朱小芳，深圳市龙华区壹家亲社工服务中心，中级社会工作师。

笔者查阅相关文献发现，儿童虽然是城市未来的主人，但在关乎儿童生存与发展的城市发展规划和建设中，多数还是以成年人为主，儿童在话语权、决策权等几个方面仍处于劣势。当下社区儿童参与度并不理想，主要原因在于当地政府没有建立专门面向社区儿童参与的组织机制和平台。

深圳市 2018 年发布的《深圳市建设儿童友好城市行动计划（2018—2020)》提出要孵化培育以儿童为主体的议事组织，提高儿童积极参与公共事务的意识，让儿童参与公共事务和城市发展建设。

部分学者研究发现，通过增能视角和地区发展模式培育社区儿童骨干，可以全面提升儿童参与社区事务的意识和能力，采用 EPS 社会工作者介入模式也能够使得社区儿童参与能力与儿童议事会培育项目充分融合。

一、服务背景

深圳市委、市政府在 2016 年提出建设儿童友好型城市，并纳入市委全会报告和深圳市国民经济和社会发展的"十三五"规划。但是目前大多数儿童友好型城市建设都是从成人的角度出发，忽略了儿童真正的需求，因此儿童友好型城市建设容易流于表面。从儿童视角出发，注重"服务使用者"的参与，以服务使用者为本的理念，搭建儿童参与平台，让儿童真正参与其中十分重要，因为儿童熟悉当地的环境，同时他们也最了解地方环境和发展的决策对他们自己的生活和社区带来的影响。在制定相关规划过程中可以充分利用儿童丰富的创造力和想象力、对自然和建成环境的兴趣，建成满足其需求的场所空间。

L 社区为 2017 年 8 月刚成立的新社区，L 社区党群服务中心社会工作者于 2018 年 8 月正式进驻社区。在儿童友好社区建设方面正处于起步阶段，儿童服务及儿童参与平台有待完善。2018 年 9 月，L 社区被 L 区定位为 G 街道儿童友好试点社区。

在社区公共事务中儿童参与的一个平台就是社区儿童议事会，其在儿童和社区中起到了纽带的作用。参与儿童议事会的儿童代表社区广大儿童群体建言献策，参与社区治理，建设儿童友好社区。L 社区在 2018 年、2019 年分别选拔了两批儿童议事会儿童代表，在儿童参与儿童友好型社区建设方面进行了一些探索，但因为都是单个项目性质，项目结束就没有后续跟进，缺乏延续性和发展性，所以服务效果并不是很理想。

L社区儿童议事会组织建设的主要问题是社区前期未搭建儿童议事会组织框架，缺乏成熟的儿童参与的组织机制和平台，且儿童普遍对儿童议事会组织定义及儿童参与的概念认识不足，缺乏社区参与的基本知识和技能。

为了在儿童友好社区建设中真正从儿童视角出发，满足儿童需求，发挥儿童为本的作用，社会工作者通过开展服务需求调研，了解到社区儿童存在自我成长的需求和社区参与的需求，并通过开展L社区儿童议事会孵化项目，借助群体动力理论以及增能理论对社区儿童议事会儿童代表进行能力提升和组织培育，让他们具备基本议事能力，自愿参与社区适合儿童参与的治理议题。

二、理论运用

（一）增能理论

增能另外的名称为充权和增权以及赋权。在20世纪60年代时，赋权定义出现于《黑人赋权：压制性社区的社会工作》这部作品中，该作品创作者为所罗门，其所主张的赋权定义和学说也闻名至今。

当前有众多学者开始将研究目光投于权利赋能上，某些研究者会站在人际和个人以及政治三方面展开赋权增能。研究者主张从自我、个人、组织、机构、社会和政治等层次进行赋权增能。部分学者则会以特殊困难群体为观察对象，并且表示赋权增能一定要涵盖个人、人际和社会参与三个层次。

本研究认为应当对L社区儿童进行个人增强，包括以自我认识、团队意识、创意思维、团队协作和解难能力层面，社区对儿童参与社区议事环境的支持以及儿童参与社区实践层面，以促进社区儿童提升参与意识以及对儿童议事组织的向心力。

（二）群体动力理论

群体动力理论，是对个体行为以及群体行为展开阐述和寻求的原动力，由社会环境以及心理因素层面出发对个体以及群体行为进行探索的推动力。通过对群体动力系统展开了解，其中必不可少的三要素包含驱动力、凝聚力以及耗散力。凝聚力是维持群体稳定的主要因素，驱动力是促使群体发展和进化的因素，导致群体绩效削弱以及群体稳定性损害的主要因素便是耗散力。

以上 3 个要素之间互相抗衡和影响，同时还能够互相转化以及消化。

群体动力系统能够对个体以及群体行为起到推动作用，在儿童议事组织培育过程中采用小组社会工作方法，并将群体动力理论更多地融合进小组游戏互动环节，鼓励儿童进行小组互动分享，共同解决问题。通过借助个人、个人与团队之间的互助分享，构建相互支持网络，有助于打造社区儿童议事组织优势。

三、服务实践

根据社区儿童身心特点及能力建设情况，结合 L 社区儿童友好社区建设的实际情况，L 社区儿童议事会孵化项目以"两个建设"为重点，搭建起儿童参与平台。

第一个"建设"：建设儿童活动空间，打造社区专属的儿童活动功能室，完善室内基础设施和设备。并以此为社区儿童服务和活动阵地，通过标准化和规范化建设，使儿童活动空间可以更加规范、有序开展儿童服务。

第二个"建设"：建设和完善 L 社区儿童议事会，在 2018 年社区儿童议事会的基础上加以创新和完善，对社区儿童进行个人和组织能力培育，提升自我认识、建立信念、创意思维、团队协作和解难能力，提出有效的行动方案。

（一）基于增能理论培育社区儿童议事组织的工作目标

L 社区儿童议事会孵化项目的切入点，就是增能理论，对儿童提供帮助，让其发掘自己的优点并对其潜能进行深入挖掘，以儿童为中心，通过竞选面试和自主选举第一届执委会委员、自己创作设计组织标志和视觉识别系统以及考察设计儿童议事活动空间和参与社区主题实践等系列活动，鼓励儿童开动脑筋、参与主题讨论、学会从儿童视角发现问题，提出解决办法并主动表达自己的观点和想法。

（二）基于群体动力理论的社区儿童议事组织培育方法

考虑儿童好动、喜欢探秘等特性，L 社区儿童议事会孵化项目将群体动力理论更多地融入游戏互动环节，进一步提升团队的凝聚力。

1. 定向越野技术

定向越野可以提高参与者的身体和心理素质以及团队配合能力，增强儿童面对困难和挑战的信心和勇气，让儿童快速认识彼此、组队完成各项任务，产生团体认同感。

2. DISC 行为理论分析技术

DISC 行为理论是一个"人类行为语言"理论，由威廉·莫尔顿·马斯顿教授于 20 世纪初首创。让儿童学会运用"DISC"工具认识自我及议事员角色，了解他人，实现更有效率的沟通，并在讨论过程中发掘和培育具有"领袖"特质的儿童，选举其作为议事会领导。

3. 小组工作

在社区工作中，其中的一个手法就是小组工作，以存在共同需求或相同问题的群体为主要服务对象，并通过小组活动过程及成员间的交流，协助小组成员改善其社会功能的一种专业社会工作方法。在儿童议事组织培育过程采用小组工作方法，鼓励儿童进行小组互动分享，共同解决问题。如小组领袖的产生、讨论方式和最终报告呈现形式，都由小组内部决定，达成协议。

（三）社会工作介入社区儿童议事组织培育实践过程

L 社区儿童议事会孵化项目是由 G 街道党工委、G 街道办事处、G 街道统战和社会事务科主办，L 社区党委和工作站及党群服务中心与妇联、团委、关工委共同协办的民生微实事项目，由 Q 社会工作者服务中心派驻该社区的 3 名社会工作者负责主导项目实施，保证社区儿童议事组织的有效运行和持续运行。

1. 社区儿童议事会组建阶段

在社区公共事务中儿童参与的平台就是社区儿童议事会，其在儿童和社区中起到了纽带的作用。对一个组织来说，如何选择合适的人加入团队非常重要。在儿童代表候选人竞选面试过程中，利用群体动力理论设计了一个分组创作环节，一方面让每名候选人在破冰游戏中快速熟悉起来，另一方面让每个人思考如何衔接左邻右舍的创意并确保小组集体创作的作品是一个完整的故事，最后由观察员结合个人展示、小组合作环节给予综合评价打分，成功挑选出个人主动性和团队合作意识较强的 15 名候选人为正式儿童代表，并完成项目前测，新一届社区儿童议事会顺利完成团队搭建。

2. 社区儿童议事会组织形象塑造设计阶段

视觉识别系统（VIS）是沟通传达组织理念和组织文化的工具，有助于提高组织成员的认同感和士气。这一阶段，社会工作者通过增能理念，赋权给儿童亲自设计儿童议事会会标，并参与儿童议事会视觉识别系统设计全过程，让儿童真实感受自己是组织的一员，逐步加强儿童对组织的认同感、归属感，同时通过视觉识别系统将儿童议事会的信息传达给居民，不断地强化广大居民的意识，从而获得组织认同。

3. 社区儿童议事会团队凝聚力建设阶段

本阶段，社会工作者以增能理论和群体动力理论为指导，通过定向越野形式，组织儿童穿上自己设计的 T 恤进行团队凝聚力建设活动，将团队凝聚力进一步提升。此次定向越野活动内容包括热身游戏、通关游戏和分享总结。游戏设计侧重考验团队的知识面和灵活度、合作默契度、互相配合和理解力、团队合理分工和相互沟通的技巧方法以及主动性和胆量。整体分享总结环节侧重让儿童了解他人对自己的评价以及自己和团队在活动过程中的成长体会。

4. 社区儿童议事和活动空间建设设计阶段

社会工作者在这一阶段主要围绕儿童参与式社区营造与社区空间儿童参与式设计，引导儿童代表从儿童友好角度思考未来社区儿童空间设计主题、设计目的、具体效果目标、区域功能分析、空间色彩设计、装饰材料等。然后根据不同类型儿童的不同活动倾向和特性，对组员进行引导，让其掌握一定的沟通技巧，学会发掘共通之处，建立彼此之间和谐互助的合作关系。同时结合儿童议事会主色调进行分组空间区域划分和设计，初步确定不同活动空间设计主题，再通过实地勘察和小组讨论共同完成初步设计草案提交给社区进行微改造。

5. 儿童议事会领袖公开选拔阶段

不同的组织领袖，有着不同的特质和价值观。一个好的领头羊，对一个新组织来说至关重要。为了选出合适的领袖人才，社会工作者以增能理论为指导，结合工作坊形式，让各儿童代表进行自我及议事员角色认知，并学会运用"DISC"工具分析自己的性格特质和对于组织领袖岗位的理解以及自己胜任优势所在，最后通过竞选演讲和民主选举环节选出两名具有"领袖"特

质的儿童代表成为议事会领导，为后续组织发展奠定基础。

6. 儿童议事能力建设阶段

本阶段，社会工作者以组织社区垃圾分类专题研习会的形式通过游戏互动和小组讨论，以增能理论为指导，引导小组领导组织组员开展特定专题研讨，培育组员的团队协作、创意思维及解决问题的能力。并让组员学会运用问题树分析法，找出目前垃圾分类中存在的种种问题，画出问题树，确定解决问题的最终策略，进而提升儿童聚焦发言能力和清楚表达观点的能力以及客观评价能力。

7. 儿童参与社区实践阶段

在这一阶段，社会工作者以增能理论为指导，通过社区导游、社区探索等形式，组织儿童对社区两个花园小区进行探索和认识，引导儿童运用所学项目知识，了解目前小区垃圾桶布点设置和垃圾分类执行情况，并用不同的分析工具对数据类型进行汇总分析，学会用图形化和联想的方式表达自己的想法，培育儿童的洞察力和问题解决能力。现场社区实践报告交给社会工作者及社区相关管理部门跟进。

8. 儿童议事会组织框架完善阶段

在项目总结阶段，采用小组总结回顾的方式，对整个项目过程的回顾涵盖了项目团队、重点工作、完成情况、过程展示等内容，各组员分享在项目过程习得的知识和经验以及成长情况。同时结合增能理论，再一次赋权给全体儿童代表通过民主投票选举成立了社区儿童议事会第一届执行委员会。接着新一届执委班子发表就职演说并初步形成儿童议事会章程草案，标志着 L 社区儿童议事会组织框架进一步完善。

（四）社会工作者在社区儿童议事组织培育过程中的角色分析

1. 前期准备阶段

在项目前期社会工作者的角色有两个，一个是沟通者，另一个则是组织者，负责招募组织成员，发动儿童参与社区活动和前期竞选面试。

2. 项目实施阶段

由于社会工作者是政府购买服务的提供方和本次社区儿童议事会孵化项目的执行方，在实施时，引导者以及服务提供者就是其首要角色，对整个项目流程进行策划，对组织培育儿童参与议事进行引导。与此同时，对于社会工作者来说，也扮演了资源协调者的角色，合理有效整合社区资源。在儿童议事组织领导未出现前，社会工作者还承担了管理者的角色。

3. 项目结束阶段

在项目结束阶段，社区儿童议事会已经搭建起了较为完善的组织框架，社会工作者此时处于辅助地位，所担任的角色主要为支持者和协调者。

四、服务启示

（一）成效评估

在此次研究中，主要有两种评估类型，一种是过程评估，另一种则是结果评估。

1. 过程评估

此次的研究重点主要如下：对实施项目的过程、介入理论和方法的有效性进行过程评估，研究社会工作介入儿童议事组织培育过程的效果以及对儿童社区参与意识和能力培养的效果。

（1）项目开展进度。本项目经街道审核后，根据项目实施方案的既定计划顺利开展各项系列活动，并全部完成。

（2）介入理论的得当性。对于社会工作者来说，开展实务工作时，主要运用增能理论和群体动力理论。运用增能理论，从个人、人际、社会等层面进行增能赋权，激发儿童主动积极参与，共同解决问题，并促使整体目标达到；利用群体动力理论激发服务对象的参与主动性，从而增强群体凝聚力。

（3）介入方法的适当性。小组工作介入法。社会工作者对儿童成员在项目组中的主要是采用小组工作方式，通过小组活动的开展，提高他们的个人综合能力。随着小组各种不同主题活动的开展，团队凝聚力也进一步增强，为后期儿童议事会执行委员会的顺利成立奠定了良好基础。

通过对项目过程进行评估，项目的整个实施过程非常顺畅，群体动力理论和增能理论一直贯穿于整个项目过程，并发挥了很大的推动效果。在实务介入中主要采用的是小组工作的方法，在项目实务发展的进程方面也获得了有效促进，所以这个介入方法是得当的。

2. 结果评估

本研究的重点是项目目标和服务对象满意度，还有项目前后测数据等，都要作出结果评估。在评估项目的目标时，主要通过项目目标计划与完成度的比较来检测项目目标的实现效果。

（1）项目目标。对于此次的评估来说，按照已经实施的项目获取的实际成果，与项目目标间的比较来检测项目目标的实现程度。具体项目的总体完成度为100%，全部目标都达到。

表1　L社区儿童议事会孵化项目目标实现度分析表

具体目标	实际成果	实现百分比
建设一个儿童专属议事和活动空间	1个儿童专属议事和活动空间微改造已完成	100%
重新组建1个15人的社区儿童议事会	重新组建了1个15人的社区儿童议事会	100%
挖掘社区儿童骨干至少5名	推选出7名社区儿童骨干，且有明确分工	100%
开展5次小组主题活动	小组主题活动总计开展了8次	100%
对儿童参与议事的5种能力进行培养	儿童的5种参与议事的能力均得到提升	100%
开展1次社区焦点问题研讨及社区实践	开展社区焦点问题研讨及社区实践活动各1次，并提交调研报告给社区参考实施	100%
完善组织框架	第一届执行委员会已组建完成	100%
建立专属标识系统	VI系统基本设计已完成，会旗会徽会服已完成定制	100%
拍摄制作专属宣传片	专属宣传片已完成制作并分享到互联网	100%

（2）服务对象满意度。每节活动结束后，为了第一时间收集服务对象满意度，社会工作者会经由服务对象满意度调查表来实现，分析服务对象满意度主要通过以下几个方面，如活动内容和安排、服务对象的收获以及投入度、工作员表现等，8节活动的整体满意度均值在98.63%。单节活动整体最高满意度为99.9%。

（3）服务对象增能。从项目前后测问卷结果来看，服务对象在自我认知、学习适应、社会责任、发展兴趣和社会参与5个方面前后测均值提升超过30%。特别是社会责任和社会参与两方面提升最为明显。

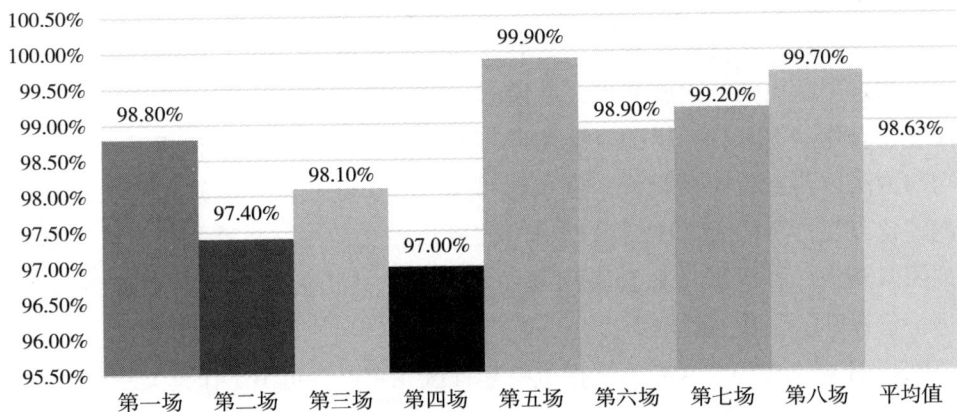

图1 L社区儿童议事会孵化项目服务对象满意度调查结果

（二）总结与反思

笔者经过了项目的实践以及对文献的大量查阅，了解到社区儿童在社区参与的技能以及基本知识方面都是比较欠缺的，大部分儿童对儿童参与的概念认识不足，对儿童议事会组织定义及儿童代表角色认知模糊，儿童团队融入度低，合作意识不足。本研究基于L社区儿童的实际状况和需要，以群体动力理论和增能理论为指导，以小组工作为主要的介入方式，对儿童议事组织培育路径和方法作出了深入的探讨。

1. 社会工作的介入有利于儿童个人综合能力发展、改善人际关系和提升儿童参与社区公共事务的积极性

社会工作者充分运用小组工作方法，对社区儿童进行个人、人际以及社会参与等方面增能，改善儿童社区参与不足现状，并通过前后测数据对比发现，儿童在自我认知、学习适应、社会责任、发展兴趣和社会参与5个方面能力提升显著。

2. 社会工作的介入有利于塑造儿童议事组织形象和培养儿童的主人翁意识

社会工作者通过儿童参与式的工作手法协助儿童代表亲自参与设计儿童议事会VI视觉识别系统和儿童专属议事及活动空间改造方案，在参与式设计中培养儿童的主人翁意识，逐步加强对儿童议事组织的认同感和社区参与感，塑造儿童议事组织形象。

3. 社会工作的介入有利于儿童议事组织团队建设和提升组织凝聚力

社会工作者通过定向越野的工作手法协助儿童代表进行团队建设，在团建中制定团队规则并达成共识，在游戏通关环节着重考察团队的知识面和敏捷度、合作默契度、互相配合能力和理解力、团队合理分工和相互沟通的技巧与方法以及主动性和胆量；分享与总结环节，让儿童代表知道别人对自己的评价以及自身与团队在活动过程中的成长感受，并以此培养儿童代表基本的团队意识、协作精神和解决问题的能力，促进儿童之间相互了解和支持，进一步提升了团队的凝聚力。

4. 社会工作的介入有利于促进搭建社区儿童议事组织工作框架

社会工作者通过 DISC 工作坊、儿童参与式调研和社区实践等活动，引导儿童参与实地调研分析，通过学习和团队小伙伴相互协作，勇于提出自己的建议，并愿意和他人共享讨论结果，从而帮助儿童代表明晰加入社区儿童议事会相对应的权利、责任，并合力搭建儿童议事会议事公约和流程及组织架构。

5. 社会工作的介入有利于推动社区儿童友好空间建设

社会工作者经由儿童亲自参与儿童活动空间改造方案设计，让街道和社区领导认识到儿童的源头参与、有效参与能够使儿童友好空间改造项目的规划、调研、执行、监测、评估等环节更具有现实意义，进而推动社区儿童友好空间建设。

本研究重点对增能理论、群体动力理论的使用情况进行理论性反思，对社会工作介入的方式及项目具体的实施状况进行实务性反思。

首先，将其切入点放在增能理论板块，向儿童提供帮助，以便其发现自身优点，对儿童参与的力度进一步推进，提高儿童参与社区服务的主观能动性以及知识水平。

其次，在小组中运用群体动力理论提升儿童的团队意识和组织凝聚力，为提升儿童议事会组织影响力提供新的思路。同时突破儿童传统线下议事活动的服务形式，利用微信等网络平台线上议事形式，让儿童有更多的时间参与，建立相互支持网络。

再次，在项目实施情况方面，项目主要针对儿童的具体需要进行方案设计，使得项目实施方案具备了很大的合理性。项目执行过程顺畅流利，成效显著。

最后，在社会工作介入方面，小组工作具有很大优越性，在小组工作过程中，利用彼此之间的互助分享，培养每一个人的平等意识和团队归属感以及自我改变，还有"被肯定"的社会场景，将团队创造彼此帮助并团结合作的学习环境，从而建立赋能的社会支持网络。

五、小结

儿童议事会是体现儿童参与儿童友好社区建设的最佳方式，将搭建起儿童参与社会管理的平台，是儿童参与社区治理权利的体现，培养儿童参与、发现、探索、思考的能力，是社区治理中不可缺少的主体。

我国开展儿童友好社区工作时间并不长，社区儿童普遍缺乏社区参与的知识技能，对儿童参与、儿童议事会组织定义及儿童代表角色认知模糊，儿童团队融入度低，合作意识不足。在社区儿童议事组织培育过程中加入社会工作，通过给儿童赋权增能，有助于组织并培养儿童以他们的角度商议解决社区问题的办法，支持儿童提出解决方案并在社区里进行实践。同时在小组中运用群体动力理论培养儿童的团队意识和组织凝聚力，提升儿童的自我认知、学习适应、社会责任、发展兴趣和社会参与的能力，并经由对儿童自我认识和议事员角色认知以及其社会参与议事能力的改善，对儿童所处的社区环境进行改变，进一步提升社区资源提供能力和人际支持网络，从而推动儿童的社区参与能力和儿童议事组织的发展。

参考文献

[1] 夏蓓蕾. 增能视角下社会工作介入儿童参与社区环境微治理研究 [D]. 成都：西华大学，2020.

[2] 刘嘉倩. EPS 社会工作介入模式下社区儿童参与能力建设研究：以 Q 社区"议路同行"儿童议事会培育项目为例 [D]. 湘潭：湘潭大学，2020.

[3] 罗伯特·亚当斯. 赋权、参与和社会工作 [M]. 汪冬冬，译. 上海：华东理工大学出版社，2013.

[4] GUTIÉRREZ M L. Orking with women of color：An empowerment perspective [J]. Social Work，1990（2）：149 –153.

[5] 范斌. 弱势群体的增权及其模式选择 [J]. 学术研究，2004（12）：73 –78.

[6] 窦荣军. 在线学术交流环境设计与研究 [D]. 上海：上海师范大学，2006.

［7］方文清．深圳市社工机构参与社区治理［D］．深圳：深圳大学，2019.

［8］社会工作方法·小组工作解读［J］．中国社会工作，2018（13）：10－11.

［9］社会工作综合能力［M］．北京：光明日报出版社，2017.

公共应急

医务社会工作者应对公共卫生事件的专业能力构建

——基于广深的实践经验思考

黄　丹　罗英廷　阮　成①

摘　要： 医务社会工作者是回应突发公共卫生事件的新生力量，强化其专业核心能力是促使其有效回应突发公共卫生事件的关键。本研究通过实地走访广深两地 4 所公立医院，以及对 13 名医务项目社会工作者和医院主管进行深度访谈，旨在了解他们在新冠病毒感染期间防控工作的实践经验，以期构建医务社会工作者在应对突发公共卫生事件中必备的核心专业能力框架。本研究提出了包括"价值伦理""知识储备""实践能力"三位一体的医务社会工作者介入突发公共卫生事件的专业能力框架。研究建议通过推动专业教育改革、完善专才培养水平、提供继续教育机会和建立应急规范性流程指引来进行医务社会工作者的能力建设。

关键词： 突发公共卫生事件；医务社会工作者；专业能力；结构模型

一、研究背景

2020 年 1 月以来，新冠病毒感染给人们的健康和生活带来了巨大影响。党中央和政府积极统筹、引导各方力量投入这场疫情防控工作，强调要发挥社会工作的专业优势，支持广大社会工作者、义工和志愿者开展心理疏导、情绪支持、保障支持等服务。医务社会工作作为医疗系统的一部分，是协助疫情防控的重要社会工作领域。但是，医务社会工作者的专业胜任力不足使得医务社会工作的发展呈现出"半专业"的趋势，这影响了医务社会工作者在疫情中的功能发挥。在实践中，一定比例的医务社会工作者没有接受过社

---

①　作者简介：黄丹，华南师范大学社会工作系特聘研究员；罗英廷，华南师范大学社会工作硕士生；阮成，清远职业技术学院讲师。

会工作的专业教育训练，是由医学护理专业人士转化而来。而且仅有极少数开设了社会工作专业的高校设置了医务社会工作专业，在课程设置中也鲜有单独的医务社会工作教学，这使得由高校培养的社会工作专业毕业生也缺乏专业能力去应对突发公共卫生事件。由于专业能力的缺乏，导致医务社会工作者在应对突发公共卫生事件时面临较大的挑战。如对疫情的应急预案准备不充分，又如在为患者、家庭和公众提供心理卫生干预服务时的应对策略与工作内容不明晰等。

现有研究认为，医务社会工作者在突发公共卫生事件中可通过扮演咨询者、协调者、资源链接者和组织者等角色，运用线上与线下的方式为病人及医护人员提供情绪支持和心理咨询、直接护理和看护、哀伤辅导及后事处理、健康教育、澄清错误信息和链接社区资源等服务，但是医务社会工作者的专业能力不足却直接影响了上述这些角色和功能的实现。由于在校医务社会工作专业学生缺乏相关课程的学习和实践、在职医务社会工作者缺乏继续教育的机会和平台，导致医务社会工作者的整体专业能力不足，在公共卫生事件中的专业服务受阻。目前，国内关于社会工作介入公共卫生事件的研究还停留在作用介绍阶段，重点探析社会工作者在应对突发公共卫生事件中的介入时序、职责、角色与作用，以及医务社会工作者介入公共卫生事件的适用理论、工作重点和介入目标，而关于医务社会工作者介入公共卫生事件所需的专业能力研究尚未涉及。因此，我们亟须了解在介入突发公共卫生事件时，医务社会工作者应该具备哪些专业核心能力？在我国社会情境下要如何培养这些核心能力？本研究期待通过解答以上两个研究问题，探索培养医务社会工作者专业能力的路径，并为相关部门提高医务社会工作者应对类似事件的核心能力提供建议。

二、研究方法

本研究运用质性研究方法，实地考察了广州市及深圳市 4 所在新冠病毒感染期间参与疫情防控工作的公立医院。在参与式观察的基础上，研究者对 4 所医院的共 13 名项目社会工作者和医院主管进行了深度访谈。访谈问题主要包括"请简要描述一下您在新冠病毒感染期间的主要工作""您觉得在开展这些工作时，分别需要什么样的专业能力""您觉得为了更好地应对和服务与新冠病毒感染相关的工作，医务社会工作者应该特别具备什么样的能力""您觉

得可以通过什么样的方式来增强医务社会工作者的这些能力"等问题。本研究旨在根据广深两地实践经验来探索医务社会工作者在应对突发公共卫生事件时应具备的核心专业能力及其培养路径。

本研究资料收集于2020年1月到2021年9月间。数据分析采用了主题分析法。主题分析是一个发现、诠释和报告研究者在研究中发现的主题，并将其逐步整合到更高阶的关键主题的过程。一般来说，价值、知识、技巧三者被公认为是医务社会工作者专业能力的重要组成部分。因此，本文借鉴了现有的国际医务社会工作者专业能力标准，从价值伦理、知识储备和实践能力3个方面搭建了一个医务社会工作者应对公共卫生事件的分析框架，对所有的访谈资料进行了分析和整理。

三、研究发现

基于质性研究资料分析结果，本研究总结了医务社会工作者应对突发公共卫生事件的专业能力指引框架。在下文中，本研究将分价值伦理、知识储备和实践能力3个维度来进行阐述。

（一）价值伦理

在公共卫生事件中，患者和社会大众普遍会存在恐慌心理，如果处理不当或进行简单粗暴的管理可能会引起不良的社会情绪和对社会关系造成明显的破坏。因此，要对医务社会工作的专业价值伦理进行适当的规范及引导。医务社会工作者在介入公共卫生事件时，不仅要遵循社会工作学科的价值伦理，同时也应该秉承公共卫生学科的价值伦理，具体应该包括以下几个内容。

第一，尊重和接纳患者。医务社会工作者应该秉承尊重和接纳的价值伦理，表现在：尊重和接纳患者的个人尊严、价值观、文化背景和习俗观念，以平等、真诚和负责的态度提供服务，不因患者的生理、心理、种族、性别、年龄、职业和社会地位而对他们产生区别对待，并为患者营造一个接纳和互助的治疗环境。

第二，同理患者的痛苦。同理是指社会工作者进入和了解服务对象的内心世界，并将这种感受传达给服务对象的技术与能力。医务社会工作者介入公共卫生事件时的同理可以分为3个步骤：一是用心去感受服务对象面对突发公共卫生事件的感受；二是用语言和表情向服务对象传达理解和关怀；三是将这种感受转化为语言，以便确定自己的反应是否适当，是否能够引起服务对象的共鸣。

第三，尊重患者的自决。在公共卫生事件中，每一个服务对象都是这个事件的受害人，尊重服务对象的自决权是对服务对象拥有自我决定能力的一种肯定。医务社会工作者在服务过程中要引导服务对象参与问题的分析，与服务对象一起探索可能的解决方案，鼓励服务对象自己选择服务的方式，提高服务对象的自决能力以培养服务对象解决问题的独立性。

第四，保护患者的隐私。在公共卫生事件中，患者不仅是受害者，更有可能是疾病的传染源，这可能会让社会大众对其产生歧视和敌意。而泄露患者的信息很容易让患者陷入这种被污名化和被孤立的困扰，或者使得患者的信息被不法分子利用从而影响其正常生活。因此，医务社会工作者应该保护患者的个人资料和其他可能会危害服务对象权益的隐私信息。但是保密在下列情况下也有例外，如社会工作者发现服务对象可能会对自己或第三方造成伤害、服务对象的问题涉及他人的重要利益、法律规定需要披露，或者已经获得服务对象的授权时。

第五，保护和考虑他人。一般来说，公共卫生事件的发生是不可预测的，每一个人都可能成为公共卫生群体事件中的受害人，所以医务社会工作者在服务过程中，不仅要保护和满足服务对象的权利和需求，也要保护和考虑他人不因服务对象而受到危害或资源的剥夺。社会作为一个大集体，应该保护和考虑每一个人健康发展的权利，确保每个人的健康才是最重要的。

第六，坦诚地公开信息。公开信息是公众知情的前提和手段，面临突发公共卫生事件时公众会因为轻易听信谣言而引起恐慌，所以坦诚公开信息，让公众及时了解真实信息进而消除心理恐慌是非常重要的。医务社会工作者在介入突发公共卫生事件时，首先要公布疫情信息发布的正规渠道，引导公众通过正规渠道了解信息，理性地辨认和抵制谣言；其次要向公众提供有关公共卫生事件的最新消息，通过发布准确、明晰的信息稳定人心；再次要发布公共卫生事件传播、预防和控制的知识，宣传与疫情防控相关的政策法规，引导公众做好规范的防护准备；最后要加强对资料和信息体系的保护，协助政府部门构建安全的公共卫生信息传递系统。

（二）知识储备

公共卫生事件是一个复杂的，涉及多学科的议题。医务社会工作者需要掌

握多学科的专业知识，才能顺利发挥其在介入公共卫生事件中的功能和作用。这些专业知识涉及社会工作、公共卫生和医学这三个学科领域。

第一，社会工作理论知识。社会工作是以理论为指导开展服务的专业，在介入公共卫生事件中，医务社会工作者需要掌握社会工作专业的通用理论。同时，也要根据公共卫生事件的特性掌握与该事件紧密相关的理论。公共卫生事件的突发性和迅速蔓延易让感染者陷入危机，由此会导致心理过度紧张和创伤，医务社会工作者要注重发掘患者优势，重建患者治疗和康复的信心。所以，医务社会工作者还需特别了解和掌握以下 3 个理论：一是危机介入理论。公共卫生事件严重破坏了人们的正常生活，医务社会工作者应在短时间内评估公共卫生事件对服务对象的威胁，并调动一切可用资源帮助服务对象应对挑战，恢复新的平衡状态。二是灾后重建理论。公共卫生事件可能导致服务对象的经济、心理等受损，情感支持、心态恢复和功能重建是医务社会工作者服务的重点。三是优势视角理论。医务社会工作者应该评估及运用服务对象的优势，帮助服务对象应对困境和改善生活。

第二，公共卫生健康知识。医务社会工作者需掌握公共卫生健康知识，引导公众养成健康的生活方式，合理利用已有设施，自觉改善个人和集体的卫生状况。医务社会工作者首先要了解疾病的发生、发展、临床症状、并发症、治疗方法以及预后等疾病相关知识；其次疫情的迅速蔓延易造成群众的焦虑和恐慌心理，严重者甚至会出现心理创伤。因此，医务社会工作者要了解和掌握公共疾病的传播和预防教育方法，通过多种渠道向高危人群、特殊困难人群及社会公众开展公共疾病预防知识宣传教育，促使公众正确了解相关知识，缓解心理的过度紧张，提高自我防护意识和能力。

第三，医学病房管理知识。在介入公共卫生事件中，医务社会工作者需协助医务人员管理和协调病患的问题。新冠病毒感染的突发性给医院的医疗和救治带来了很多考验，为此，医务社会工作者应该及时协助医护人员制订解决方案，协助和管理不同病种的患者，这就需要医务社会工作者了解和掌握医疗护理基础知识、基础医学知识和病房管理知识，以帮助医务人员合理有序地管理在院患者，减轻医务人员的工作压力。医务社会工作者还应熟悉医疗机构的部门设置、医疗设施、工作流程和管理章程等方面的知识，便于在需要时协调各部门关系，提高社会工作者服务效果。

第四，医疗福利政策知识。医务社会工作者在介入公共卫生事件时，不仅要为服务对象提供心理疏导服务，还需要提供政策咨询和进行资源链接。因此，医务社会工作者还需了解我国现行的社会救助政策、社会福利政策、医疗服务政策、全民健康政策和公共卫生政策，才能帮助服务对象解读政策信息并链接合适的政策资源。

（三）实践能力

医务社会工作者是以实践为本的专业，具备专业实践能力是服务的关键。综合公共卫生事件的特点和医务社会工作者的专业优势，本研究总结了下述医务社会工作者在应对突发公共卫生事件时需要具备的实践能力。

第一，咨询与辅导能力。根据服务对象的情况提供相关的咨询和辅导服务，可以缓解服务对象的心理压力，减少事件对个人及家庭造成的影响。咨询与辅导可以分为两个阶段：第一阶段，专业关系建立。在该阶段，医务社会工作者首先要掌握支持性、引领性和影响性等多种沟通技巧，通过有效沟通让服务对象感觉到被尊重和接纳，与服务对象建立良好的专业关系；其次要具备提供咨询的能力。根据服务对象的需要提供即时咨询服务，让服务对象理性地看待公共卫生事件。第二阶段，问题介入。在该阶段，医务社会工作者要对初次入院的患者提供情绪疏导，协助患者尽快适应环境，减少不安心理，积极配合治疗；也需要为医务人员提供心理辅导，协助其缓解心理压力；同时，医务社会工作者还需寻找适切的方式与患者沟通以及协助失去亲人的家属进行哀伤辅导，缓解家属的担忧和悲伤情绪。

第二，资源统筹的能力。公共卫生事件的突然暴发导致各地医疗机构普遍出现了防疫物资短缺的问题，为顺利开展服务争取资源是医务社会工作者的重要责任。医务社会工作者介入突发公共卫生事件中资源链接的能力包括4个方面：一是资源评估能力。评估不同领域、不同类型服务对象的需求，按需募集资源。二是资源开发能力。医务社会工作者要与政府部门、民间组织、志愿者等进行沟通，向相关部门和人士提供所需资源的信息。三是资源整合能力。医务社会工作者需做好资源对接和整合工作，记录资源的使用情况，并整合利用现有资源。四是资源分配能力。医务社会工作者要根据服务对象的需求公平合理地分配资源，最大效率地使用资源。

第三，规划管理的能力。医务社会工作者介入突发公共卫生事件时应根据服务对象的问题和需求规划管理项目运行。在服务中，医务社会工作者要

及时分析和总结服务对象的问题和需求，明确服务目标，规划和管理服务方案的实施运行。也要帮助患者建立支持网络，在做好疫情防护的前提下给患者提供多元的支持和服务；同时，要帮助医务人员管理患者，在医院出现人员密集和慌乱的情况下，医务社会工作者应帮助医务人员有序安置患者，维持医院的秩序，减轻医务人员的管理压力。

第四，合作协调的能力。在公共卫生事件中，随着多部门、多领域的介入，医务社会工作者有效协调各方力量并开展有序合作是应对公共卫生事件极为重要的内容。医务社会工作者应发挥专业优势，协调医疗部门、民间组织、志愿者等进行有效合作和分工，有序推动问题的顺利解决。在合作中，医务社会工作者还需考虑不同组织、部门、团队的优势和不足，做到相互支持和谅解，并保持一定的界限，避免越权。

第五，危机介入的能力。公共卫生事件作为危机事件易引起民众的恐慌情绪，在面对这类危机事件时医务社会工作者要采取妥善措施及时介入，首先要正确判断危机源，在危机发生前进行预防，防止因为公共卫生事件的发生让个体和群体产生恐慌情绪；其次要正确选择危机介入的方法和策略，制定介入危机的明确目标、介入方法和策略，将危机的影响降到最低；最后要预测危机事件的后果。危机事件的发生是一个持续的过程，会对公众造成长久的影响，正确预测危机事件的后果，提前介入，增强人们对危机的免疫功能，可预防危机的再次发生。同时要对特殊个案及时进行危机干预服务，帮助患者及家属理性看待疫情，并协助积极治疗和防护。

综上所述，对于公共卫生事件的介入是对医务社会工作者的价值伦理、知识储备和实践能力的考验。本研究尝试凸显疫情背景下医务社会工作者在应对突发公共卫生事件时所应具有的专业能力框架。概括来说，包含了3个维度，共15个方面的能力（如图1所示）。

四、研究建议

目前，在对社会工作者的培养过程中，很少涉及公共卫生事件应对理论、知识与方法等方面能力的培养，导致医务社会工作者的相关能力缺乏。在面对突发公共卫生事件时，医务社会工作者会面临较大的无力感。同时，因疫情的原因，小组、入户探访等服务方式也被迫打乱，日常的服务难以开展。这为医务社会工作者介入当下的疫情防控带来了较大的挑战。因此，本研究

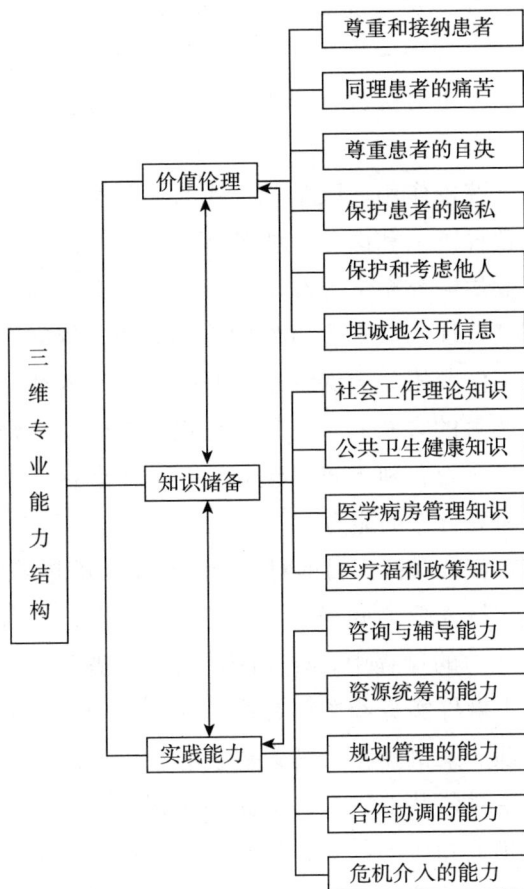

图1 三维专业能力结构

分别从促进在校学生对医务社会工作者相关课程的学习和实践,对在职医务社会工作者持续学习能力和机会等提出建议,以期提升医务社会工作者介入突发公共卫生事件的专业核心能力。

(一) 推动专业教育改革,提高专才培养水平

第一,健全课程培养体系。随着疫情的不断蔓延和反复,医务社会工作者介入疫情防控工作已经成为工作的常态,而以往的医务社会工作者专业培养课程很少考虑疫情背景。为此,本研究建议:首先,在培养过程中,增加公共卫生社会工作的视角和内容,使学生能够掌握公共卫生健康知识、医学病理知识、医院病房管理知识、医学福利政策知识;其次,公共卫生社会工

作课程要结合公共卫生和社会工作两个专业的知识和培养体系设置；最后，课程设置要以"伦理－知识－技巧"三位一体的框架下的专业核心能力的培养为目标。同时，要注重对医务社会工作专业学生专业价值理念的培养，将其作为贯穿课程的核心。

第二，发挥医学院校作用。医学院校作为培养医学人才的基地，具有比较系统的医疗专业教育体系和医疗专业教育资源，可以通过医学专业教师授课，让社会工作专业学生补充学习和了解相关公共卫生问题的专业知识和处理策略，进而提高其处理公共卫生事件的综合能力。依靠医学院校的教学资源，培养医务社会工作者相关的课程设置既能包括医务社会工作的基础理论和知识、医患纠纷调解的方法和技巧，还可设置跨学科、跨团队的暑期实践课和学生研讨会，这些均有利于培养医务社会工作者在应对突发公共卫生事件时的统筹协调、跨界合作的能力。

第三，实行院校实践对接。目前对社会工作学生的培养以学校教育为主，在人才输出与实践领域需要之间尚有一定差距。为此，本研究建议在培养医务社会工作者专业能力的过程中，要实现院校和实践的有机对接。首先，引入具有应对公共卫生事件实务经验的社会工作督导作为校外辅导教师，通过示范练习、角色扮演、案例模拟、情景再现等教学方法，为学生提供丰富的实景体验，增加学生对公共卫生事件的感性认识，使学生理解和掌握应对突发公共卫生事件的相关知识与经验，提高学生在咨询与辅导、危机介入等方面的专业能力；其次，学校赋予社会工作督导一定的职权，使督导可以检查并指导学生完成部分课程作业、引导学生在校外实习过程中学会反思，以更加突显学习的效果。

（二）提供继续教育机会，建立应急流程指引

第一，完善医务社会工作者培训内容。公共卫生事件的突发性、危机性等特征，决定了医务社会工作者需要具备危机介入、资源协调和心理调适的专业能力。因此，持续性的在职训练是非常必要的。首先，加强入职培训，使医务社会工作者适应工作岗位并学习应对突发公共卫生事件的基础知识、伦理决定、介入方法；其次，加强专项主题培训，使医务社会工作者定期更新和掌握应对突发公共卫生事件的专业知识与技巧，以应对突发公共卫生事件中出现的新挑战和新问题；最后，扩充培训讲师队伍，吸纳实务性人才充

实培训在职医务社会工作者的讲师队伍，使初入行的或年资尚浅的医务社会工作者从前辈们分享的工作经验中学习知识和技能，提高自身介入公共卫生事件的专业能力。

第二，强化跨部门的交流学习。公共卫生事件的突发性和持续性需要不同学科背景的工作人员的共同努力，由此才能使得公共卫生事件的处理效果最大化。比如，在突发公共卫生事件中受到伤害、感染疾病或获得治疗后的服务对象需要获得医务社会工作者、心理咨询师、医生、护士等不同专业人员的支持和帮助，方能降低危机后期的影响，从而早日恢复个人功能，过上正常的生活。因此，跨专业、跨部门、跨机构间的培训是非常必要的。为此，本研究建议，医务社会工作者需要跨界学习不同部门的应对手段和方法，了解跨专业、跨部门合作处理公共卫生问题的操作过程和注意事项，以使自身在真正面对突发性公共卫生事件时能够及时协调资源、处理危机，高效发挥各自的力量和优势，及时应对和解决问题，降低公共卫生事件造成的影响和危害。

第三，建立危机应对流程指引。突发公共卫生事件对医务社会工作者来说是一个重大的挑战，同时也是一个总结经验，提高自身能力，凸显专业价值的机会。由此可见，总结本次的应对经验对于医务社会工作者有效应对和介入突发公共卫生事件是非常必要的。为此，本研究建议，邀请在本次疫情中开展服务，并取得了较好效果的医务社会工作者总结经验，共同制定介入突发公共事件的标准性流程和内容。同时，将这种介入标准作为医务社会工作者岗前培训的内容之一，以此来提高医务社会工作者的应急能力。

五、研究总结

医务社会工作在公共卫生事件的介入中具有独特价值，可有效弥补现有医学模式的不足。但是因为医务社会工作者的专业能力不足，常常使其专业优势未能得到充分发挥。由此可见，总结和提高医务社会工作者在介入公共卫生事件时所需的专业能力，是帮助医务社会工作者今后更好地应对类似事件的重要方式。为此，本研究构建了价值伦理、知识储备和实践能力三维的专业能力框架，可为提高医务社会工作者介入公共卫生事件的专业能力提供参考。同时，本研究也建议，通过推动专业教育改革来提高医务社会工作专业学生的培养水平，通过继续教育和建立应急流程指引来提高在职医务社会

工作者的专业能力，帮助医务社会工作者在应对突发公共卫生事件中充分发挥专业作用。

参考文献

［1］习近平：在统筹推进新冠肺炎疫情防控和经济社会发展工作部署会议上的讲话［EB/OL］．（2020－02－26）［2020－04－08］．http://www. xinhuanet. com//2020－02/26/c_1125630904. htm.

［2］黄玉妹，黄政新，谭庆存．广西医务社会工作人才调查［J］．卫生软科学，2008，25（4）．

［3］马凤芝．北京市医务社会工作人才队伍研究：历史、现状与发展［J］．南京医科大学学报（社会科学版），2015，15（4）．

［4］齐建，周文姣．"大健康中国"背景下医务社会工作的现状及对策［J］．卫生软科学，2018，32（12）．

［5］刘斌志，符秋宝．论医务社会工作者的核心能力及培育策略［J］．重庆工商大学学报（社会科学版），2018，35（5）．

［6］钟柳青，雷光和．医学院校社会工作专业课程设置与能力培养研究：以广东医科大学为个案［J］．医学教育研究与实践，2018，26（3）．

［7］张璠，张蕾，艾超．疫情防控中的医务社会工作开展分析［J］．当代医学，2021，27（18）．

［8］JUDD R G，SHEFFIELD S. Hospital social work：Contemporary roles and professional activities［J］．Social work in health care，2010，49（9）．

［9］HOLTZMAN D. Public health social work：An uncertain future［J］．American journal of public health，2017，107（S3）．

［10］TIONG T N. Crisis theory and SARS：Singapore's management of the epidemic［J］．Asia pacific journal of social work and development，2004，14（1）．

［11］花菊香．突发公共卫生事件的应对策略探讨：合作模式的社会工作介入研究［J］．学术论坛，2004（4）．

［12］刘继同．中国重大灾害事故、突发事件医疗救援体系与精神卫生社会工作［J］．社会科学研究，2009（1）．

［13］王志中，顾昭明．社会工作者在应对突发公共卫生事件中的作用［J］．山西高等学校社会科学学报，2004，16（5）．

［14］岳欣恬，宋贤仪，吴家凤．从八仙事件谈医务社工师的角色功能［J］．护理杂志，2016，63（1）．

［15］SPENCE L, RITCHIE J, ORMSTON R, et al. Analysis: Principles and progresses ［M］//RITCHIE J, LEWIS J, NICHOLLS C M, et al. Qualitative research practice: A guide for social science students and researchers. New York: Sage, 2014: 270 – 293.

［16］赵怀娟，宋宇宏，杨正霞. 医务社会工作［M］. 北京：北京大学医学出版社，2015：37 – 75.

［17］赵静波，范方. 疫情心理援助与典型案例剖析［J］. 华南师范大学学报（社会科学版），2020, 64（3）.

［18］张丽剑，李娜. 浅论社会工作中的保密原则［J］. 社会工作，2012（5）.

［19］莫藜藜. 医务社会工作：理论与技术［M］. 上海：华东理工大学出版社，2018：114.

［20］侯国凤，戴香智. 社会工作参与突发公共卫生事件市域治理的角色与作用［J］. 湖北经济学院学报（人文社会科学版），2021, 18（4）.

［21］何欣，王芳，吕玉文，等. 美国公共卫生社会工作专业教育与课程体系：能力为本的分析框架［J］. 华东理工大学学报（社会科学版），2020, 35（5）.

［22］ROWLANDA A. Social work training curriculum in disaster management ［J］. Journal of social work in disability & rehabilitation, 2013, 12（1 – 2）.

［23］彭静，王晨梦，马学思，等. 医务社会工作介入重大疫情防控面临的困境及对策研究［J］. 中国社会医学杂志，2022, 39（4）.

生命的守护：困境婴幼儿生存与安全问题的社会工作干预服务策略分析

钟燕妮①

摘　要： 儿童是国家和社会高度重视的特殊群体，但近年来困境儿童的问题时有发生，如儿童流离失所在街上乞讨、儿童受到虐待、儿童被弃养等。面对困境儿童问题事件，国家和政府相继出台了大量的法律政策，对困境儿童这一特殊群体实施各种救助和保护。但仍有部分困境儿童游离在政策保护边缘，未能及时有效地得到政策的保护，而困境儿童社会工作则能发挥兜底作用以搭建困境儿童保护的政策、服务以及资源整合式输送流程。本文以社会工作介入困境婴幼儿及监护人服务为例，梳理实务服务经验，反思总结社会工作介入困境婴幼儿服务的有效策略。

关键词： 困境婴幼儿生存权益；自我保护能力；监护权责缺失；社会工作服务介入

目前国内关于婴幼儿的服务主要集中于教育和托育等方面，而对于处在极度困境之中婴幼儿及其父母的社会工作服务介入，行业之中较少提及且缺乏行动研究与成熟的服务模式。因此，结合广州市 L 社工站近年来关于困境婴幼儿服务的社会工作服务介入历程及其结果，社会工作者对此方面进行经验总结和进一步探索，以期推进更多身处危机的婴幼儿能够得到基础的生命保护，其生存权和发展权能够得到有效的、基本的保障，促使监护人发挥监护作用，以其中 3 个典型个案为例，对社会工作介入困境婴幼儿的服务策略与模式进行反思，总结在现有社会工作服务体系下基层社工站应对困境婴幼儿服务中的可行性、可操作性方法。

---

①　作者简介：钟燕妮，广州市新跨越社会工作综合服务中心，中级社会工作师。

一、案例个案介入干预

（一）案例背景

案例1：流浪乞讨母婴欲轻生事件。年轻女子谢某，与男友争吵后离家出走四处流浪捡废品，某日凌晨在露天场所临产，路过居民拨打110及120后送往Z街辖内一公立医院，产下一名女婴。当天中午，谢某强烈要求出院，医院本着救助原则没有收取费用同意让其出院，一小时后谢某被发现在附近河边抱着新生儿意欲轻生。

案例2：医院新生男婴被丢弃事件。杨某在生育第一胎后患上产后抑郁，当时夫妻矛盾冲突激烈，办理了协议离婚手续，而两人并未分开居住，仍然保持同居生活，共同抚养大儿子。杨某产后抑郁日渐严重，在医院确诊为精神疾病，时常有不清醒的行为及状态，在这种情况下，杨某怀上了二胎，在Z街辖内医院急诊生产下一名男婴，男婴在新生儿科留观，杨某亲属带杨某私下出院，未办理任何手续。杨某父亲到社工站求助，表示杨某患有精神病，其前夫对其实施强奸，导致杨某怀孕并生下男婴，婴儿在医院无人负责。

案例3：困境儿童从小被弃养事件。非婚私生子小明（化名），其母亲在未婚时生育下小明后，以每月2500元托养给保姆。小明自出生起便在保姆家生活，直到4岁时保姆发现无法联系上其母亲，但银行账户偶尔会有小明的照顾费汇款转账。保姆把小明从小照顾长大，与小明有深厚的感情，即使他的生活费时有时无，但仍将小明照顾得无微不至。直至小明6岁时，保姆发现已经有很长一段时间没有收到生活费，并且随着保姆年龄渐长开始有各类老年人慢性疾病，而儿子成年后面临婚姻成家，家里已无法再有单独房间给小明居住。保姆在激烈思想斗争下最终选择带着小明来到社工站求助，表示自己再无能力照顾小明。

（二）案例问题及需求分析

在困境婴幼儿紧急求助案例中，个案问题及需求通常较为复杂，涉及政府政策保护、紧急庇护场所保障、生活安全保障、心理关爱等多方面问题。

1. 案例问题

困境婴幼儿因监护人能力缺失或监护照顾临时变化而面临生存、生活保

障风险。如案例1新生女婴因生父母之间的矛盾而面临被轻生的危机，案例2新生男婴因生母精神疾病缺乏清醒理性的思维而面临被遗弃的生存困难，案例3困境幼儿因生父母的失联、保姆的无力继续照顾让他面临被遗弃的生存危机。他们都需要合适的监护人，使其能发挥应有的监护权责，以及合适的成长环境让困境婴幼儿得以健康成长。

2. 困境婴幼儿自身需求分析

（1）困境婴幼儿的生存权受到威胁，因为监护人的监护失责，导致困境婴幼儿身处危险的环境，生命安全需要得到保障。

（2）当前监护人的家庭关系矛盾、监护意识和角色缺失等问题需要得到缓解，夫妻双方的矛盾解决后带来家庭关系的和谐或继续明确相关监护照顾义务和角色，发挥家庭监护及照顾功能，给困境婴幼儿营造合适的成长环境。

3. 社会环境与政策分析

（1）困境婴幼儿庇护场所增设需求。案例发生时社会上对于困境婴幼儿的庇护场所缺失或存在相关指引不明晰，缺少临时过渡性场所协助服务对象得到紧急庇护。

（2）未成年人政策保护的需求。当时社会关于困境婴幼儿的政策保护不够完善，在需要法律政策介入时，缺乏有效的指引及救助。

（3）多部门联动的需求。案例存在政府政策、法律法规、生活保障、心理关爱等多方面需求，即使政府部门发挥了主导作用，仍免不了陷入"由哪个部门牵头、无人牵头"的困境。

（三）服务策略

1. 理论运用

案例理论运用的是马斯洛需求层次及生态系统理论（如图1所示）。

社会工作者在应对困境婴幼儿服务中，结合马斯洛需求层次与生态系统理论，全面分析评估个案需求。在制订个案介入计划时，社会工作者优先保障困境婴幼儿的生命安全，促使监护权正当行使，在当前整合资源及在政府主导下，协助解决个案困境，开展心理辅导，促使家庭关系的矛盾化解，最终能让困境婴幼儿回归到健康安全充满爱的环境中。

2. 目标制定与服务安排

目标：困境婴幼儿的生命安全得到保障，回归到合适的家庭环境中成长。

图 1 马斯洛需求层次理论

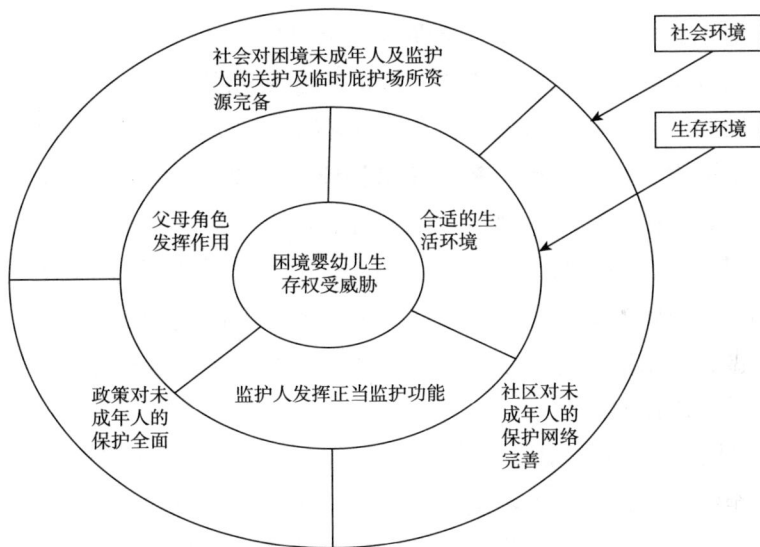

道德观 创造性
自觉性 解决问题
没有偏见 接受现实　　自我实现

自尊 信任 成就 尊重　　尊重

友情 亲情 爱情　　爱/归属

人身、财产、职业、家庭、健康、道德的保障　　安全

呼吸 食物 水 性 睡觉 机体平衡 排泄　　生理

图 1 马斯洛需求层次理论

社会环境

生存环境

社会对困境未成年人及监护
人的关护及临时庇护场所资
源完备

父母角色
发挥作用

合适的生
活环境

困境婴幼儿生
存权受威胁

政策对未
成年人的
保护全面

监护人发挥正当监护功能

社区对未
成年人的
保护网络
完善

图 2 以生态系统角度分析个案需求

第一阶段：社会工作者紧急介入，联系政府相关职能部门，让困境婴幼儿及当前困境妇女有临时庇护场所可以安置，迅速保障其生命安全的基本需要。

第二阶段：社会工作者对个案中相关人员（前夫、家属、困境儿童等）开展心理辅导，调解家庭矛盾或雇佣关系矛盾，促使化解矛盾，提升监护人监护意识并发挥其合适的监护作用以满足困境儿童的生活照顾保障及关注中长期的家庭保护（照料）质量。

第三阶段：社会工作者联动政府、司法、医院等多部门，促使未成年人

社区保护网络功能更加完善，以推动长期的辖内基层困境儿童服务联动机制建立及持续有效运作。

（四）介入过程

1. 案例1：流浪乞讨母婴欲轻生事件跟进干预

（1）社会工作者迅速带上站内爱心衣柜物资（衣服、包被）赶到现场，给新生女婴做好保暖，协助警察问话了解信息。

（2）街道工作人员给谢某母女俩买来饭、奶粉、奶瓶、纸尿裤。社会工作者安抚谢某情绪，协助她尽快进入母亲的角色；街道工作人员同时与上级部门沟通，希望能尽快给该母女俩提供温暖有保障的场所。

（3）社会工作者与街道工作人员沟通临时庇护场所安置问题。根据现行政策，谢某母女如前往未成年人保护中心，必须母婴分离，因婴儿是有母亲为监护人陪同的，不符合未成年人保护中心救助范围；如前往救助站，也不在其救助范围内。傍晚，街道领导作出就地救助指示，分三步走，一是街道提供经济上的支援，让母女俩到酒店暂住，同时继续与其他部门沟通，争取有更好的保障方案给予母女俩；二是社会工作者把谢某母女送往酒店暂住，由社会工作者照顾，时刻关注母女俩身心状态，及时给予辅导帮助；三是公安部门根据公安系统信息继续联系婴儿生父，协助两人解决矛盾，争取让婴儿生父把母女俩接回家照顾。

（4）谢某母女俩在酒店入住，社会工作者每天上门买早餐、午饭、晚饭。谢某自始至终都不愿意与外界交流，社会工作者耐心地询问她自己的想法与情况，协助谢某随时关注女婴的情况，给婴儿喂奶、擦洗、换尿片等。根据谢某的情况，社会工作者对产褥期的保健给予指导知识，协助谢某及时转换角色，逐渐适应妈妈的身份。

（5）社会工作者保持与民警的积极联系，根据民警提供的电话联系谢某男友，在其男友来到社工站后，社会工作者及时安抚了他愤怒与焦躁的情绪，并且进一步了解两人争吵的心结矛盾。在了解情况后社会工作者及时反馈民警，有利于民警与其男友的下一步沟通。民警对其进行法律知识普及与耐心劝说，使其男友意识到作为新生女婴的父亲该尽的责任与义务，担当起家庭责任，最后引导两人见面，促进了双方的沟通，两人最终和解。

2. 案例2：医院新生男婴被丢弃事件跟进干预

（1）社会工作者首先了解杨某的精神状态与现状，安抚服务对象（杨某父亲）的情绪，协助其厘清当下情况，让服务对象理性分析。服务对象一度情绪愤怒，社会工作者表示理解身为父亲对于女儿受到伤害的愤怒与难过，提供情感支持，及时排解服务对象的不良情绪。

（2）社会工作者与医院对接了解男婴的情况，得知男婴很健康，目前在新生儿科由护士们轮流照顾，医院向社会工作者表示希望其家属尽快来接男婴。

（3）根据服务对象提供的信息，社会工作者迅速对接联动居委会、派出所、司法局、妇联等相关部门，司法局派出援助律师，积极协助杨某争取有关权益保护。

（4）社会工作者积极联系杨某前夫李某，多次通话后促成面谈，做思想工作，分析利弊，劝导他负起父亲的责任。

（5）经历半个月做通各方思想工作后，社会工作者推动召开了见面协调会，在医院会议室里，社会工作者、医务科主任、杨某、杨某父亲、杨某前夫等参加了调解。最后杨某前夫同意与男婴共同做亲子鉴定。一周后，亲子鉴定结果显示杨某前夫与男婴为父子关系，男婴被生父接回家。

（6）男婴被接回前夫父母家里照顾，超出本街社工站服务辖区，经过杨某前夫的同意后，社会工作者把男婴的情况转介至其所在地街道社工站进一步提供服务。同时社会工作者协助服务对象对当前的情况作总结，肯定过程中双方对事件积极解决的态度，协助服务对象及时调整对未来的新规划。

3. 案例3：困境儿童从小被弃养事件跟进干预

（1）社会工作者接到求助后，陪伴保姆到派出所报警，向街道办事处及居委会汇报，沟通相关情况，安抚稳定保姆情绪，同时对孩子展开心理和学业辅导。社工链接整合到慈善资金，让保姆能暂时继续在当前环境下照顾小明。派出所继续寻找其生父母，但一直没有正面的回应结果。

（2）在小明8岁暑假时，保姆再次表示不能继续照顾小明，并在司法援助律师的帮助下，在法院提请对其生父母诉讼，要求把孩子接走并赔偿几年以来对小明的生活费用支出，其后把孩子遗置在法院。从司法角度看，小明在过去因生父母断断续续地支付酬劳，临时照顾者（保姆）能够对他有生活保障，并未受到打骂、虐待等行为，故在遗弃罪的判定上，生父母未达到构

成犯罪的行为。在属地派出所接警后，查询到此男孩有户籍，通过户籍人口资料查询到其外祖父母信息，但联系外祖父母后其不愿到派出所接领孩子，司法机关定义为民事纠纷把孩子移交当地民政部门。公安机关不予立案使得小明直接缺失司法保护。目前小明落户于生母户籍，而生母失联，外祖父母不愿接收孩子。社会工作者向法院进一步了解情况得知，小明生父不愿承担监护抚养义务，生母于数年前办理出境无法传唤，目前正处于诉讼中。但是依靠诉讼途径很难在短时间内得到结果，按照本案当前的情况，诉讼期间小明的生活照料、临时监护抚养权皆无着落，然而按照现行相关规定，福利院只能接收司法机关送去的儿童，在本案中公安机关并不予立案，小明无法前往福利院。

社会工作者紧急联系街道办事处、居委会、救助管理站、派出所等相关部门，街道领导指示社会工作者把小明带回社工站，社会工作者作为临时照顾者，基层社工站成立"爱心保卫队"24 小时陪伴小明。

（3）一周后，经街道办事处的努力争取和多部门的协作，根据广州市在2019 年成立未成年人救助保护中心的规定，小明被送往未成年人救助保护中心进行临时照料。

但未成年人救助保护中心并不具备教学和生活等功能，只是承担临时照顾过渡性工作。《中华人民共和国义务教育法》第二条规定，义务教育是国家统一实施的所有适龄儿童、少年必须接受的教育，是国家必须予以保障的公益性事业。如小明生活在未成年人救助保护中心，便剥夺了孩子的义务教育权利。

（4）为了保护小明的义务教育权，街道办事处与教育局积极沟通，在新学期即将开始时，在未成年人救助保护中心暂住了 1 个多月的小明，被安排到某具备住宿条件的小学就读，周末返回未成年人救助保护中心居住，社会工作者作为"临时父母"每周接送，关注并监测小明的学习适应等心理状态。小明终于暂时过上相对安稳的生活，周一至周五在学校，周末在未成年人救助保护中心，社会工作者仍然是小明的"临时父母"，处理学校老师各项功课叮嘱，完成心理辅导、生活照顾等。

（5）司法诉讼继续进行，因小明生父已有家庭，并已生育孩子，其中一个孩子与小明同年，对于小明的存在，生父的现家庭极其排斥抗拒，尤以现妻子最为坚持。但在法律方面，其生父是必须承担起抚养责任与义务的，法官、律师和街道办事处工作人员在"情、理、法"多方面对其生父做工作，在小明生母出境无法传唤的情况下，综合多方考量，本着儿童利益最大化原则，最终法院把小明监护权判决给生父。

（6）判决结果下来后，社会工作者给小明做心理辅导，让他明白接下来的生活转变，协助其在伤害最小化的情况下面对生活的改变。在社会工作者的陪伴下，小明跟着生父回到家里。但因生父的要求，不愿小明与以前的生活有联系，明确表示不愿意社会工作者再与小明有进一步的接触。社会工作者给小明写了一封信，写下对生活的叮嘱，肯定他成长过程中对生活和学习的积极态度，鼓励他勇敢面对未来的生活，写下祝福，希望他带着暖暖的祝福和满满的正能量去应对今后的生活。

（五）个案介入成效

1. 在社会工作者紧急介入下，多部门联动，困境婴幼儿及当前困境监护人都得到了临时性庇护场所和适切的温饱配套支援，如流浪困境母婴安置在酒店，困境儿童安置在未成年人救助保护中心，在临时性庇护场所里，个案都得到了短时间生命安全的保障。

2. 社会工作者与个案中相关人员开展心理辅导及矛盾调解，如产后抑郁女子与前夫之间、产后抑郁女子父亲与前女婿之间、流浪困境女子与男友及现家庭之间，促使家庭的矛盾化解，解开心结，能够发挥合适的监护人角色作用。在困境儿童小明的生活照顾、心理安全照顾上，社会工作者作为"临时家长"时刻关注，从"伤害最小化"的角度协助政府、司法部门开展工作。

3. 通过案例的服务情况，社会工作者与政府、司法、医院等多部门联动，搭建了困境未成年人基层社区保护安全网络，促使网络发挥作用，功能更加完善；同时通过困境儿童小明的案例，反馈未成年人保护的未完善之处，从下至上推动未成年人保护场所的建设。

二、社会工作介入困境婴幼儿服务的策略与路径

（一）服务主要策略

社会工作者在应对困境婴幼儿服务中，坚守一个原则：保护儿童利益最大化，降低儿童伤害；以困境服务守护机制为执行指导，关注困境婴幼儿的

生态系统，全面评估生存、家庭、社会环境方面的需求，联动政府职能部门、司法部门、医院等多部门，整合链接社会资源，协助困境婴幼儿回归合适的家庭生活环境，监护人能发挥恰当合适的监护功能作用（如图 3 所示）。

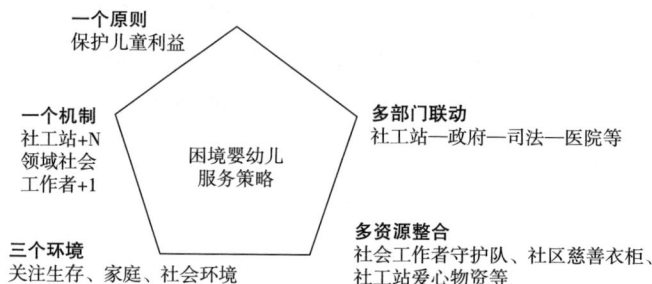

图 3　困境婴幼儿服务策略

（二）服务路径

社会工作者服务路径中，以粗实线箭头路径为主要个案跟进目标发展线，双实线箭头线为社会工作者跟进个案中强而有力的支撑补充，单线箭头线为社会工作者专业服务发展阶段，虚线箭头线为案例对于社会救助保护政策关于困境婴幼儿保护工作中起到的"发现问题—反馈—修订"的倡导作用（如图 4 所示）。

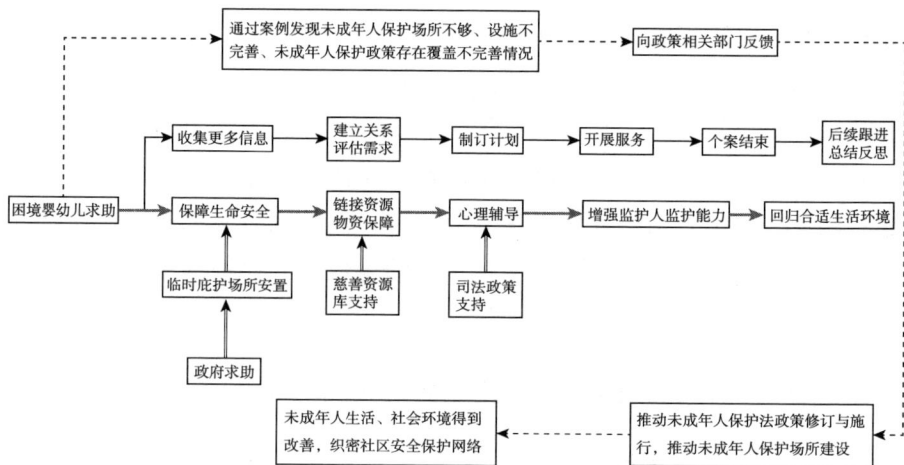

图 4　社工介入困境婴幼儿服务路径

三、社会工作介入困境婴幼儿服务经验总结

（一）社会工作介入困境婴幼儿服务发挥的专业作用

1. 遵循社会工作专业伦理，以儿童利益最大化为考量

社会工作参与在困境婴幼儿保护中，有着一套科学的评估体系，如生存需求、发展需求、受保护需求、社会化需求等，在服务中需要社会工作者有更多的理解、尊重和支持，而社会工作的价值观理念与专业方法技巧，正好能契合指导社会工作者介入困境婴幼儿保护服务。困境婴幼儿缺乏一定的自我保护意识与能力、缺乏自我选择的自主性，社会工作者坚持尊重儿童的生命权，以保护儿童权利为目标，以儿童利益最大化的原则，优先保障儿童的生命安全，科学评估家庭的照顾体系和照顾能力，与服务对象及家属强调尊重和保护儿童的权利，最大化地减少对困境婴幼儿的伤害，从困境婴幼儿的角度去思考评估整个家庭系统、照顾系统，建构健康、合适的成长环境并作出适当的专业建议、整合多方力量协助安置介入实施。

2. 重视家长的监护权功能与家庭保护贯彻落实，营造合适的成长环境

家庭作为儿童成长最适宜的场所，是个体心理、生理、情感等发育的最初场所，家长承担对儿童的主要监护职责、家庭保护行使职责。受社会环境、社会交往、夫妻双方情感交流等复杂因素影响，家庭形态和家庭议题多样，有些家庭会出现对儿童的监护权责缺失的现象。但对于困境婴幼儿的成长，父母始终作为首位合适的监护人员，社会工作者在跟进案例中，也在不断地协助家长进行自我调整，发挥合适监护功能与作用，在保障困境婴幼儿安全的前提下回归家庭环境。

3. 促进多部门多元参与，构建社区儿童生命保护体系

在困境群体服务中，基本上形成了以"政府主导、民政牵头、部门联动、社会参与"的模式，而在实际案例服务过程中，政府部门即使发挥了主导作用，仍免不了陷入"由哪个部门牵头、无人牵头"的困境，案例通常还存在政府政策、法律法规、生活保障、心理关爱等多方面需求。在本文案例中，通过政社联动、医社联动，社会工作者串联起多方主体，充分发挥社会工作专业优势，构建完善困境儿童在社区的保护框架和体系，进一步织密困境儿童的社区保护网。

（二）社会工作介入困境婴幼儿服务的专业优势

1. 专业价值与伦理在个案中的运用

社会工作者以专业价值观为核心，以人为本，始终报以尊重、接纳、平等的态度，在服务困境婴幼儿个案时，相信尊重监护人的能力，尽力发展监护人的能力以协助其渡过难关，过程中即使社会工作者遇到挫折也愿意为个案不懈努力，在个案各相关方之间协调，促进多元平等对话。

困境婴幼儿个案中必然存在各种伦理困境，如男友希望流浪困境女友放弃妊娠的伦理困境；精神女病患无法抚养男婴，前夫不愿意抚养男婴的伦理困境；保姆最终把困境儿童遗弃在法院门口的伦理困境。社会工作者需要综合各方情况及影响因素，以不批判、接纳的工作态度，协助服务对象理性厘清现状，以服务对象自决为原则作出困境中的选择。

2. 社会工作者多重角色在个案中的运用

在案例中社会工作者扮演不同的角色身份，运用多重专业角色。

社会工作者是使能者，利用社会工作的专业知识与技巧使个案能够发挥自身能力，发生改变。例如协助流浪困境女子尽快适应妈妈角色，发展能力发挥合适的监护功能，与男友和解，二人共同照顾女婴；通过劝导精神女病患前夫，召开各方见面会，引导双方敞开心结化解矛盾，最终达成和解，其前夫把男婴接回家中照顾。

社会工作者是资源整合者，根据个案需求联系各方资源，例如慈善爱心资源库提供给流浪困境母女的衣物，社会爱心人士对于该母女的捐赠等；在个案中多部门联动，社会工作者联动多部门合作，共同协助解决问题，例如从小被弃养的困境儿童。

社会工作者也是倡导者，在案例跟进中发现未成年人保护政策存在不完善的地方、未成年人保护场所少的问题，及时反馈相关职能部门，促使其完善救助政策。

（三）社会工作介入困境婴幼儿服务的遵循原则及注意事项

首先，在困境婴幼儿个案服务中，社会工作者较容易把解决困境婴幼儿当前危机作为目标，以问题为导向，而实际应考虑困境婴幼儿整个系统与环境，例如困境婴幼儿自我保护能力低，生存权益被威胁，监护人的监护权责正当发挥也是需要重点回应的需求，所以社会工作者在开展困境婴幼儿服务时，以保护儿童利益最大化为原则，把最终目标定为困境婴幼儿回归合适、安全、健康的成长环境。

其次，在个案服务过程中，因为困境婴幼儿案例通常涉及政府政策、法律法规、生活保障、心理关爱等多方面需求，需要政府职能部门、司法部门、社会资源等多部门联动，容易陷入"由哪个部门牵头、无人牵头"的困境，社会工作者容易受到挫折打击，对个案有无从入手的无助，这时需要社会工作者不断坚定自己的初心与使命，不轻言放弃，把握合适的尺度与分寸，耐心与多部门联动，保障困境婴幼儿生存权益，协助兜底保障工作，发挥补位作用，做到帮忙不添乱。

再次，在困境婴幼儿个案中，通常涉及各类法律法规政策，如《儿童权利公约》《中华人民共和国未成年人保护法》《中华人民共和国义务教育法》《中华人民共和国收养法》《中华人民共和国婚姻法》《中华人民共和国妇女权益保障法》等，以及地方法规政策《广东省未成年人保护条例》《广州市未成年人保护规定》《广州市监护困境儿童安全保护工作指引》等，需要社会工作者熟悉了解相关法律法规及相关政策等，在为困境婴幼儿争取权益保障时能有法可依、有例可循。

最后，社会工作者在应对困境婴幼儿个案时，发动社工站的力量，成立爱心守护队，建立困境服务守护机制，设立后勤支援岗（社工站＋N）、前线守护岗（领域社会工作者＋1），前线守护岗社会工作者在收到紧急求助时，会马上出动奔赴现场，后勤支援社会工作者根据现场社会工作者反馈情况及时准备物资，如保暖衣物、棉被、饭、水等送往现场。社会工作者分工合作，角色定位清晰，在困境群体求助时能够快速协助解决困境。

社会工作介入社区防灾减灾工作实践探索

——以广州市黄埔区黄埔街大吉沙岛"山竹"台风介入为例

徐楚钧①

摘 要： 社区是防灾减灾工作的基层落脚点，如何有效提升社区防灾减灾能力至关重要。本文以广州市黄埔区黄埔街大吉沙岛"山竹"台风介入为例探索社会工作介入社区防灾减灾工作，主要结合社会工作的专业价值理念及专业优势，对过往灾害服务经验进行整理，从而快速评估居民转移安置环境，分层分类为特殊群体提供精准服务，并从流程机制几方面探索回应我国现行灾害救援体制的不足，以不断完善我国灾害救援体制，促进灾害社会工作的专业发展。

关键词： 社区防灾减灾；居民转移安置；流程机制；经验整理

中国是世界上自然灾害最为严重的国家之一，灾害种类多，分布地域广，发生频率高，造成损失重，每年因自然灾害导致近 1000 亿元的经济损失。我国现行的灾害救援体制对灾前介入的关注较少，对受灾居民转移安置环境欠缺评估，目前的救灾工作更多侧重社会经济方面的恢复，对于受灾居民的人文关怀相对较少，使得救灾工作形式单一，效果有限。

灾害社会工作的介入可以一定程度上弥补这样的缺陷：关注受灾居民转移安置的环境评估，在提供物质援助的同时，提供精神援助和心理疏导，激发受灾居民本身的主观能动性，化"被救"为主动的"自救"。帮助受灾居民寻求建设性的解决方案，促成其过正常人的生活；在维持灾区稳定、解决灾区问题、提升灾后重建工作质量等方面起到重要作用。我国实践探索表明社会工作者队伍已成为防灾减灾救灾队伍中一支不可替代的、重要的专业力

---

① 作者简介：徐楚钧，广州市北斗星社会工作服务中心，高级社会工作师。

量。本文以灾前居民安置转移为载体，整理过往社会工作介入过程的经验，总结安置环境评估维度、特殊群体分层分类介入内容，探索社会工作介入防灾减灾工作流程，完善救灾工作形式。

一、黄埔街大吉沙岛开展防灾减灾工作的背景

黄埔街大吉沙岛总面积为 127.28 公顷，是广州市黄埔区黄埔水域的一个江心岛，位于广州市黄埔区鱼珠东南的珠江江心，与长洲岛、黄埔港对望，周边岸线长 6.02 千米。目前岛上共有居民 439 人，其中长者占比约 18%，儿童占比约 6%，其余均为中青年。中青年以外出务工、出海打鱼为主，忙于生计。长者则留在岛上，以耕种为主，日出而作，日落而归。学龄前儿童早上外出上学，放学后回到岛上居住，幼儿则由家中长者照顾。

在广州现有的 70 多个岛屿中，大吉沙岛是唯一一个不通车，没有桥，进岛必须抛弃现代化工具，依靠轮渡船才能进入的地方，陆路不通，水路不便，交通问题成了制约大吉沙岛发展的最主要问题。由于小岛地处位置特殊，强台风袭击珠江口时，台风极易把江水往小岛倒灌导致水浸，沿江边的居民房屋会受到严重破坏，若不及时转移，居民也将会面临生命危险。

二、社会工作介入黄埔街大吉沙岛防灾减灾的过程与事件

（一）快速组建社会工作应急队伍，搭建高效的政社联动机制

收到台风预警信号，黄埔区及时启动相关预案。黄埔街党工委也迅速行动，召集街道各部门及社工服务站召开防台风动员会。考虑大吉沙岛地理位置的特殊性及灾害工作的复杂性，街道成立了大吉沙岛防台风工作专项小组，社工站也是专项小组中一支重要的力量，主要协助街道开展岛民的转移后安置工作，包括基础生活安置、休息安置、活动安置及突发事件处理等。

面对来势汹汹的"山竹"台风，在街道党工委的指导下，社工站迅速组建了社会工作者应急队伍，形成应急队伍架构及分工（如图 1 所示）。应急队伍由社工站站长担任组长，副站长担任副组长，项目资深社会工作者担任核心组员，并根据安置工作需要，把组员分为物资组、服务组及后期组，迅速开展大吉沙岛居民的安置工作。

在安置工作上，一切听从指挥，为了确保各项工作各项任务无缝对接及

顺畅沟通，社工站站长直接对接街道公共服务办公室主任，实时动态汇报。汇报内容主要包括安置居民的基本情况，如数量、性别比例、年龄分布；居民的生理及心理状况；所需要的物资及安置情况等。公共服务办公室接收社工站站长信息反馈后，如需街道其他部门及上一级部门支持的，便立即沟通协调，第一时间给予社工站支持，接着由社工站开展居民服务，解决居民的问题，形成服务闭环。街道高度重视居民的安置问题，并对社会工作者给予高度信任，有效促进高效的政社联动。

各岗位社会工作者人数配置及职责内容如下（如图 1 所示）：

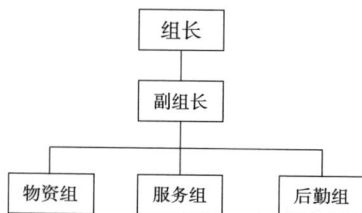

图1 社会工作者应急队伍架构

组长：由社工站站长担任，统筹安置工作，制订居民安置工作计划并及时向街道、机构等汇报相关情况。

副组长：由社工站副站长担任，制订并落实居民安置工作计划，监测执行进度等情况并及时向组长汇报工作。

物资组：配备 3 名社会工作者，主要负责物资进出库统计，协助物资装卸，监测物资使用情况。

服务组：配备 2 名社会工作者，主要负责居民需求收集及评估，并对有情绪状况的服务对象开展专业服务等。

后勤组：配备 2 名社会工作者或社会工作者助理，主要负责居民安置指引，物资派发等工作。

（二）制定完备的介入流程，确保各项工作规范化开展

针对社区应急性公共事件，需要有较为完备的干预流程，以便能在最短的时间内对危机进行识别和提供必要的介入工作。结合此次社会工作介入台风灾害工作，梳理总结服务流程如下（如图 2 所示）。

```
┌──────────────────┐        ┌────────────────────────────┐
│   召开街社会议    │───────▶│ 1.落实安置地点              │
└──────────────────┘        │ 2.落实安置人员情况（数      │
         ⇓                   │   量及人员情况特点）        │
┌──────────────────┐        │ 3.具体事件经过              │
│ 项目负责人上报机构支援、│   │ 4.明确社会工作职责/角色     │
│       报备       │        └────────────────────────────┘
└──────────────────┘
         ⇓
┌──────────────────┐        ┌────────────────────────────┐
│ 成立危机干预小组，开展紧│   │ 明确职责，小组设立组长      │
│ 急介入会议、初步分工│────▶│ 和执行组员                  │
└──────────────────┘        └────────────────────────────┘
         ⇓
┌──────────────────┐
│ 进一步了解事件详情及造│
│ 成的影响程度     │
└──────────────────┘        ┌────────────────────────────┐
         ⇓                   │ 1.现场环境                  │
┌──────────────────┐        │ 2.居民需求(重点居民与一般居民)│
│     实地评估      │───────▶│ 3.现场物资配备              │
└──────────────────┘        │ 4.个别居民需求等            │
                             └────────────────────────────┘
         ⇓
```

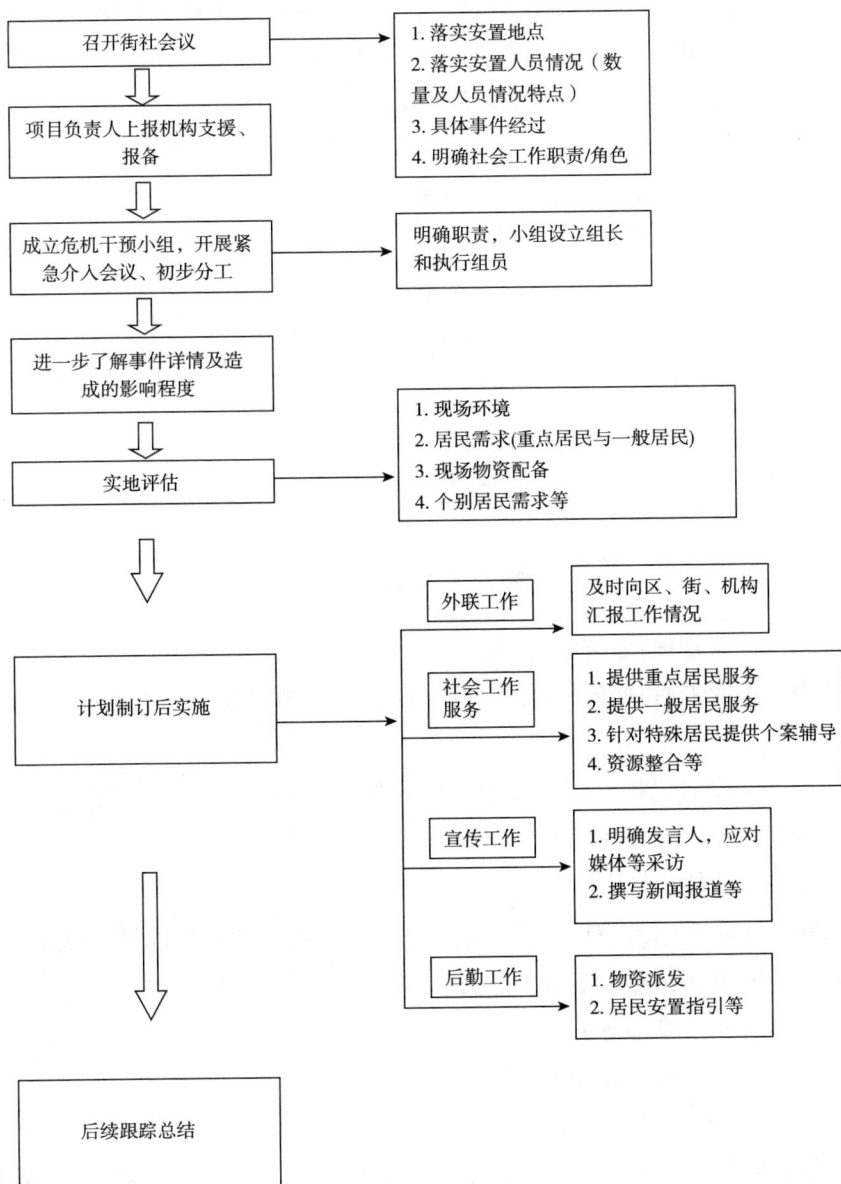

图 2   社会工作介入防灾减灾工作流程

第一步：初步评估，成立小组

在事件发生后，社工站站长要立即组织召开简短会议，成立危机干预小组以及明确具体职责分工，并填写好危机小组成员分工明确表，明确职责。

在小组职能分工方面，干预小组需要设立组长和执行组员两类角色，组

169

长一般要求由社工站站长担任，执行组员一般要求由各服务领域的服务主管担任。同时小组要有对外发言人、涉及人员状态跟进人、社会工作跟进人以及相关后续服务应对人四大功能角色（如图3所示）。

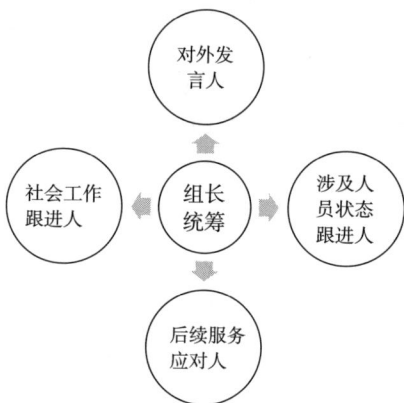

图3　小组角色分工

第二步：完善评估，制订方案

社会工作者需对现场环境、安置人员情况及所需资源进行评估，制订服务方案。

现场环境评估包括：必要生活设施，如出入口、卫生间、洗漱间等；必要生活条件，如水、电等。现场区域面积，如面积大小、空间位置等，以便于有效地设置功能区域。

安置人员情况包括：对象类型、对象需求，尤其是重点关注对象的身心情况。

所需资源情况包括：基本生活资源（床、被子、毛巾、洗漱用品等）、基本生存资源（水、食品等）。

结合以上，制订介入计划方案。

第三步：实施干预，优化方案

根据计划，实施干预，分步介入。对外新闻发言人，与街道联系，听取街道建议，共同商讨并达成一致。涉及人员状态跟进人给予情绪支持与疏导，有需要的进行个案或小组工作介入。后续服务应对人根据社区特点、居民身心状态进行回访等工作。定期对计划进行检视，反思工作，适时优化方案。

第四步：危机追踪，工作总结

危机结束后，需根据社区特点、居民身心状况回访跟踪，并做好各项工作总结，以便梳理工作成效。

（三）快速熟悉及布置安置点，派发生活物资，缓解居民实际生活困扰

1. 摸查安置点环境并进行基础布置

了解居民安置区域、安置点出入口、洗漱间等与安置居民生活有关的各设施分布情况，有利于制作相关指引并做好居民的安置管理。

在居民到达安置点前，社会工作者要清楚场地管理方对于场地使用的要求，并结合安置需求，制订安置点的布局方案及管理方案。包括在现场划分服务区域，并打印各功能区名称，如休息区、娱乐区、洗漱区等，便于居民第一时间熟悉。同时在场地显眼位置列举出居民需要注意的事项。

2. 实时了解居民需求，制订社会工作服务方案

面对到达安置点的居民，社会工作者先安排居民进行个人信息登记并派发基础生活物资，指引居民到休息区域休息。

居民安置好后，社会工作者立即向随行队伍负责人了解该批次安置居民中是否有需要特别关注的对象，并针对特殊对象进行需求了解。同时，社会工作者分组分工对现场的一般居民通过访谈聊天等方式收集需求。需求收集后尽快整理，再由社会工作者各自发送给副组长汇总。当掌握到有需要介入的居民后，副组长联动服务组社会工作者马上开展介入，及时舒缓居民情绪，缓解其焦虑。

对居民需求的评估贯穿整个过程，实时动态掌握安置点居民的需求。同时，社会工作者及时把居民情绪和需求反馈给公共服务办公室，搭建居民与街道沟通的桥梁。

（四）精准评估居民需求，提供分层分类针对性服务

此次转移到安置点的居民约 300 人。这 300 名居民年龄跨度较大，涉及长中青少，其中也有行动不便的长者及需要照看的儿童。社会工作者快速对重点居民的情况进行了解及评估，把服务对象分为重点关注对象及一般对象两大类进行介入，并动员年轻的居民组建临时志愿者服务队伍协助社会工作者开展后勤保障工作。

经过分类评估，重点关注对象共 15 名，包括 10 名高龄长者、5 名残康人

士。另外，20 多名儿童的需求也需关注。

针对重点关注对象，社会工作者采取 24 小时轮班制开展支持服务，重点关注高龄长者及残康人士的身心健康。社会工作者为重点对象建立微档案，了解其身体情况及心理状况，及时向医疗团队反馈，并联动现场医疗团队解决他们身体不适的问题；对于心理状况不稳定，存在过度担忧、焦虑、抵触情绪等的对象，社会工作者以个案辅导形式进行介入跟进。

个案：何伯，78 岁，是被转移到安置点的居民之一。在安置的第二天凌晨 3 点突发胃痛，社会工作者听到何伯呻吟随即介入。在迅速了解何伯胃痛的情况后便联系了现场医护，医护及时进行治疗，缓解了何伯胃痛。

何伯逐渐舒缓过来，在与何伯聊天过程中，社会工作者发现他因担心台风破坏自己的家园，一直很焦虑，吃不下饭，也睡不着，因此引发了胃痛。社会工作者一边安抚何伯，舒缓他的焦虑感，一边将岛上台风资讯告知，当何伯知悉现时岛上情况尚好时放下了心头大石，渐渐入睡。

针对一般对象，社会工作者提供情绪舒缓服务、减压、文娱康乐及资源匹配对接等服务。在被转移的居民中，部分居民对于转移到安置点存在较大的抵触情绪，他们一方面认为灾害仍未发生，较早转移没有必要，嚷着要回去；另一方面，他们被转移时非常匆忙，未带上家里全部贵重物品，担心灾害发生后家里财物会被"洗劫一空"，负面的情绪充斥着安置点。在这种情况下，由于社会工作者人手有限，个案辅导未能迅速针对现场有负面情绪的居民开展。在有限的空间和条件下，社会工作者克服困难：首先，在安置点一处就地成立居民互助情绪舒缓小组，让居民充分作自我表达，表达担忧、焦虑。其次，社会工作者巧妙使用"破冰游戏"加强居民之间信任，并联动街道在小组中与居民充分沟通，说明街道救援安排并给居民反馈目前岛上情况，社会工作者引导居民正向思考，居民在充分了解救援计划及现在岛上情况后焦虑情绪有所缓解。最后，为进一步缓解居民等待的焦虑，社会工作者在安置点设置了电影观看区，吸引了大批居民驻足观看。针对儿童需求，社会工作者专门设置了休闲娱乐及游戏专区，此区域提供棋类、儿童读物及桌游，社会工作者在与儿童的互动中观察评估其心理状态，不断增强儿童的适应及融入。

因现场居民较多，后勤保障、生活物资派发、饮食安排工作等较为繁重，现场工作人员人力极度匮乏。社会工作者动员被安置的青年人参与现场支援工作，并临时成立了青年应急支援志愿服务队。社会工作者现场对志愿服务队进行了简要培训、分工后就马上投入了后勤保障支援工作。

（五）跟踪安置居民回岛适应情况，做好工作总结

台风过后，街道指导并联动社工站第一时间把安置点居民有序安全地转移回岛，并积极指导居民开展生产自救，尽快恢复供水、供电，保障交通畅通，恢复生产生活工作，社会工作者也针对重点对象进行后续探访及慰问。

此次灾害应急转移安置工作开展及时，成功保障了约 300 名居民的生命安全。安置工作共 20 名工作人员参与，发放救助物资如下：折叠床 88 张、棉被 60 条、毛巾被 67 条、矿泉水 18 箱、面包 286 个、盒饭 310 盒。

三、社会工作介入黄埔街大吉沙岛防灾减灾实践分析

（一）社会工作介入防灾减灾工作经验总结

在面对台风等自然灾害时，如何做到临危不惧、有效撤离和防护是非常必要的，社会工作在介入后总结以下经验。

1. 全面了解灾害工作部署，建立与政府部门的沟通机制

自然灾害具有较大的破坏性，所带来的危害影响也较大，一旦发生自然灾害，往往令社区群众措手不及，可能造成社区失序、混乱，且社区自然灾害应急管理是一项涉及多个领域、多个部门的，具有很强系统性和综合性的合作和协同工作。自然灾害即将发生或发生后，社区需要立足全局进行协调，整合多方面的人力、物力和财力资源予以应对。社会工作者作为其中一支后备力量需要全面了解社区整体部署，包括社区应急预案，社区分工安排及社区对于社会工作者参与内容等，并设立对外联系人与社区进行对接，以便及时迅速响应社区需求，调整应急方案。

2. 组建有力的应急人才队伍，做好队伍分工协作

社区自然灾害应急人才队伍是防范和应对突发自然灾害的重要力量。一是抓好队伍建设，培养一批具有减灾救灾、应急救援等知识储备的专业人才队伍。二是以社工站负责人及资深社会工作者为核心，构建应急管理队伍，在自然灾害发生时，可以迅速启动站点防灾减灾队伍，从而有效应对紧急情况下的灾害。三是进行队伍成员功能发挥分类（如图 3 所示），分工协作，第

一时间推进灾害应对工作。

3. 制订社区防灾应急预案，完善全流程闭环管理

根据社区过往发生的灾害类型、情况、严重程度等信息，整理社区可能经常性或偶发性发生的灾害类型，制订适切的社区防灾应急预案并定期组织社会工作者及居民进行预演，提升社会工作者及居民应对灾害的处理能力。在社区防灾应急预案制订方面，可以从预案适用范围、组织体系及工作职责、工作机制、应急救援物资、事故报告、事故处置、注意事项等内容着手，形成全流程闭环管理。

4. 关注特殊群体，有效进行服务设计

在现实灾害下，会发现相当大比例受灾群体是社会特殊群体。特殊群体的社会边缘化导致他们处在不安全的自然环境中，他们往往栖息在更易发生山体滑坡的山谷下，或是居住在岌岌可危的房屋中，这些都使他们在应对灾害时表现出更大的易损性。社会工作者在介入防灾减灾工作时，首先需要识别受灾群体中的特殊群体，如儿童、长者，尤其是高龄长者、残疾人、精神疾病患者等；其次，为特殊群体建立微档案，全面了解以上群体基本信息、健康状况，是否需要开展心理评估；最后，社会工作者在介入前需掌握以上群体基本信息并快速针对不同群体进行服务设计，尽可能在介入前做好充分准备，介入时一步到位。

（二）社会工作者介入防灾减灾工作反思

正如周昌祥教授所言，我国有关灾害危机管理的社会工作专业研究还没有真正起步，我国应该赋予灾害救援社会工作以学科意义，努力推进其研究。其实目前我国灾害社会工作面临的主要问题，可以概括为缺乏专业人才支撑、缺乏政策制度支持和缺乏财力支撑。灾害社会工作的有力推进主要在于灾害救援社会工作专业自身的发展，社会工作灾害救援机制的完善以及灾害社会工作发展与保障。

1. 灾害社会工作专业自身的发展

第一，社会工作者应对社区防灾减灾工作能力仍有提升空间。对于此次居民转移安置工作，社会工作者凭借工作经验迅速开展了各项工作部署与落实，但仍有提升空间。在计划执行过程中，由于未能较为准确地判断现场受灾居民所需要的社会工作者支援人员数量，导致参与此次支援的社会工作者出现一个人需要处理多个岗位工作的情况，社会工作者较为疲惫；如社会工作者对于现场个别居民提出不留在安置点，强烈希望回到岛上等情况未能提前预估，提前做好应对方案，因此在现场介入上使用了大量时间。

面对社区灾害支援工作经验不足，社会工作者需要进一步加强对突发应急事件的处理能力培训及演练。一方面，建议社工站制订培训及演练方案，每半年至少进行一次演练，演练后及时总结相关情况；另一方面，建议社会工作者不断加强对安全知识、技能，安全工具使用，急救常识、技能等学习及演练，不断提升处理突发应急事件的能力。

第二，社工站在防灾减灾应急物资储备方面仍有完善空间。此次救援工作突发性强，社工站在参与此项工作前未能及时梳理救援工作的应急物资清单，因此在现场介入时略显被动。

面对应急物资储备不足，社工站应建立防灾减灾工作的应急物资清单。梳理社区防灾减灾工作类型，并根据不同类型灾害及街情列明物资清单，如安全警戒线、电筒、大喇叭、疏散指示棒等；并做好物资储备，物资申请使用、登记等指引。同时建议社工站梳理当地救援工作相关单位的联系方式，如派出所、医院、有关社会组织等，提前建立联系，以便出现紧急及特殊情况时能及时联系。

2. 社会工作防灾减灾机制的完善

社会工作介入防灾减灾工作需要监管机制、协调机制、信息共享机制等一系列内容。目前社区及社会工作防灾减灾机制仍不健全。因灾害发生的突发性、复杂性、损害性，社会工作者可协助社区建立灾害预防、应急、维护3个体系。在预防体系中，社会工作者应学习防灾救灾知识，提高应对灾害的意识和能力；配合社区做好居民的提前转移及安置工作；在应急体系中，评估一切潜在的环境危险和其他存在威胁的因素，联动多部门采取应对措施，最大限度保护居民人身安全；在干预维护体系中，当灾害得到有效应对，服务对象个体短期内恢复平衡后，还可能会面临危机与适应未来生活的困难，社会工作者将短期工作干预纵向延伸，对干预效果进行跟踪评估等，协助服务对象再适应。

3. 灾害社会工作的发展与保障

2013年12月26日，民政部以民发〔2013〕214号印发《关于加快推进灾害社会工作服务的指导意见》，意见主要内容为发展灾害社会工作服务队

伍；建构灾害社会工作服务平台；健全灾害社会工作服务政策；增强灾害社会工作服务成效。2020 年深圳市制定了《灾害社会工作服务指南》，包括范围、规范性引用文件、术语与定义、服务原则、服务内容、服务方法、服务过程、服务管理、服务保障。以上指导意见及服务指南无疑推动了灾害社会工作的进一步规范化、专业化及流程化，但对于灾害社会工作专项项目的推动力度还是不够的。目前在社区服务中，社区防灾减灾工作的社会工作参与更多在于社区项目的社会工作者，单独立项的灾害社会工作项目甚少。

社区防灾减灾工作的全面有效推进需要专业的灾害社会工作者以项目的形式介入，并对灾害社会工作在政策保障、福利保障、服务保障上进行探索，共同推动社区防灾减灾工作，促进灾害社会工作的专业发展。

参考文献

[1] 李敏兰，麦国娟，张楷，等. 社工介入自然灾害救援的程式：以"情暖茂名社工行动"为例 [J]. 中国社会工作，2011（10）：3.

[2] 杨君，何茜. 中国灾害社会工作研究述评：理论、方法、议题与启示 [J]. 云南大学学报（社会科学版），2020（4）：98－107.

[3] 徐永祥. 建构式社会工作与灾后社会重建：核心理念与服务模式：基于上海社工服务团赴川援助的实践经验分析 [J]. 华东理工大学学报（社会科学版），2009（1）：1－3＋15.

[4] 杜佳乐，陈秋红. 灾害社会工作介入灾后重建工作的对策 [J]. 智富时代，2017（4）：253.

[5] 雷璟程. 自然灾害危机下的弱势群体及其救助 [J]. 商场现代化，2010（12）：80－81.

[6] 周昌祥. 灾害救援中的社会工作研究 [J]. 社会工作，2011（2）.

[7] 民政部社会工作司. 灾害社会工作研究 [M]. 北京：中国社会出版社，2011.

[8] 柴定红，周琴. 我国灾害救援社会工作研究的现状及反思 [J]. 江西社会科学，2013（3）：190－195.

社会热点

社会键理论视域下社区戒毒康复人员的
个案服务解析

陈小凤①

摘　要：社会键理论（又称社会控制理论）强调，控制人不产生违法犯罪行为的关键是"依恋、抱负、参与、信仰"四个社会键健全，而社区戒毒康复人员群体长期在封闭式管理环境中进行强制隔离戒毒，与家庭、朋辈、社区之间的联结出现断层，往往比较难适应新的社会生活，需要进一步修复和强化其社会键以顺利回归社会生活。因此，本文主要基于社会键理论视角，阐述禁毒社会工作以个案工作方法，介入社区戒毒康复人员回归社会和预防复吸问题的个案服务过程、成效和经验，旨在为禁毒社会工作者介入社区戒毒康复人员回归社会问题、参与禁毒工作社会治理提供借鉴。

关键词：社会键理论；社区戒毒康复人员；回归社会；个案工作

一、社会键理论假设

社会键理论（又称社会控制理论），主要是指特拉维斯·赫胥提出的社会键观点。赫胥在他的著作《少年犯罪的原因》一书中提出，人为什么会犯罪是不需要解释的，而人为什么不犯罪或循规蹈矩、遵纪守法的行为才需要我们去解释。也就是说，人为什么不犯罪才是社会键理论要研究的最大的课题。赫胥认为，控制人不犯罪的关键要素是：依恋、抱负、参与、信仰，即人在社会生活过程中所形成的对社会键机构感情上的附着、对各类社会传统活动的抱负和参与，以及对社会道德规范强烈的认同与信仰。他将此称为"社会键"。

① 作者简介：陈小凤，广州市北斗星社会工作服务中心社会工作者，广州市花都区社区戒毒（康复）人员社工服务项目副主任，广州大学社会工作硕士，中级社会工作师。

社会键在促使人们遵守传统的道德规范时，具有特殊的影响力。当这四个社会键健全时，人们不容易走上越轨道路。反之，如果个人与社会建立的社会键很薄弱，其违法犯罪行为发生的概率会提高。

社区戒毒康复人员在强制隔离戒毒所中接受的是封闭式的管理，生活作息、日常劳动等都受到严格的约束，且与外界的联系十分有限。依恋、抱负、参与、信仰四个社会键往往容易弱化或受损，不利于他们重新适应新的社会生活。因此，社区戒毒康复人员需要修复和强化其社会键，以预防重陷吸毒的泥潭，顺利回归社会生活。

二、社区戒毒康复人员的社会键状况分析

（一）社区戒毒康复人员的依恋键分析

赫胥认为，社会键能够促使个体对他人和社会形成感情上的依恋，防止个体陷入违法犯罪。一个人在感情上越依恋于家人、同伴、组织，就越会考虑同伴团体对他行为的意见，从而降低其走上违法犯罪道路的可能性。

社会工作者接触的刚走出强戒所的社区戒毒康复人员大部分是迷茫的，甚至有部分人觉得"在戒毒所里比外面更加轻松"，因为许多吸毒人员走出强制隔离戒毒所后，较难融入正常的社会生活。家人的放弃、朋友的远离、社会的歧视都让他们感受到压力，这个阶段他们的正向依附比较脆弱。当社区戒毒康复人员在正向群体中得不到依附感，曾经的"道友"却能够给予其理解，满足其依附需求时，其重新融入毒友圈，走上复吸道路的风险性增强。

（二）社区戒毒康复人员的抱负键分析

抱负是指个人投入或努力于自己所设立的目标，一个人是否从事偏差行为，取决于个人对从事偏差行为活动所带来的风险的评估。如果一个人拥有值得追求的目标，当他有从事偏差行为的意图时，则必须考虑到这种行为可能对他实现目标带来的惨痛代价，从而降低其从事违法犯罪行为的可能性。

当社会工作者询问刚出所的社区戒毒康复人员接下来有什么打算时，得到的答复往往是"还没有想好""先休息一段时间再说""能有什么打算，有没有什么好介绍"。大部分社区戒毒康复人员在出所阶段感到迷茫，不知道自己将面对什么样的生活，没有明确的生活目标，不知道自己的能力所及和努

力的方向。在没有明确自己的抱负和行动方向时，社区戒毒康复人员会缺少抵御复吸风险的保护因子，面临高危情境时，容易缺乏抵御风险的动机。

（三）社区戒毒康复人员的参与键分析

赫胥认为参与是指一个人为社会活动投入时间与精力。每个人的时间都是有限的，越能够好好地分配时间用于有益身心的活动，越不可能有空余时间做出违规犯罪行为。

大部分社区戒毒康复人员刚从强制隔离戒毒所出来时，处于无业状态，不参与家务，休闲娱乐方式比较单一，每天都有很多空闲时间。社会参与严重缺乏的状况下，他们更倾向于通过寻求刺激来打发无聊的时间，而吸食毒品就可能成为他们打发时间的方式之一，存在一定的复吸风险。

（四）社区戒毒康复人员的信仰键分析

赫胥认为，信仰是指个体对共同的价值体系和道德观念的认同，当人内心深处对社会的道德规范或法律产生怀疑，或对是非问题模糊不清时，他就不会承认执法机关、法律规范对自己的行为所具有的约束力。

例如，社会工作者协助社区戒毒康复人员定期进行毒品检测时，常常听到他们抱怨："我吸毒是我自己的事情，又没有花你们的钱，又没有做伤天害理的事情，为什么我要天天做尿检？"他们对我国的禁毒理念、禁毒管控措施是不认同的，他们戒毒的内在驱动力自然也就没有那么强。因此，需要通过外在控制力量和内心社会价值观念重塑来增强他们维持戒毒操守的动机。

三、社会键理论在社区戒毒康复人员个案服务中的实务运用

（一）个案背景

1. 基础资料

服务对象 B 先生，男性，50 岁，初中学历，是刚出所的社区戒毒康复人员。

2. 家庭情况

（1）服务对象出所后，回到父母的房子与父母居住，妻子和儿子在得知服务对象出所前，已经搬回了村里的房子居住。

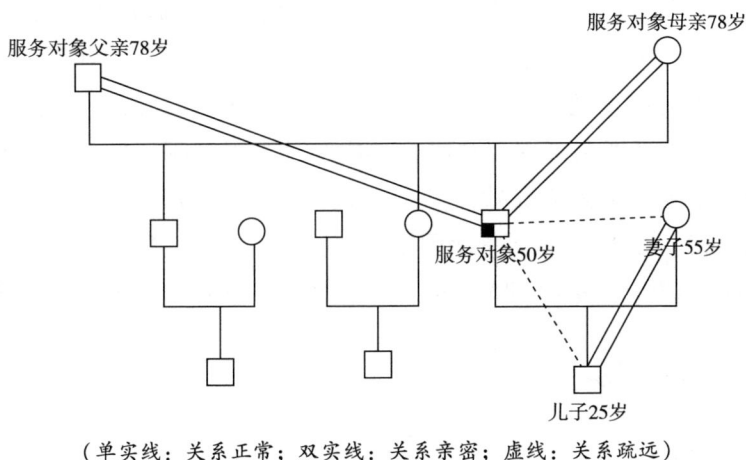

（单实线：关系正常；双实线：关系亲密；虚线：关系疏远）

图1 案主家庭结构

（2）服务对象父母已近耄耋之年，父母比较关心服务对象，期望服务对象能彻底戒断毒品，回归正常生活。服务对象母亲在服务对象出所当天，辗转坐车到派出所接服务对象回家，可见服务对象母亲对服务对象的关心和支持。

（3）服务对象哥哥、姐姐都已经成家，有自己的家庭且家庭经济状况较好。哥哥姐姐都比较关心服务对象，能够给予其经济、情感、监督维持操守等方面的支持。

（4）服务对象妻子对服务对象反复吸食毒品感到失望，表示不敢再相信服务对象，对服务对象比较疏远，拒绝与服务对象沟通，并在服务对象出所之前搬回了村里，夫妻二人处于分居状态。

（5）服务对象出所后，与儿子没有接触过，服务对象自述儿子恨他，出所后也不愿意过来看他。服务对象自己也不敢与儿子联系，父子关系疏远。

3. 吸毒史

服务对象年轻时自己开工厂做生意，经济状况比较好，因仗义收留朋友，不料朋友在服务对象家中吸食海洛因，服务对象劝说无果，反而受朋友影响而开始吸食毒品。染上毒瘾之后，服务对象便无心工作，不但将家里的钱败光了，而且也把工厂关了，醉心于与"道友"的吸毒、玩乐等不健康行为。服务对象的社交环境也因此发生了本质性的变化，服务对象接触的人基本上都是毒友。2004年被处置后，服务对象意识到吸食毒品对自身的社会身份、工作、家庭关系都会产生影响，因此下定决心不再碰毒品，坚持了4年多的

时间。2009 年因受"朋友"的影响，开始复吸，被抓后被处置强制隔离戒毒。2011 年服务对象强制隔离戒毒结束后，重新回到社会，由于长时间与社会隔离，服务对象感觉无法融入社会环境，包括得不到家人、朋友的接纳，因此服务对象重新回到毒友圈复吸而再次被处置强制隔离戒毒。出所后，服务对象曾下定决心不再碰毒品，但由于就业受阻、家人不信任、得不到正向社交圈的支持，在 2015 年再一次因复吸而被强戒。2018 年，服务对象因相似的原因复吸，被强戒两年。2020 年 3 月，服务对象从强戒所出来，开始执行社区戒毒康复。

4. 社会生态系统

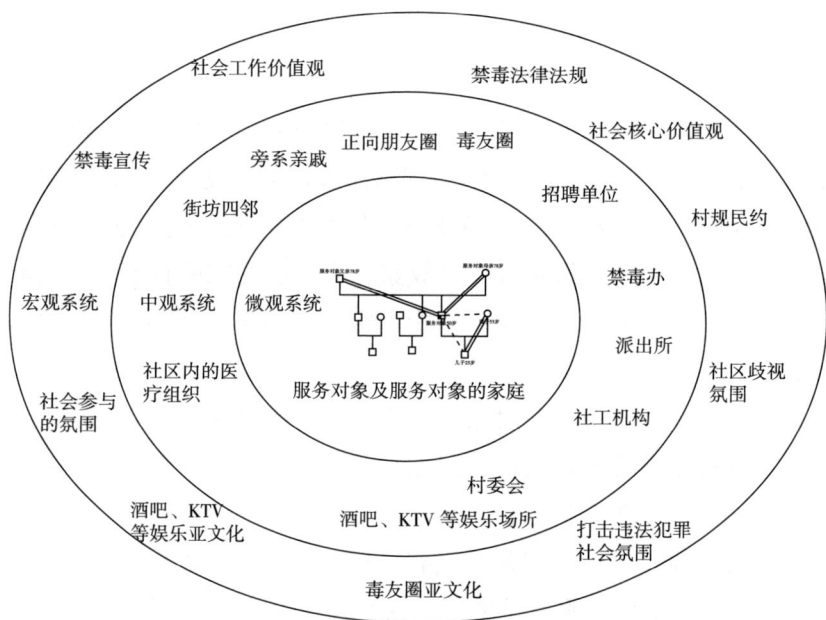

图 2　服务对象的社会生态系统

（1）正向系统。

①服务对象的原生家庭（父母、哥哥、姐姐）对服务对象持比较接纳、包容的态度，能够给予服务对象一定的情感支持、物资支持，在服务对象出所初期，能够为服务对象提供吃、住等基本保障。服务对象的妻子、儿子对服务对象而言，是重要的精神支柱，是服务对象的重要戒毒动机来源。

②禁毒办、派出所、社工机构等正式支持系统，能够协助服务对象执行社区戒毒康复协议，管控服务对象检测及日常行为，协助服务对象维持戒毒

操守，社会工作者能够根据服务对象的需求，提供个别化个案辅导、帮扶服务，协助服务对象更好回归社会。

③服务对象所处社区中的工厂、公司比较多，能够为服务对象提供较多的就业机会。

④宏观环境中社会核心价值观、法律法规、村规民约等能够对服务对象的违法行为起到约束作用；社会倡导的共同参与、全民禁毒氛围，为服务对象发挥自身价值，参与禁毒宣传提供机会；社会工作价值观能够让社会工作者在接触服务对象过程中给予理解、尊重、支持和接纳。

（2）负向系统。

①服务对象核心家庭关系疏远，容易使服务对象陷入悲观失望的情绪，带来复吸的风险。

②过往毒友圈，社会环境中的不良娱乐文化，容易对服务对象产生不良诱惑和引导，动摇服务对象的戒毒决心，使服务对象陷入高危情境，容易陷入复吸的泥潭。

③社会歧视容易成为服务对象回归社会的阻力，使服务对象难以融入正常社会环境，而吸毒亚文化容易成为服务对象走向复吸道路的拉力。

（二）问题界定和需求评估

1. 修复与依恋对象的关系，强化依恋系统的需求

父母、妻子、儿子、工作单位、同辈群体都是服务对象重要的依恋对象，对其维持戒毒动机有着重要的作用。服务对象出所后，妻子与服务对象分居，且对服务对象的信息没有回应，儿子也不搭理服务对象。服务对象感到家庭破裂，修复家庭关系无望，产生了复吸的念头。服务对象反反复复进出强戒所，10多年没有正式工作，也没有能够让其付出劳动价值的工作单位。服务对象自述自己已经没有什么朋友，出所后因自己不想再碰毒品，有意避开毒友。由此可见，服务对象缺乏可以依恋、投入情感的正向关系网络。

2. 通过正向的社会参与，建立积极健康生活模式的需求

出所初期，服务对象大部分时间待在家里，鲜少外出。服务对象表示自己没有工作，不需要出门，担心外出接触到毒友。服务对象在家里偶尔会协助父母做一些家务，其他时间则是看手机、电视打发时间，日常生活比较单一。服务对象生活状态比较闲散，生活作息不规律，出现失眠的情况。因此，

服务对象需要打破当前单一、闲散的生活状态，扩大社会参与，建立积极健康的生活模式。

3. 树立能够为之付诸行动的生活目标，以增强戒毒动机的需求

当社会工作者问及服务对象出所后的打算时，服务对象明确表示自己不想再碰毒品，想要挽回与妻子和儿子的关系，并考虑找一份工作，但服务对象对于具体怎样修复家庭关系、找什么工作以及如何预防复吸等方面没有具体可行的行动方案。因此，服务对象目前没有明确的生活目标，也不知道该如何改变现状，不利于服务对象巩固戒毒动机，需要引导服务对象找到当下的生活目标，找到改变的动机。

4. 树立对毒品及相关法律法规的正负信念需求

服务对象在毒友圈"混迹"20多年，行为态度一定程度上受到吸毒亚文化的影响，容易动摇戒毒决心。因此，社会工作者一方面需要引导服务对象改变错误的戒毒观，另一方面需要引导服务对象了解、认同禁毒法律法规，对法律法规心存敬畏，恪守社会规范。

（三）服务策略

第一，修复依恋键。协助服务对象强化责任意识，通过付出努力和行动增强与依恋系统的联结感。

第二，增强参与键。协助服务对象合理安排时间参与社会劳动、家庭事务、健康的休闲娱乐，充实日常生活。

第三，强化抱负键。通过协助服务对象树立明确的生活目标，制订具体可行的行动计划，增强戒毒动机。

第四，构建信念键。通过法治教育、道德熏陶，协助服务对象摒弃吸毒亚文化观念，构建符合社会主流的信念体系。

（四）服务目标

1. 总目标

协助服务对象修复和强化社会键，以维持戒毒操守、恢复正常化社会功能、回归主流文化社会。

2. 分目标

（1）协助服务对象修复家庭关系、构建正向的社会关系，以强化服务对

象与他人、团体的依恋关系。

（2）引导服务对象建立积极健康的生活模式，协助服务对象通过就业、参与家务、志愿者服务等正向活动丰富日常生活。

（3）引导服务对象确立生活目标，协助服务对象采取有效的行动措施实现目标。

（4）协助服务对象了解禁毒条例中的相关规定，澄清服务对象在执行社区戒毒康复协议中的权利和义务，引导服务对象树立对戒毒的正向信念。

（五）服务计划和服务实施

1. 家、政、社联动，提前介入家庭，全流程对接，实现无缝衔接

（1）社会工作者通过禁毒办了解到服务对象出所时间后，提前联系服务对象的家属，告知服务对象家属出所时间和接出所流程、了解服务对象的相关信息、评估家属的态度和家庭资源状况。通过服务对象的母亲评估服务对象的父母虽然对服务对象反复进出强戒所感到无奈，但是对服务对象比较接纳和关心，并期望服务对象不再碰毒品。服务对象的妻子、儿子则对服务对象感到失望，搬离了原来的住处，回到村里居住。

（2）引导家属做好迎接服务对象出所的准备，协助服务对象安排好出所后的衣食住行等基本生活保障事宜。通过与服务对象母亲沟通，社会工作者了解到服务对象出所后会在 XH 的房子跟父母共同居住，社会工作者指引其母亲帮助服务对象准备好生活物品。

（3）与禁毒办、派出所等部门提前沟通好接服务对象出所的安排。在服务对象出所当天，驻村禁毒专职书记、辅警、社会工作者共同到 XY 禁毒工作站将服务对象接回所属街道派出所，服务对象的家属则到派出所接服务对象回家。

2. 建立专业关系，澄清服务对象的角色、责任，树立配合管控意识

（1）在接出所当天，社会工作者借助服务宣传单张向服务对象介绍社会工作服务内容，澄清了社会工作者在服务对象管控期间的角色和职责，给服务对象留下社会工作者的联系方式，并告知服务对象有需要的时候可以随时与社会工作者联系。之后，服务对象置办了手机卡，主动添加了社会工作者的工作微信，社会工作者因此与服务对象建立了沟通的渠道。

（2）社会工作者向服务对象解读社区戒毒康复协议的相关规定，协助服

务对象明确社区戒毒康复的具体措施、应当遵守的规定以及违反社区戒毒康复协议应承担的责任，引导服务对象强化对管控工作的认识，端正接受戒毒康复态度，并指引服务对象正式签订社区戒毒康复协议。

（3）在服务对象开始正式服务后，社会工作者与辅警、民警依据社区戒毒康复协议的要求，定期预约服务对象到街道社区戒毒（康复）工作站进行尿检和毛发检测，并适时向服务对象宣传法制教育知识，普及毒（酒）驾、风险预警、派出所日常排查等知识，协助服务对象形成接受多方管控、监督的意识，强化服务对象的外在约束力，增强其维持戒毒操守的动机。

3. 强化服务对象的家庭责任意识，以自身的行动修复家庭关系

（1）增强服务对象对父母的赡养责任意识。社会工作者通过家访了解到服务对象父亲一年前发生了车祸，曾命悬一线，经过抢救、多次手术，才保住了性命，现在还在康复阶段，需要定期去医院检查、做康复治疗。服务对象向社会工作者表达了对父母的愧疚之情，表示在父亲最艰难的时候，自己却因为吸毒在强制隔离戒毒所内，照顾不了父母。社会工作者引导服务对象认识到父母对服务对象的需要，鼓励服务对象通过周到的照顾来补偿父母，保持良好操守让父母安心，强化服务对象对父母的赡养责任。

（2）引导服务对象通过行动改善夫妻、亲子关系。社会工作者协调服务对象与妻子、儿子之间的沟通，鼓励服务对象主动争取妻子、儿子的信任。服务对象告知社会工作者，妻子、儿子在服务对象出所前几天搬回了村里住，与服务对象分居了。服务对象通过电话、短信联系妻子，表达自己戒毒的决心，但妻子没有回应，服务对象与妻子的沟通受阻。服务对象认为妻子想与其离婚，是自己导致了家庭破裂，对此感到沮丧和自责，并产生复吸的念头。社会工作者一方面与服务对象妻子联系，评估到妻子对服务对象虽然失望，但内心还是希望服务对象能够不碰毒品，回归正常生活。社会工作者同理服务对象妻子的复杂心理，给予心理支持，并与服务对象妻子分析她的支持对于服务对象维持戒毒操守的重要意义，引导妻子给服务对象一个考察期，激励服务对象通过自身的行动向妻子证明自己的决心，巩固服务对象的戒毒动机。另一方面，社会工作者协助服务对象疏导负面情绪，给予心理支持，克服服务对象复吸的想法，并与服务对象探讨挽回妻子、儿子信任的方法，引导服务对象采取实际的行动。

（3）引导服务对象合理看待和处理家庭关系。个案后期，服务对象与妻

子、儿子的关系有了很大的改善，服务对象搬回村里与妻儿同住。在与妻子、儿子共同生活的过程中，其家庭内部产生了一些冲突，例如在儿子结婚时因观点不同产生的矛盾，因妻子更年期情绪不稳定而产生的矛盾等。社会工作者动态关注服务对象的家庭状况，协助服务对象疏导因"家长里短"产生的负面情绪，引导服务对象树立相互谦让和接纳的家庭观，理性看待和处理家庭矛盾，以维持家庭的和谐稳定。

4. 协助服务对象实现就业，充实生活，并获得自我价值感

（1）社会工作者以服务对象要改变自己在妻子、儿子心目中的形象为契机，激发服务对象的就业动机，协助服务对象分析自己的工作经验、工作期望与能力等，引导服务对象树立合理的就业观念。

（2）拓宽服务对象的就业渠道，并提高服务对象面试能力。社会工作者引导服务对象通过自己走访、询问亲戚朋友、参加招聘会、网络查找等多种渠道寻找适合自己的招聘信息，同时社会工作者也通过一些正式的平台收集就业信息提供给服务对象。服务对象筛选出自己感兴趣的工作信息后，主动联系招聘方进行面试。服务对象前几次面试都失败了，心情沮丧。社会工作者与服务对象探讨面试失败的原因，教授服务对象面试的技巧，并陪伴服务对象到工厂面试。经过几次努力，服务对象顺利找到了工作。

（3）协助服务对象处理工作问题，提高就业稳定性。服务对象实现就业之后，社会工作者动态跟进服务对象的就业适应情况，协助服务对象应对工作过程中遇到的种种困难，强化服务对象对工作的责任意识，增强就业稳定性，以及引导服务对象在工作中找到自我价值感，学会应对潜在的失业风险。同时，社会工作者与服务对象共同探讨与预防其因处理不好工作关系、工作压力大、突然失业等原因而产生复吸风险。

5. 培养服务对象的社会参与意识和能力，培育服务对象成为同伴教育员

（1）挖掘和肯定服务对象的潜能。社会工作者引导服务对象培养积极健康的兴趣爱好来丰富自己的业余生活。经了解，服务对象会弹吉他，在强戒所的时候曾自创一些歌曲。有一次服务对象为了感谢社会工作者对他的支持，录制了一段自弹自唱的视频发给社会工作者，社会工作者肯定了服务对象的特长，从而进一步挖掘服务对象的潜能。

（2）提高服务对象对同伴教育员的认知。社会工作者借助"6·26"活动的契机，向服务对象介绍了同伴教育员的相关知识，并肯定特殊的生活经

历和感悟很有感召力，能够引起他人的共鸣，鼓励服务对象往同伴教育员方向发展，并邀请服务对象以志愿者的身份录制了"6·26"国际禁毒日宣传视频。

（3）发展服务对象参与禁毒服务的能力。服务对象有了第一次参与志愿者活动的经历之后，社会工作者挖掘服务对象成为同伴教育员的潜能，向服务对象普及同伴教育员的理念和知识，培育服务对象参与同伴教育员活动的能力。在服务对象同伴教育员能力相对成熟的时候，社会工作者邀请服务对象以同伴教育员的身份参与禁毒活动，发挥案主的社会价值。

（六）服务成效

1. 修复"依恋"层面：对父母、妻子、儿子、工作单位形成了较强的依恋关系

（1）社会工作者通过引导服务对象强化对父母的赡养责任，以实际行动照顾父母，弥补对父母的亏欠，强化服务对象对父母的依附。

（2）社会工作者通过强化服务对象的家庭责任和引导服务对象树立了合理的家庭观，鼓励服务对象通过维持操守、远离毒友圈、踏实工作、关心家人等行动，改善了家庭关系，并学会了合理看待和处理家庭矛盾，强化了服务对象对妻子、儿子的依附。

（3）社会工作者通过引导服务对象树立合理的就业观，对工作负责，强化了服务对象对工作单位的依附感。

2. 增强"参与"层面：服务对象由闲散的生活模式转变为规律、丰富的生活模式

社会工作者协助服务对象实现了就业，服务对象能够将大部分时间用于从事社会劳动；服务对象在家庭当中能够投入时间和精力承担照顾父母、做家务的责任；在社会工作者的邀请下，服务对象以同伴教育员的身份参与社会活动。目前，服务对象日常生活相对丰富而充实。

3. 强化"抱负"层面：服务对象能够为明确的目标采取具体可行的行动

在社会工作者的协助下，服务对象采取具体行动实现了修复家庭关系、就业、奉献社会的目标，并能够持续投入行动去维持生活目标。

4. 构建"信念"层面：服务对象逐渐形成了符合社会主流的意识形态

（1）在遵守法律法规层面，社会工作者强化服务对象在执行社区戒毒康

复协议中的责任，引导服务对象积极配合管控要求；通过法制教育，向服务对象普及公民法律意识，通过法律约束力强化服务对象的戒毒动机。

（2）在个人道德品质层面，服务对象对工作认真负责、承担赡养父母的责任、尊重妻子、儿子，通过参与同伴教育员活动，以自身的经历感悟影响他人。

四、反思与总结

本案例所面对的服务对象是刚从强制隔离戒毒所出来的社区戒毒康复人员。这类群体都经历了 1~2 年的强制隔离戒毒，强制隔离戒毒是在封闭式空间中执行的，日常生活有着高度的秩序性、约束性，而社区戒毒康复则是在开放式的社会环境中执行的，服务对象有着较高的自由性。服务对象的生存环境由封闭式突然转入开放式，其思维方式、生存方式、生活方式、外在约束发生急剧变化，而带来诸多不确定性因素。这对服务对象而言都可能是潜在的复吸因素。

例如在本案例中，服务对象出所后会面临恢复个人自由和接受管控之间的冲突、在家属面前如何自处及回归家庭的负担、重新就业的压力、回归主流文化社会和寻回自我价值的迷茫等困境，这些困境都可能成为服务对象维持戒毒操守，回归正常生活的阻碍。

依据社会键理论，违法犯罪行为之所以发生，是因为控制个体基本人性的社会化机制不够完善。因此，社会工作者认为可以以协助服务对象修复或强化四个社会键为介入点，从外在系统中强化服务对象维持戒毒操守的社会约束力量，从内在心理层面强化服务对象的自我控制、自我约束力量，能够为服务对象构建完善的再社会化机制，协助社区戒毒康复人员顺利从强制隔离阶段过渡到社区戒毒康复阶段，最终回归社会生活。

参考文献

［1］HIRSCHI T. Causes of delinquency, Berkeley, CA：University of California Press, 1969.

［2］吴宗宪. 赫希社会控制理论述评［J］. 预防青少年犯罪研究，2013（6）：76－88.

［3］乔治·B. 沃尔德，等. 理论犯罪学［M］. 方鹏，译. 北京：中国政法大学出版社，2005：213.

［4］特拉维斯·赫希. 少年犯罪原因探讨［M］. 吴宗宪，译. 中国国际广播出版社，1997：76.

社会工作者介入信访老户问题的服务策略分析

——以信访老户个案服务为例

黄娜丹　　陈慧燕①

摘　要： 改革开放以来，我国经济不断发展，但社会利益矛盾越发凸显，衍生的矛盾冲突不断转移到社会活动中，通过信访渠道反馈出来，其中信访老户引发的问题尤为突出。虽然信访老户这一群体人数较少，但诉求意愿强烈，其利益诉求一旦不能及时处理，将会引发长期信访，甚至扰乱信访秩序，被视为信访领域老大难问题。而当前的信访制度在解决信访老户上遭遇了一定的困境，信访部门转而寻求社会工作的力量来介入，利用信访社会工作者帮助信访老户克服自身的情绪、疏导不当心理、为其提供人文关怀，链接资源完成诉求，从而减少信访人信访频率，达到推进化解社会矛盾、维护社会和谐与稳定的目标。现通过对广州市增城区信访老户陈叔个案服务的案例，从个案管理的介入进一步探索在社会工作专业视角下如何介入服务信访老户的问题。

关键词： 社会工作；信访老户；信访社会工作者

一、前言

近年来，随着广州市增城区社会和经济建设进一步发展，社会改革不断深化，历史遗留问题与新型社会治理矛盾多发，群众的维权意识日益增强，对诉求的表达方式也形式多样。其中，不属于《信访工作条例》范畴的问题也大量涌入信访渠道，或本应通过司法途径优先解决的事项也进入信访窗口。如农村邻里土地权属纠纷、村民与村（社）矛盾、企业改制退休待遇、老弱

---

①　作者简介：黄娜丹，广州市大德社会工作服务中心；陈慧燕，广州市大德社会工作服务中心。

病残关爱救助等，信访工作压力与困难骤升，单一的政府主导的社会矛盾化解机制也遇到挑战。面对当前纷呈复杂的社会矛盾，仅靠政府职能部门的力量较难深入化解信访难题。因此，2018年4月起，增城区信访局创新信访工作模式，联合广州市大德社会工作服务中心探索新时期社会工作参与信访服务的新思路、新模式，引入第三方力量作为信访工作的有益补充，政社合作，多方式多渠道解决信访难题，传达党与政府的关注与关怀，共建和谐社会。

信访是基于密切联系群众、发展社会主义民主及维护社会稳定等诸多原因而作出的一项具有中国特色的制度安排，具有政治参与、社情民意传递、权力监督、维权救济、矛盾化解等诸多功能，其中信访老户这一特殊群体作为信访工作的重点与难点之一，被各相关单位视为老大难。主要表现在信访工作机构的职权有限、工作目标与信访老户上访目的存在偏差等方面。而社会工作本身具有专业方法、价值观以及立场中立的多方面优势，在服务对象、价值理念、工作目标等方面与信访工作具有高度的契合性，能够为信访问题的解决提供新思路。区信访局与社会工作者一起排查分析疑难信访问题，把有情绪化、需要心理辅导的缠访、闹访对象作为工作的突破口，充分利用社会工作者独特的优势，通过入户探访、与信访人建立互信关系，了解信访人背后的真实需求等方式，针对性地解决信访群众的实际困难，对于因长期信访导致家庭功能失衡的个案，展开以家庭为中心，引导信访群众回归家庭，实现"执着诉求—回归家庭—诉求弱化"的逐步转化，助力矛盾化解。信访社会工作者以信访老户陈叔为例，以增城区信访局为平台，运用社会工作中个案管理介入信访问题，探索研究社会工作者在信访领域对于信访老户的介入和效果，为新时代信访工作提供新思路。

二、信访老户个案服务案例阐释

（一）服务对象基本情况介绍

服务对象陈叔（化名），75周岁，到信访部门投诉长达七八年，是一名信访老户。

身体健康状况：患有高血压、脑梗死等慢性疾病。

语言表达特征：服务对象在交流时语言激动昂扬，激动时手舞足蹈拍大腿。

心理及情绪状况：服务对象谈及信访诉求时情绪激动，长声叹息，自尊感强烈。

认知与行为状况：服务对象喜欢回忆过去，幻想自己与政府领导对话，认知与思维能力有出现混乱的情况。

人际关系及社会支持网络：服务对象与家人关系疏离，家庭支持与社会支持较弱。

主要照顾者：无，独居。

经济来源：服务对象每月定期领取退休金。

（二）服务对象家庭情况介绍

服务对象目前处于独居状态，自述结婚后与妻子关系不和谐，分开居住，平时较少联系。育有二子一女，其中大儿子于 2004 年自杀去世；小儿子已婚，育有一孩；女儿离异，育有两孩。服务对象与子女关系较为疏远，沟通较少，一般过节才聚集吃饭，日常相处中与女儿关系相对较好。

（三）服务对象的信访诉求

经了解，服务对象表述其年少时寄养在感情关系较好、较为富裕的家庭，养父对其充满关爱。服务对象对此充满了感激，认为自己在养父的教导下各方面能力出众，会有一番大作为。但因养父"遭人陷害"导致家庭没落，自己郁郁不得志，在退休后多次前往政府部门要求为养父平反"冤案"，洗脱冤屈。

三、需求分析

（一）服务对象心理评估分析

通过日常与服务对象的谈话可以了解到服务对象对于幼时养父家庭温暖的追忆与怀念，而在收集到服务对象的家庭背景资料后，信访社会工作者对服务对象情感表现及收集的家庭资料对服务对象情感需求的发展变化进行分析。服务对象是独居长者，与妻子及儿女的关系疏远，缺少亲人的陪伴与倾听，服务对象大儿子自杀去世一事对其精神造成较大冲击，其对家庭情感的渴望尤为明显。根据社会生态系统理论"人在情境中"，家庭环境对于服务对象的生活有着重要影响，一个良好的家庭环境不仅能够使服务对象产生归属感，同时也影响着服务对象的发展。从年幼时身处富裕与幸福的家庭到现在情感性需求与照顾性需求长期缺失，导致服务对象将其家庭经营上的不善以及失去长子的伤痛归结于少年时的家庭没落。另外，从服务对象的言谈发现，长期独居生活导致了服务对象较大男人主义，性格较为固执、自我，对人对事的判断较为武断，并希望身边人能与其观点一致，认知与思维能力又出现混乱的情况。通过信访社会工作者分析可以得知服务对象的信访诉求主要是在情感性需求与照顾性需求方面长期缺失导致的，企图通过信访、闹访来逃避现实生活，是一种移情行为。

（二）信访制度运行需求分析

服务对象是信访老户群体中的典型人员，大部分的信访老户对信访工作认知水平有限，并不完全了解信访工作机构的性质和职权范围，对信访工作有所误解，同时受到部分信访人年纪大、理解能力退化或认知水平偏差等主观因素影响，认为自己来政府反映事情都会得到及时处理。一旦无法及时为其处理，就会对政府丧失信任。这是由于政府信访部门行使职权与履行职责的不同，需要站在更为客观的立场上处理信访事项，且对于信访事项有严格的工作流程和程序要求，因而大多数信访老户与政府之间存在沟通问题，无法进行较为理性的有效沟通。虽然信访工作人员为化解此类矛盾耗费了大量时间、精力，但效果不一定好，导致信访流程上的停滞。因此分析得出了当下的信访制度运行需要"第三方"的介入协助，信访社会工作者可以最大限度地避免沟通障碍，拥有较多时间去面对信访老户，耐心搭建友好关系，克服信访部门人手紧张、职责有限等困难，同时实现由"单向型"倾诉转向"双向型"沟通的转变。

四、理论依据

本案例主要运用了社会工作中的社会支持理论和情绪 ABC 理论。

（一）社会支持理论

人与人之间的相互支持对于维系正常的社会生活是必不可少的，而信访老户生活中所遇到的许多诉求也多是由于缺少必要的社会支持而产生的。信

访社会工作者运用社会支持网络理论对服务对象的诉求情感进行评估，发现可以通过帮助他建立和利用社会支持理论来满足其信访诉求。首先对其社会支持网络进行必要的评估，确定原有的社会支持网能够在多大程度上为其提供支持，社会工作者能够为其提供哪些新的联结，通过社会工作者所掌握的社会资源，运用和改善其社会支持网络，使之能够满足服务对象的需求，解决其问题。

在本次案例中信访社会工作者通过社会支持理论指导改善服务对象社会支持网络，首先是安排专业信访社会工作者一对一进行服务与政策解释，其次是联系其家人亲属，解开服务对象与家人的情感心结，缓和其家庭关系，最后链接服务对象居委会，开展友好邻居互动，上门探访劝导，使其情感性需求得到满足，成功构建服务对象较为友善的社会支持网络，改变其因情感缺失导致的偏激思想。

（二）情绪 ABC 理论

情绪 ABC 理论中，A 表示诱发性事件，B 表示个体针对此诱发性事件产生的信念，即对这件事的一些看法、解释，C 表示自己产生的情绪和行为的结果。美国著名心理学家埃利斯认为，人的消极情绪和行为，不是由于某一激发事件直接引发的，而是由于经受这一事件的个体对它不正确的认知和评价所产生的错误信念直接引起的。错误信念也称为非理性信念，正是由于我们常有的一些不合理的信念才使我们产生情绪困扰。这些不合理的信念久而久之还会引起情绪障碍。要改善情绪，重点是修正自己的错误信念，建立合理信念，这完全可以做到。

本案例中对于服务对象认为养父"蒙冤"这一诱发性、偶然性事件导致自己生活家庭不如意的想法，信访社会工作者通过情绪 ABC 理论运用引导服务对象发现自己的不理性观念，正如两个人在街上走路，不小心撞到了路人，一个人想着：可能是我不小心撞到的，我先道歉好了。另一个人想着：谁这么不长眼，好好地就撞上来了。两种不同的想法会导致两种不同的情绪和行为反应，事件发生的一切根源是我们的信念、评价与解释。信访社会工作者通过这一理论向服务对象展示其养父"蒙冤"的发生并不会直接损害或摧毁一个人一生的命运，要想改变个人命运要先改变自己的想法，换个想法、换个心情就可以发现不一样的结果，重新建立理性的观念。

五、服务目标及策略

（一）服务目标

1. 总目标

以情绪 ABC 理论为指导，改变服务对象非理性认知，减缓服务对象持续上访行为，转变其不良情绪和心态，为服务对象构建良性的社会支持系统，恢复正常生活状态。

2. 阶段性目标

（1）转变服务对象的非理性信念，调整其认知，与服务对象共同梳理其养父的案件，搭建多部门的沟通桥梁，实现访调对接，缓解服务对象对信访部门的不信任，缓解其与政府之间的矛盾。

（2）引导服务对象与家人进行良性互动，恢复良好关系，重构非正式支持网络，恢复正常社会功能。

（二）服务策略

1. 及时介入

根据信访部门"及时、就地解决问题"的原则要求，信访社会工作者采取及时介入的服务策略，尽早处置，制止服务对象的不理性信访行为，防止其影响信访部门的办公秩序及避免再次激化双方矛盾。

2. 接访"四导"

以劝导、疏导、宣导、引导的"四导"模式进行接访。首先从行为劝导入手，制止服务对象不理性的闹访行为；其次通过情绪疏导，做好服务对象的思想工作，平复其激动的情绪，避免发生意外。待服务对象情绪平复后耐心沟通，通过政策宣导、程序引导相结合，争取服务对象对于信访程序的理解和支持，确保服务对象在接访过程中平稳有序。

六、个案服务过程

服务对象因持续上访行为由信访工作人员转介社会工作者跟进，经过与服务对象接触和预估后，信访社会工作者发现服务对象之所以上访是因为自身出现了非理性信念及家庭/社会支持系统的不完善导致的，因此个案介入过

程以改变服务对象的非理性信念，恢复和构建家庭/社会支持系统为目标，以期获得行为和思想上的改变。整个介入过程分为 3 个阶段。

第一阶段：建立关系，疏导情绪

本阶段介入目的是转变服务对象的非理性信念，通过信访社会工作者与服务对象的交流，引导服务对象发现自己存在的不合理信念，实现访调对接，建立良好关系。

服务对象初次接触信访社会工作者时误以为社会工作者可以帮助他解决诉求，一坐下就开始表达其诉求，对此信访社会工作者马上澄清自己的角色与职能。随后，在多次的面谈跟进中，服务对象反复表述其现在生活的不幸都缘于养父冤案，情绪非常激动并伴随多次拍大腿、双手高举等肢体语言。对此，信访社会工作者耐心聆听服务对象的倾诉，同时在交谈中引导服务对象发现自己的非理性信念。比如服务对象养父是在什么时间"蒙受冤屈"，当时服务对象年龄多大，是否已经独立生活等，逐步引导服务对象察觉自己认为养父"蒙受冤屈"导致其家庭不幸的非理性信念。

由于信访群众普遍存在敏感、多疑的心理特征，信访社会工作者在跟进个案时需要花费较长的时间与其建立信任关系。通过多次接访，服务对象已对信访社会工作者建立了信任感，甚至主动要求信访社会工作者接访。在接访期间，他的情绪得到一定的控制，不再大吵大闹。

第二阶段：链接资源，搭建沟通桥梁

本阶段介入的目的是分析服务对象信访背后的核心诉求，链接资源，缓冲服务对象对信访部门的不信任，缓解其与政府之间的矛盾。

信访社会工作者在多次接访服务对象后，针对信访部门提供的相关资料以及案主自主提供的诉求资料进行分析。经初步分析发现其所反映的养父"冤案"，主要是由服务对象自诉，同时因时间久远，难以追溯、无法提供确切证据被判别为历史遗留问题。由于历史遗留问题缺乏事实依据，服务对象的信访诉求无法在信访渠道得到解决。而服务对象多次信访的核心原因是情感性需求与照顾性需求方面的长期缺失，企图通过信访闹访来逃避对现实生活的不满。

对此，信访社会工作者马上链接资源。首先，与信访部门再次协商信访沟通的方式方法，在服务对象再次前往信访时设置专门接见室开展会谈，不再是简单的拒绝受理。其次，安排专业的信访业务干部对其进行政策教育疏导工作，按照"三到位一处理"的工作原则，对服务对象诉求高度重视，不推、不拖，把政策宣传到位，对其诉求无理的思想教育到位。耐心宣导正确的信访条例政策，做好解疑释惑工作，让服务对象真正了解"信访受理范围""三级终结"等信访程序，加强政策宣导，例如通过"没有证据你去到哪里都没有底气"等交流，对服务对象的一些非理性想法进行说服，争取服务对象对信访政策的理解与支持。再次，由信访社会工作者链接服务对象所在居委会，通过居委会密切联系其家人，通过亲属联系，做足劝导工作，解开服务对象与家人的情感症结，缓和其家庭关系；与社区居委会一起开展定期到家走访服务，在家中这一舒适环境中通过陪伴、交流等方式聆听服务对象的家庭经历与感受，让其有倾诉对象，使其情感性需求得到满足，进而通过走访减少服务对象与其他上访者的接触，降低信访频率。最后，针对服务对象独自居住，较不注重生活质量的情况，链接家政服务公司，为其提供一些家政清洁工作，减轻独居长者的家务压力，给予服务对象精神陪伴之外的一些物质支持。

第三阶段：满足需求，弱化不理性诉求

本阶段介入的目的是引导服务对象与家人进行良性互动，恢复良好关系，引导服务对象发展兴趣爱好，重构非正式支持网络，弱化不理性诉求。

通过信访社会工作者走访与多番劝说，从旁疏导情绪等，服务对象从刚开始态度坚决，逐渐软化，回归理性。为巩固该成效，信访社会工作者利用优势及增能视角，增强服务对象的自我效能感。了解到服务对象有喜欢唱歌的兴趣爱好，信访社会工作者进一步鼓励其参与社区娱乐活动，引导服务对象发展兴趣爱好，增加服务对象的社区支持系统。同时引导服务对象增加跟家人的互动，信访社会工作者多次打电话给服务对象的子女，表明信访社会工作者的角色和目的，积极搭建服务对象与子女沟通的桥梁，支持其重建新的社会支持网络，恢复正常社会功能。在服务对象逐步回归理性以后，信访社会工作者从"情、理、法"的角度为其梳理诉求、分析利弊，并作为沟通桥梁，逐步弱化其不理性诉求。

七、个案的评估与成效

本个案中，信访社会工作者主要运用了过程评估、观察等评估方法，了解长时间介入后服务对象所产生的改变，并记录变化。

通过介入服务，本次服务案例成效较为突出。一是服务对象的信访行为

明显减少，达到了信访部门转介的要求：根据信访局的相关记录，从 2014 年至个案结束，服务对象的信访时间长达 7 年多，到访次数多达百次。信访社会工作者介入后，服务对象逐渐减少了上门闹访投诉的次数，达到了信访频率降低的成效。其上访次数由月访 10 余次减少至月访 1 次，服务效果是较为客观有效的，达到了减缓服务对象持续上访行为的关键性服务目标。二是服务对象的信访态度与之前相比也有较大变化：从信访过程中与工作人员不断争吵、大呼大叫扰乱信访秩序到现在心平气和地交流，服务对象正在逐步转变其不良情绪和心态，达到了恢复良好正常精神状态的阶段性目标。临近结案阶段，服务对象在自我评价方面说："以前我不知道该怎么办，我只想为养父平反，虽然态度差点但是我觉得我没错。经过大家的帮助我才知道不应该遇到问题就要无赖，更不应该次次都来打扰政府。"三是帮助服务对象建立了理性思维：通过信访社会工作者介入，服务对象由之前一人生活，苦闷无助，需要通过不断信访发泄情绪变为能较好地与家人进行良性互动。在此过程中，服务对象逐渐认识到自己的认知偏差，不再简单将自己生活的不如意强加在养父"蒙冤"这一偶发事件中，重构了自身理性思考，走出了缠访闹访的圈子，达到了恢复正常生活的最终目的。

八、总结反思

本个案由于历史、政策等客观原因未能完全达到服务对象的信访要求，但已完成了介入的总体目标：减少信访频率，服务对象情感得到支持，服务对象对本次的介入服务是满意的。本次个案管理服务的经验让信访社会工作者进一步清晰了解如何更好地利用个案管理介入信访老户开展服务。通过本次案例，探索出一定工作经验。

首先，信访社会工作者需要采取不同的服务策略和方法，扮演不同的专业角色，通过信访社会工作者角色功能转换深层次介入服务对象，促使服务对象发生积极转变。一是教育者角色。在与服务对象初步建立关系后，信访社会工作者在日常交流中有意识地通过行为预演、模仿等方法帮助服务对象重新了解自我，鼓励服务对象从旁观者角度看待自身诉求，引导服务对象树立正确的认知。随着密切关系的建立，服务对象对于信访社会工作者的信任值日益增加，服务对象对于信访社会工作者探访、聊天等各项活动配合良好，在此期间能够不断地认识自身诉求，改变了服务对象的固化思维，适当地纠正认知偏差。二是协调者角色。在整个介入过程，信访社会工作者也一直保持与服务对象的家人、社区等的交流联系，帮助协调服务对象家庭关系，通过改变其社会关系来协助其转移生活重心，在获得家庭关系支持后，服务对象开始有意识地控制自己的情绪和非理性行为，减少企图通过信访获得关注的需求。三是倡导者角色。在本次个案介入中信访社会工作者发现服务对象具有多种问题和复杂需求。通过居委会链接人文关怀、信访社会工作者前往家访并购置生活物品等方式方法来不断协调服务对象过高的需求，积极为服务对象争取资源持续介入，促使服务对象在日常生活、精神等方面有较大改善。对于服务对象这一信访老户来说，信访并不是最终目的，其不断上访的背后是潜在的情感诉求、情感缺失。而信访社会工作者扮演的角色及时满足了其情感诉求，改变了其"为访而访"的行为，在一定程度上可以验证信访社会工作在解决信访老户问题上有着一定的适用性。

其次，社会工作机构在信访活动中，是处在政府和信访者之间的第三方。保持中立第三方角色，及时澄清身份，对于介入信访老户服务起到事半功倍效果。社会工作者在运用社会工作专业方法开展工作时，要很好地秉持接纳、无条件关怀、真诚等社会工作价值观。无论面对服务对象的无理诉求或合理诉求，都要理解尊重对方，不要过多关注服务对象的诉求问题，而是关心问题背后服务对象的真正需求。不评价服务对象，反而要在服务开展中保持真诚、开放的态度建立相互信任、相互尊重的关系。避免服务对象将信访社会工作者视为政府人员产生敌意或将信访社会工作者视为问题解决者，产生移情，使社会工作者变为解决信访老户问题的主体。

最后，要学会善于运用个案管理介入服务。个案管理是专业的社会工作方法，由专业的信访社会工作者评估服务对象需求并进行一系列的资源整合，使得信访老户能够得到更为全面的服务。由于政府信访部门行使职权与履行职责的不同，需要站在更客观的立场上处理信访事项。信访工作人员为化解信访老户矛盾耗费了大量时间、精力，但效果不一定好，导致信访流程停滞。而信访社会工作者可以尽量避免这一弊端，灵活处理，更有利于克服信访部门人手紧张、职责有限等困难，同时拥有较多时间去面对信访老户，耐心搭建友好关系，实现由"单向型"倾诉转向"双向型"沟通的转变，设置了信访工作中的"缓冲隔离带"，适时协助和补充以缓解双方间的压力，这对于妥善化解信访矛盾、促进社会稳定具有重要意义。

参考文献

[1] 王欣欣. 青少年个案社会工作案例分析：以多动症儿童辛某为例 [J]. 劳动保障世界，2018（23）：54 – 56.

[2] 齐埼. 社会工作介入基层信访工作的个案研究 [D]. 广州：广州大学，2018.

[3] 丁治轩. 社会管理创新中的信访工作研究 [D]. 南京：南京大学，2013.

[4] 文晓曼. 社会工作化解基层信访矛盾的实践研究 [D]. 广州：华南理工大学，2020.

[5] 樊文冲. 信访积案化解过程中的社会工作实践 [D]. 长春：长春工业大学，2019.

[6] 国家信访条例 [M]. 北京：中国法制出版社，2009：2 – 9.

[7] 黄文斌，闵慧. 民政系统信访领域专业社会工作介入 [J]. 中国社会工作，2013（4）.

[8] 李文静. 社会工作介入信访工作：必要性、领域及发展路径 [J]. 社会建设，2014（3）.

[9] 彭李汀. 房屋拆迁信访案件的社会工作介入研究 [D]. 南京：南京大学，2019.

[10] 中华人民共和国民政部. 退役士兵安置条例 [EB/OL]. （2015 – 07）. http://www. mca. gov. cn/article/gk/fg/yfaz/201507/20150700848477. shtml.

[11] 中华人民共和国民政部. 军人抚恤优待条例 [EB/OL]. （2015 – 07）. http://www. mca. gov. cn/article/gk/fg/yfaz/201507/20150700848475. shtml.

[12] 舒晓琴. 中国信访制度研究 [M]. 北京：中国法制出版社，2019：184 – 194.

[13] 荆晓迎. 社会工作参与解决信访老户问题的路径探究：基于武汉市 G 街道的调查 [D]. 武汉：华中师范大学，2019.

系统理论在抑郁青少年介入服务中的运用

——以小 A 同学个案为例

邓妹红　苏紫晴　苏素珍　蔡泽曼[①]

摘　要：本研究结合当前青少年群体心理健康社会热点问题，在系统理论框架下分析抑郁青少年个案小 A 的家庭状况、支持系统和服务需求，制定并实施服务策略。在多元系统的联动行动协作下，促使小 A 的抑郁病症得到治疗与缓解，帮助其增强康复动机、改善其家庭功能、使其支持系统重建并恢复正常社交生活。

本研究发现社会工作能够发挥人文关怀的力量，提高患者治疗的从医性并作为系统与系统之间的纽带，有效整合多元助人主体的力量，更好地助力抑郁青少年康复。

关键词：多元系统；联动助力；抑郁青少年

一、案例背景

2020 年初，新冠病毒感染暴发以来，社会工作者作为抗疫基层前线中的一员，积极履行社会工作专业使命，紧密联系各个部门、单位，发挥专业所长，为打赢病毒感染攻坚战贡献力量。学校是社会工作者一个重要的服务场所，广州市同心社会工作服务中心所承接的人和镇社会工作服务站在此期间发现，来自学校、家长反映的青少年心理健康问题较 2019 年同期显著增加，而且程度也相对严重，几乎都被诊断为中度抑郁，有明显的自伤或暴力行为。据统计，2020 年一年时间，社会工作者站跟进〔包括服务中发现、主动求助、

---

①　作者简介：邓妹红，广州市同心社会工作服务中心，中级社会工作师；苏紫晴，广州市同心社会工作服务中心，中级社会工作师；苏素珍，广州市同心社会工作服务中心，中级社会工作师；蔡泽曼，广州市同心社会工作服务中心，中级社会工作师。

村（居）学校转介〕心理情绪行为问题青少年个案有 7 例（其中 3 例确诊为抑郁症），为 2019 年同期同类接案量的 4 倍，疫情期间青少年的心理健康问题引人关注。

其中，抑郁症青少年小 A 的情况引起了社会工作者的关注并且开展个案跟进两年，最终在各方的共同努力下，取得一定的成效，其具体背景资料如下。

（一）服务对象基本资料

小 A，女，初二学生，丧母，中度抑郁症，喜欢动漫、绘画、手游和看小说。

（二）小 A 的成长经历及重要事件

小升初关键时期，亲人相继离世，跨区转校就学。小 A 在小学六年级时，母亲抑郁症发作自杀去世，之后一年内，小 A 最亲近的爷爷、姑姑相继因病、因车祸去世。其后，小 A 搬至白云区与父亲同住，转校至人和镇，就读初一年级。

转校后经常缺勤，缺乏家庭监管，逐渐自我封闭。2019 年底开始，小 A 上学经常缺勤，新冠病毒感染发生以后，居家线上学习的小 A 缺乏监管与自律性，干脆不上学，也不参加线上学习，对自身的学习任务置之不理，整日躲在门窗紧闭的房间里。对此，父亲采用辱骂、嘲讽、指责的家庭教育方式以期促使小 A 上学，不但没有效果，反而导致亲子关系越加恶化。

小 A 两年两度自伤，未能认识问题重要性，终止心理咨询，抑郁症状日益严重恶化。2020 年 6 月、2021 年 4 月小 A 分别出现不同程度的自伤，社会工作者紧急介入，联合在地居委会、学校、教育指导中心、派出所共同商量跟进计划。鉴于小 A 及其父亲不愿意前往医院接受诊断治疗，小 A 发生第一次自伤后，社会工作者为他们链接了心理咨询慈善资源，但小 A 在父亲的陪伴下仅接受了 4 次心理咨询，其后便以自身没有感到不适为由终止了心理咨询，小 A 父亲亦以小 A 假装生病为由拒绝继续关注小 A 心理行为问题。于是发生了第二次自伤，程度较第一次严重。

（三）小 A 的家庭状况及支持系统

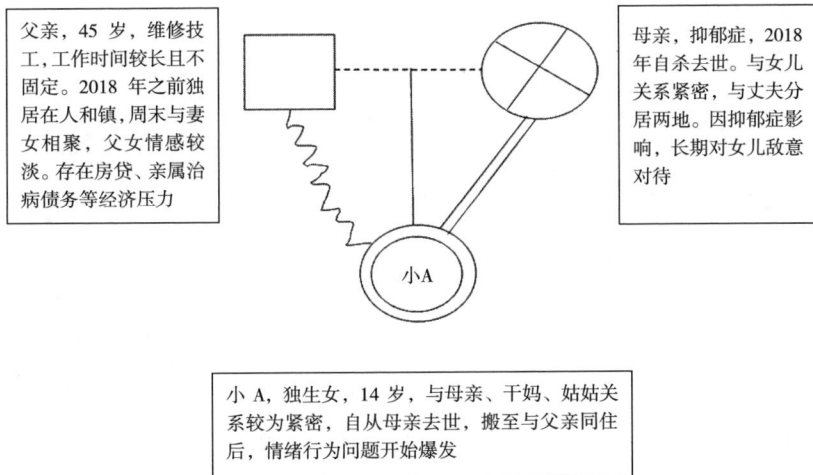

父亲，45 岁，维修技工，工作时间较长且不固定。2018 年之前独居在人和镇，周末与妻女相聚，父女情感较淡。存在房贷、亲属治病债务等经济压力

母亲，抑郁症，2018 年自杀去世。与女儿关系紧密，与丈夫分居两地。因抑郁症影响，长期对女儿敌意对待

小 A

小 A，独生女，14 岁，与母亲、干妈、姑姑关系较为紧密，自从母亲去世，搬至与父亲同住后，情绪行为问题开始爆发

图 1　小 A 的家庭状况及支持系统示意图

二、理论与需求分析

（一）系统理论

系统理论把社会工作实务的心理因素与社会因素结合起来，它认为个体是社会的组成部分，同时又由其他系统组成，各个系统以复杂的方式相互影响。系统理论认为探索这些系统之间的关系与互动方式有助于理解个人在家庭、社区以及更广阔的社会环境中如何与他人进行互动，致力于发起、维持和增强社会网络与相互支持。平卡斯和米纳汉（PINCUS et al.，1973）指出有三种帮助系统：非正式或原生系统（如家庭、朋友、同事）、正式系统（如社区群体、商会）、社会系统（如医院、学校）。

从图 2 可知，原本存在抑郁倾向的小 A 面临着原有系统断裂且新系统未建立的挑战。过往有关青少年抑郁的研究揭示了青少年抑郁的影响因素及机制，指出家庭与社会的环境因素对于青少年抑郁有重大影响。社会支持作为一种环境资源与心理健康之间关系密切，社会支持水平越高，心理健康程度越高，青少年产生抑郁的概率就会越低，良好的社会支持可以减轻青少年在面对压力性事件时产生的抑郁情绪。鉴于此，社会工作者结合系统理论的观点分析发现小 A 问题的发生机制，如图 3 所示。因此，社会工作者认为，小

A 的问题受到家庭系统的影响以及社区系统支持作用不足，需要介入各个系统，重构系统支持，发挥各个相关系统的相互正向影响，才能有效地缓解小A 目前遇到的问题。

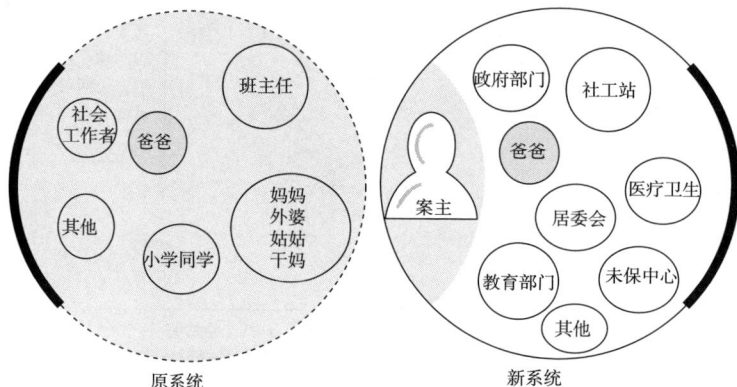

图2　各系统圆圈大小表示与案主系统关系强弱程度不同

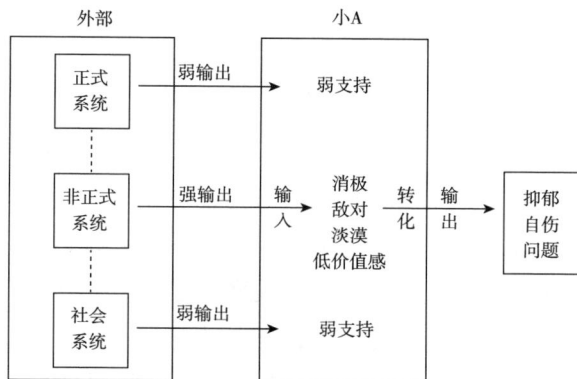

图3　小A 问题的发生机制

（二）服务需求分析

第一，治疗疾病，恢复健康的需求。小 A 患中度抑郁，存在自伤行为。童年经历了较多的负性事件，例如亲属的相继离世、受抑郁母亲的虐待、父亲采取消极的教育方式等。受疾病的影响，小 A 持续情绪低落不稳定，继而容易做出一些自伤甚至自杀的行为。

第二，恢复家庭功能，强化家庭支持的需求。小 A 母亲早逝，家庭结构发生转变，父亲在生活、学业上对小 A 均缺乏正确的引导与情感关怀，且家庭教育方式比较消极负向，以辱骂指责为主，父女之间的亲子亚系统功能受损，亲子关系十分紧张。

第三，强化父亲对抑郁症的认识。小 A 父亲疏于关注妻子抑郁症对小 A 的影响，并且简单粗暴认为小 A 不听话、懒惰、厌学，并没有及时干预以及咨询专业人士，更缺乏求医的意识和动机，沿用批判的方式跟小 A 沟通，从而延误了病情。

第四，增强社区支持的需求。小 A 原有系统断裂，新系统未建立，社区支持不足。小 A 离开旧居、与父亲同住后，因为地域距离较远，小 A 甚少与干妈、班主任联系。进入新的环境未能很好地适应，同时小 A 缺乏运用系统资源的能力，遇到问题并没有意识到或者缺乏能力去寻求支持，导致自身问题越加严重，甚至做出威胁生命安全的行为。

三、服务计划

（一）服务目标

1. 总目标

保障小 A 的生命安全，降低其所处系统中的风险因子影响，提高小 A 接受治疗的积极性，促进小 A 融入社区，恢复正常生活。

2. 分目标

（1）重构小 A 的社区支持系统，帮助小 A 更有力量和信心面对治疗与康复。

（2）改善小 A 父亲的家庭教育方式，增进父女之间的沟通与关系。

（二）服务策略

社会工作者依据系统理论的观点，在平卡斯和米纳汉（PINCUS et al., 1973）提出的基本社会工作系统分析框架指导下，分别制定服务介入路径（如图 4 所示）、具体行动共识内容（见表 1），以更好地推进服务。

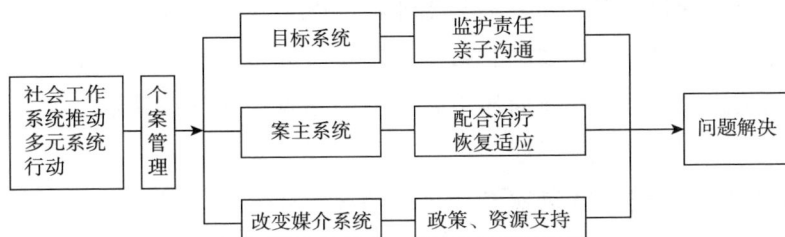

图 4　小 A 问题的介入路径

表 1　具体行动共识内容

系统	目标对象	行动与共识
案主系统	小 A	建立信任关系 重要事件线索 找到困扰点与危机行为的关系 提供情感支持 强化信心与动力
改变媒介系统	社会工作者（社工站） 社区居委会 镇政府（公共事务办） 妇联 教育指导中心 所在学校 医疗机构（白云心理医院） 区未成年人保护中心	个案管理会议 解决相关的就学、就医困难 提供社区互动机会 建立危机介入机制 家长工作 物质与经济支援 情绪支持 心理咨询
目标系统	小 A 家长（父亲）	家庭教育辅导 责任意识提升 陪伴小 A 治疗动机提升 照顾技巧 经济压力缓解
行动系统	各个系统合作行动	直接、间接互动沟通、支持

四、服务计划实施过程

（一）开始阶段：建立信任合作的工作关系，提升就医动机

1. 评估小 A 危机状况及稳定情绪，增强小 A 的就医意愿与动机

社会工作者获知情况后马上紧急介入，评估小 A 的身心状况，安抚其情绪，关心自伤行为背后的原因，提供科学的情绪表达方法，如打沙包、空旷场所呐喊、有氧运动等，鼓励其爱惜身体。在链接相关资源期间，社会工作者时刻与小 A 保持联系，对其心情及生活状况表达兴趣和关心，建议和肯定其当下稳定情绪的方法，鼓励和帮助其尽量按时进食以维持正常体能，另从自身状况及社会关注两方面加强小 A 对自身情况严重性的认识，避免其再次自伤。

与此同时，针对小 A 就医意愿低的情况，社会工作者与居委会、区未保中心引导其回忆通过获得海报比赛优秀奖实现自身价值的愉快和成就感、思考和表达自身心理需求，同时想象接受治疗后的舒服感觉。最终小 A 同意接受治疗，并确定了前往医院就医的时间。

2. 建立多元系统联合工作机制

社会工作者向区未保中心、镇公共事务办、妇联、居委会、学校、教育指导中心、派出所民警等反映小 A 的情况及需求，促进各方进行会议共商跟进安排，联合各方共同上门关心小 A 及其父亲，激发他们接受医院治疗的动机。此后个案跟进期间，社会工作者时刻保持与各方互通商议、共同决策行动，为小 A 争取合适资源和帮助。

3. 促进小 A 父亲反思现状，作出让小 A 接受治疗的决定

首先，社会工作者及各方系统对于小 A 父亲的生活及健康状况表达关怀，就其近年来所承受的打击、伤痛及经济、照顾压力表达理解、安慰和体谅。其次，社会工作者与居委会、区未保中心共同协助小 A 父亲多方面正确认识女儿接受治疗的必要性及其后果，激发其对女儿的情感动机和责任动机，协助小 A 父亲分析和解决阻碍治疗的困难。最后，向小 A 父亲传达希望，鼓励与肯定其认识并感受自身力量及改变的可能、感受来自身边环境系统的力量与决心。小 A 父亲在各方的劝导下，最终作出了让女儿接受医院治疗的决定。

（二）发展阶段：各系统行动，顺利促成治疗行动

1. 加强小 A 父亲的亲职责任感，履行监护职责

通过区未保中心、医院及社会工作者的陪伴、示范、鼓励、肯定等，帮助小 A 父亲学习及履行监护人责任，为小 A 顺利住院治疗提供情感回应支持、物质支持。譬如，小 A 父亲学会与小 A、医生保持微信联系，获知小 A 所需的生活用品后，在社会工作者及医生的帮助下及时送到；在小 A 治疗期间产生放弃念头时，马上联系社会工作者以商量解决方法。

2. 调整小 A 父女沟通方式，促进父女正向沟通

小 A 众多问题出现的原因大部分都指向家庭沟通支持不足。因此，社会工作者协助小 A 父亲分析家庭问题以及商量可能的解决方法，鼓励其多尝试转变沟通方式。如社会工作者建议、示范、引导他学习正常温和的表达方式，同时，社会工作者与居委会不断帮助小 A 父亲发现自身沟通方式的良好改变，让其意识到哪些是正确的、哪些是需要摒弃的，为小 A 父亲提供与孩子沟通的正确具体情境，强化其正向行为。

3. 帮助小 A 克服弃疗念头

住院不久，小 A 对治疗产生抗拒，时而配合时而逃避，更有一段时间坚持"社会工作者与父亲 6 月 18 日便接其出院"的误解。对于小 A 的情况，医生与社会工作者共同合作。在医院内，医生为小 A 提供心理咨询；在线上，社会工作者为小 A 提供情绪辅导与支持，激发小 A 对自身价值与康复治疗的思考与关注。最终，小 A 克服困难，较耐心地配合医院治疗，不再坚持出院。另外，社会工作者及时向区未保中心、教育指导中心、学校和居委会反馈小 A 情况，学校亦就此为小 A 展开募捐活动，缓解小 A 住院治疗的经济压力，此举让小 A 强烈感受到来自身边各方的关心，帮助其克服了放弃治疗的想法。

（三）后期阶段：逐步融入社区生活，规划未来

1. 结束治疗，顺利出院进入社区生活适应

经过近 4 个月的坚持配合治疗，小 A 顺利出院，社会工作者与区未保中心、居委会帮助小 A 巩固治疗效果，为小 A 提供陪伴、示范、引导等，让小 A 回顾与练习在住院治疗期间学习到的有效方法。同时，鼓励小 A 尝试与班级同学、亲友互动交流，感受自身情绪在互动交流中的变化，从中发现情绪管理的有效方式。小 A 表示自己在班级里面起初感到孤单害怕及焦虑紧张，但看到同学对自己的帮忙，便逐渐能够感受班级同学的团结友好。

另外，社会工作者与居委会工作人员带领小 A 走出家门熟悉社区，让小 A 在意识清醒时再次感受来自外部系统的善意，获得与外部系统联系的成功经验后，主动尝试自行外出购物以及往来居委会与工作人员分享自己的感受及近况。此外，社会工作者还为小 A 向团委、慈善会等申请爱心支持，扩大小 A 的社会支持系统。

2. 重新思考未来，做出返校与升学的规划

小 A 在社会工作者、镇公共事务办、居委会、教育指导中心、学校的陪伴、建议、引导下，勇敢地表达出返学升学的愿望。对于小 A 的愿望，社会工作者与各相关方多次进行会议商讨，分工协作，争取上级支持资源，同时帮助小 A 逐步明确返学升学的具体想法和目标，协助小 A 及其父亲就当下康复需要、返学升学的客观条件等进行分析与判断，并最终通过送教上门以及帮扶政策的申请逐步实现返学与升学愿望。

五、服务成效

（一）经过服务介入，小 A 的抑郁情绪得到缓解，不再自伤

小 A 能够认识自身健康状态及周边环境对自身的帮助，能够认识到接受治疗与服务的重要性，能够与父亲、居委会及社会工作者等工作人员进行清晰良好的交流沟通，能够较顺利地表达自身的意愿想法及心情状况，饮食作息规律，精神状态较介入前变好。经住院治疗以及离院后各方对小 A 的关怀和支持，小 A 的自伤行为没有再出现。在管控自己的想法与开解心情、坚持服药等方面，小 A 能够运用医生和社会工作者教导的方法来完成。另外，小 A 能够在父亲营造的关心尊重的家庭氛围内获得包容与自主自由，使得情绪相对以前稳定平和。促成自伤行为发生的消极环境也得到改善，现在小 A 把刀类药类物品摆回原位，将桌面收拾干净，桌面摆放一些漫画及社会工作者和居委会送的百科图画，同时，小 A 父女将房间打扫清洁，定期开窗，使房间保持光亮通风。

（二）康复动机增强

1. 定期复诊

小 A 住院治疗后，回归社区生活，需要定时复诊服药。小 A 能够自主地与父亲商量、确定复诊时间及取药数量。同时，小 A 能够参考社会工作者给予的建议，向复诊医生讲述自己对于身体状况的观察，完成自身的复诊责任。

2. 保持正向心态

小 A 以往对于生活及自身成长都表现出消极态度，即使用刀片刮伤自己，也不感到事态严重。但经过一系列的治疗与辅导之后，小 A 的消极心态完全改变，现在的小 A 能够正确认识以往自伤行为的危险性，会主动地表露出对于目前生活及未来成长的积极想法。譬如，小 A 向父亲、居委会和社会工作者等表示不想变回以往那个危险消极的自己，希望能够尽快康复，参与自己感兴趣的社会生活，希望能够赚钱来发展自己的兴趣爱好。

（三）家庭功能得到改善

1. 父女之间相互体谅、关心

经过社会工作者辅导及医学治疗后，小 A 父女能够逐渐认识与理解彼此

的困难压力与真实情感，愤怒与怨恨的情绪流动转变为体谅对方并为对方着想。譬如，小 A 相对能够主动关心父亲的工作及身体健康，小 A 父亲能够控制及减少恶言恶语，能够以平和的语气与小 A 交谈。同时，小 A 父亲相对能够关心小 A 的治疗情况及治疗想法，为小 A 购置喜欢的生活用品及零食饮品。

2. 父亲尊重与接纳小 A 的兴趣

小 A 喜欢动漫，以往小 A 父亲对此不能接纳包容，认为"不伦不类""古古怪怪"，且认为该兴趣爱好影响了小 A 的学业。他还将小 A 的动漫服装"扔掉"，试图以此促使小 A 上学。经过居委会、学校、教育指导中心及社会工作者的介入辅导后，小 A 父亲逐渐理解兴趣爱好对于小 A 治疗康复与成长的重要性，明白小 A 的兴趣爱好与其上学意愿并非冲突，意识到理解支持小 A 的兴趣爱好是对小 A 价值权利的尊重。现在小 A 父亲对于小 A 的兴趣及想法都不再有歪曲敌意的评价，亦没有阻拦的行为，并主动邀请小 A 表达想法。

（四）重建支持系统，正常社交生活恢复

1. 踏出家门，亲近社区

现在，小 A 能够主动尝试到楼下小区赏花、听小区老人聊天；独自走出小区，到超市和快餐店购买生活用品；主动与快餐店员交流以了解暑假兼职的信息；自行到居委会领取帮扶物资并与居委会工作人员交流自己的近况。

2. 加强与亲友的联系，获得支持

小 A 以往只愿意在房内与亲友线上交流，不愿意亦会"借口"拒绝与亲友见面。经过治疗与辅导后，小 A 现在能够走出房间与干妈等亲友见面聊天；能够走出家门与舅舅一起回老家，探望亲友，与亲友聊天相聚玩耍，进行情感交流。

3. 返学升学愿望落实

小 A 在治疗后主动表达出返学升学的想法，透露希望通过上学的途径参与社会生活的愿望。为此，社会工作者联合了居委会、教育指导中心、学校等机构单位一起与小 A 父女商量对策，帮助落实小 A 的返学升学事宜。学校也为小 A 制订了个性化教学计划，帮助其有序回归正常的校园生活。

（五）初步形成学校—社区—镇—区—市五级联动机制，以应对未来突发危机个案

本案跟进过程中社会工作者采用系统理论作为指导，从小 A 所处的系统出发，利用个案管理会议的形式，加强了对正式系统与社会系统的联动作用。通过小 A 个案的问题介入，引起了家庭系统、教育系统、政府系统、社会服务系统对抑郁青少年的问题关注，初步建立了个案联席会议。各方利用会议机制落实计划—执行—反馈—磋商调整等工作事项内容，最大限度地整合资源与保障服务时效性，并且通过本次个案的跟进，各方形成了一定的服务默契与达成共识，为未来突发危机个案应对介入提供了经验基础与协作指引。

六、专业反思

（一）发挥社会工作系统人文关怀力量，提高小 A 的从医性

本案中，社会工作者在提高小 A 的从医性方面提供了较大帮助。小 A 前期虽同意住院，但之后却因不适应院内生活而拒绝治疗，情绪波动并反复要求出院。社会工作者与区未保中心对此采取一系列行动：通过微信、电话向小 A 表达关心与同理，引导其认识治疗与生命的意义，激发其向上动机；作为桥梁促进主治医生与小 A 沟通治疗安排，帮助小 A 做好心理准备；保持与小 A 联系，送上暖心物资。最终小 A 情绪逐渐稳定并积极配合治疗。心理抗拒是患者在治疗过程中的最大阻力，需要获得更多关心与支持，小 A 作为未成年人更需关怀与呵护。社会工作者作为支持者、引导者和陪伴者，帮助小 A 面对治疗中的心理情绪困难，使其在获得心理支持与力量的情况下提高从医性。

（二）发挥社会工作系统媒介作用，促成多元系统共同行动

社会工作者作为媒介，通过资源链接及个案管理手法，联动与促成多元系统共同行动。社会工作者将镇妇联、公共服务办、教育指导中心、居委会、学校、区未保中心、社区民警等机构单位纳入个案管理工作中，以联席会议形式沟通工作进度及解困对策。如本案中小 A 父亲固执、拒绝改变的态度行为是工作推进的痛点，对此社会工作者首先通过联席会议让以上各部门单位获悉情况及发展对策，然后各部门单位根据职能所长共同敦促及帮助小 A 父

亲履行亲职责任，改善亲子沟通，给予小 A 所需的尊重及陪伴。

（三）朋辈系统支持力量有待发掘与培育

小 A 不是本地人，且长时间缺席校园生活，所以没能建立起新的同辈网络。根据过往研究发现，同辈网络的支持对于青少年情绪健康成长有着重要作用。本案下一步需进一步发掘小 A 朋辈资源，帮助小 A 搭建支持网络及培育朋辈系统力量，如邀请小 A 参与社工服务站开展的青少年团体服务、发挥小 A 的绘画特长与兴趣参与社区发展、互助服务等方式，拓展小 A 的朋辈网络。

（四）多元系统联动机制有待继续深化与创新

本案中的多元系统联动机制为解决小 A 问题提供了重要帮助，但小 A 的情绪问题解决还需更长时间更多资源的支持，而目前的联动机制处于初步尝试阶段，提供支持的形式亦比较单一。因此在接下来的服务中需要根据实际条件来促进各机构单位的资源提供，将社会工作嵌入各个职能系统中，把现有的临时个案联席会议机制扩展为恒常的联系沟通，在稳固原有服务的基础上，有更紧密的合作沟通。

参考文献

［1］派恩，冯亚丽，叶鹏飞. 现代社会工作理论（第三版）［M］. 北京：中国人民大学出版社，2008.

［2］孙时进，刘小雪，陈姗姗. 大学生应激与社会支持来源的相关研究［J］. 心理科学，2009（3）：544 – 546.

［3］田录梅，陈光辉，王姝琼，等. 父母支持、友谊支持对早中期青少年孤独感和抑郁的影响［J］. 心理学报，2012（7）：944 – 956.

［4］凌宇，杨娟，章晨晨，等. 社会支持调节青少年应激与抑郁症状的追踪研究［J］. 中国临床心理学杂志，2010（5）：610 – 613.

家庭系统理论视野下的青少年自杀危机干预服务

孔嘉惠　　曾育龙①

摘　要：当下，我国青少年自杀问题越发成为社会高度关注的热点问题，亟须社会各界共同搭建以青少年为中心的自杀行为干预系统，以保障青少年的身心健康成长。本章运用危机干预理论、家庭系统治疗理论实践框架，以单亲少女为个案服务对象进行介入，通过预防危机事件再发生、情绪管理、资源角色整合、家庭系统重构增强其社会支持，帮助其恢复家庭功能。同时针对青少年社会工作者在危机干预案例中专业角色、实务能力以及"家+校+社"三方联动合作进行相应探讨，形成一套"家+校+社"三方联动合作预防青少年危机干预机制。实践表明，通过重构家庭系统，充分发挥家庭、学校及社会的功能，能有效预防青少年的自杀危机发生。

关键词：单亲青少年；危机干预；家庭系统治疗

一、引言

自杀是全世界公认的社会和公共卫生问题，每年有超过 80 万人因自杀而死亡，据世界卫生组织统计，自杀是 15～29 岁人群中第二大死亡原因。中国是世界上人口最多的国家，也拥有最大的青少年群体。由于自杀对青少年个人和社会均会产生严重的影响，使得预防青少年自杀成为全社会干预措施的重点方向。现在青少年自杀危机多以学校为主导去干预处理，家庭、社会与学校三方在危机介入中发挥的联动作用十分有限。在青少年自杀率逐年增长的情况下，应该投入更多的资源和力量去研究青少年自杀危机的原因和预防

---

　　① 作者简介：孔嘉惠，广州市洋城社会工作服务中心，中级社会工作师；曾育龙，广州市洋城社会工作服务中心，中级社会工作师。

方法，如何建立青少年的危机干预机制，如何搭建以青少年为中心的自杀行为干预系统成为亟待解决的社会现象。为了更好地探讨介入青少年危机干预的预防及处理方法，本文以案例形式尝试使用家庭系统理论的视野去探讨青少年自杀的危机干预及预防机制，搭建以青少年为中心的自杀行为干预系统。

二、实践和策略

（一）理论模式

危机介入模式是一种具体的工作方法，通常涉及两个方面：一是减轻危机事件的负面影响；二是利用危机事件帮助服务对象解决目前面临的现实问题，同时提升服务对象适应环境的能力。危机介入的基本原则是及时处理、限定目标、输入希望、提供支持，恢复自尊、培养自主能力。由于服务对象处于情绪波动的状态中，社会工作者必须在非常有限的时间内快速、有效地解决服务对象的困扰，让服务对象摆脱危机的影响。

家庭系统理论认为家庭成员形成一个互动系统，家庭成员之间是同时互相发生影响的，一个成员的行为会影响其他成员的行为、认知和情感的变化，同时会导致他们对情感、认知和行为的反思，其中一个成员作出一些改变则会导致其他成员发生一些不同的变化。家庭系统理论有三个基本的观点：一是家庭成员的问题是整个家庭不良的沟通交流方式导致的；二是家庭所面临的危机既是机会，也是挑战；三是因"问题"而导致的家庭功能的失调能够有效解决。

本文以单亲少女苗苗（化名）为例，分析在家庭系统理论的视角下处理苗苗危机的方法和策略，并总结其经验和成效。

（二）需求分析

苗苗，女，17 岁，就读某校高二，苗苗母亲在苗苗 6 岁时起诉离婚，其后苗苗父亲一直未曾出现过，苗苗一直与母亲共同生活。近期苗苗班主任和心理老师向社会工作者反映苗苗有无故哭泣的行为，同时长期情绪低落，因此寻求社会工作者介入治疗和辅导。

苗苗与母亲关系紧张，平时母女沟通甚少，唯一的沟通点都是因为生活琐事而发生争吵。苗苗母亲会无意识地将对其父亲的怨恨通过语言传递给苗苗，让苗苗内心无法与母亲靠近，无法向母亲正常分享内心感受。苗苗在小学期间曾受到校园欺凌及性骚扰伤害，告知母亲后，母亲认为苗苗所说非真实事件并认为是其自身问题引起的，因此，苗苗认为母亲与自己疏离，不疼爱不关心自己。最近因为生活中的一件事情与母亲大吵一架，导致苗苗情绪低落失控，有自杀想法，曾割腕伤害自己。

1. 情绪波动大，具有一定自杀危机

苗苗自诉情绪难以自控，经常会难过伤心，无故流泪哭泣。2019 年 11 月 15 日第一次出现割腕行为，且自诉并没有放弃自杀念头，情绪失控时会出现自杀、自残的想法。社会工作者经过面谈评估引出自杀想法原因：一是过往校园欺凌和性骚扰事件对苗苗的创伤。二是在校与同学关系出现矛盾。三是在家与母亲关系紧张，经常吵架，得不到关注。苗苗出现情绪失控时只与要好的两个同学及班主任倾诉，支援网络薄弱。社会工作者评估有一定的自杀危机。本案例中苗苗首次出现了割腕的行为，虽不致命，但其表示有自杀想法，且苗苗出现了哭泣，情绪起伏大，具有中度的危机特征。苗苗与母亲关系紧张，与同学关系一般，在危机情形下无法及时得到支持。根据危机干预理论指导，急需社会工作者的介入，帮助苗苗稳定情绪，调动其母亲及学校对苗苗的关注和关心。

2. 家庭互动不良，亲子关系紧张

苗苗成长于单亲家庭，与母亲同住，日常接触较多的亲属是外婆。苗苗自诉与母亲关系紧张，较少沟通。平时母女两人都处于冷战环境，一般仅限于吃饭时间会聊上几句，但一开口便与母亲因生活琐事及学习问题发生口角。母亲过多传达其父的不良事迹，影响苗苗对父亲角色的认识和想法。苗苗说："妈妈和外婆会说我是白眼狼，养不熟。"这造成苗苗认为母亲不疼爱自己，自己是多余的想法和认识，形成敏感的个性。家人特别是母亲的一些行为或语言就能让苗苗联想到很多的负面信息，导致苗苗在与母亲的互动中产生隔阂。苗苗出现情绪波动的导火线主要是母亲的言行，此次因为苗苗在前几天刚与母亲因为外出吃饭的问题吵架，苗苗认为母亲把自己放在众多事件人物的最后，不被母亲重视而引发多疑，导致情绪不稳出现割腕行为。通过本次危机事件的爆发和显现，让苗苗的内心想法暴露在母亲面前。同时苗苗母亲能利用此次危机直视、解决问题。

（三）服务实践

1. 危机介入，安抚情绪并协助处理伤势，建立信任关系

青少年心理危机干预理论的平衡模式认为危机状态下的受害者，通常都处于一种心理情绪失衡状态，他们原来的应对机制和解决问题的方法不能满足他们当前的需要，因此危机干预的工作重点应该放在稳定受害者的情绪上。

在首次面谈前，苗苗按照预约时间来到学校咨询室，社会工作者招呼苗苗坐下后，苗苗以想喝水的借口支开社会工作者在咨询室割腕自杀，当社会工作者从咨询室外倒了水递给苗苗后发现桌面有血迹，社会工作者第一时间发现并及时介入。社会工作者发现苗苗手腕持续滴血，但意识清醒，则用纸巾按压后带苗苗到校医处紧急止血并通知老师。止血后，社会工作者通过关心和处理苗苗伤口的事件与苗苗建立了信任关系。但苗苗在听到要联系家长时情绪再次崩溃，恳求不要告知家长，过程中苗苗抱着社会工作者号啕大哭。社会工作者抱着苗苗轻拍后背进行安抚，在伤口止血后给予一定的时间和空间让苗苗宣泄情绪，同理苗苗压抑已久的悲伤和无助，稳定苗苗情绪。为保障苗苗生命安全，秉持生命第一的原则，社会工作者带领苗苗到医院检查伤口，在陪伴苗苗到达医院后，苗苗情绪得到平复，配合医生进行伤口消毒和处理，待伤口处理完毕后再回到学校。社会工作者与苗苗在此过程中建立了信任关系并进行了深入的面谈。

苗苗向社会工作者述说着与母亲的紧张关系、与同学之间发生的小矛盾及过往发生的校园欺凌和性骚扰事件对自己的伤害。苗苗的情绪一度陷入低谷，待苗苗充分发泄内心的无助后，社会工作者告诉苗苗过往发生的校园欺凌、性骚扰及与母亲之间的矛盾争吵都已成为过往，理解苗苗当时因为年纪小还不能及时处理（同理），告知苗苗现在长大了有能量和能力去处理，这些事情不会再发生（鼓励）。由于苗苗一直不愿意告诉母亲，学校老师则向学校领导反馈后再与家长进行沟通，以在校意外受伤的理由通知家长，让苗苗接受家长来校接她。

2. 寻找切入点，以家庭动力为引擎，恢复家庭功能

家庭作为一个角色扮演的特殊环境，对家庭成员有着不同的角色定位，夫妻、父母、子女不同的角色规范使家庭成员之间形成彼此不同的角色期待。由于父亲的缺失，苗苗的家庭结构从稳定的三人系统转变成了二人系统。此时苗苗母亲没有及时调整家庭系统里面的角色定位和明晰家庭成员的界限，导致母亲与苗苗之间的次系统边界模糊和混淆，经常把苗苗母亲与父亲之间的关系代入与苗苗的二人系统中，出现了苗苗母亲与苗苗疏离的病态家庭结构。为了重构苗苗的家庭结构，改善苗苗母女的关系，社会工作者决定以母亲为切入点进行介入。

在与苗苗母亲面谈方面，社会工作者首先联动校方与苗苗母亲进行三方会谈，让母亲意识到苗苗问题的严重性。社会工作者将事发当天的经过告知苗苗母亲，并把苗苗过往发生的事件和对母亲的想法反馈给苗苗母亲。苗苗母亲表示在此之前并没有发现苗苗的异常，只是认为苗苗因青春期成长原因较少与其沟通。苗苗母亲并没有意识到自身无意识的言语态度对苗苗造成了伤害。之后社会工作者每周定期与苗苗母亲进行面谈，引导其重视苗苗的情绪状态和内心世界。为改善苗苗母亲与苗苗的沟通效果，社会工作者向苗苗母亲布置家庭作业，引导其在苗苗手部受伤期间帮苗苗洗头、洗衣服等，这些生活事件增加了母女的互动机会，同时每日需要诚心夸赞苗苗三句并记录下来。

经过持续 4 周的面谈，苗苗母亲开始明白自己无意识的言语传达了对苗苗父亲的怨恨，让苗苗内心的父亲形象与现实形象产生巨大冲突。苗苗母亲虚心向社会工作者请教亲子间的沟通方式，学习以孩子的角度思考问题。为了让苗苗顺利高考，苗苗母亲在苗苗学校附近租了间房子陪伴苗苗，日常生活中也会坚持完成社会工作者的家庭作业，并主动邀请苗苗散步谈心（苗苗母亲改变的实际行动）。

在苗苗个人方面，协助苗苗梳理过往事件对苗苗的影响。对于过往因打架调整座位后被性骚扰事件，同理苗苗当时害怕、无助、怨恨等情绪（认知疗法的自动化思维），让苗苗认识到当时因其年龄过小无法处理这些事件，而现在苗苗已经长大有成熟的意识，可以自己去表达伤痛和处理被伤害事件。协助苗苗消化内在伤痛，引导苗苗重新认识自己的能力，重塑自我。

3. 建立"家＋校＋社"三方联动的危机介入机制，联动多方及时介入处理

根据埃里克森的人格发展理论，中学时期的青少年年龄阶段的主要任务是建立一个新的同一感或自己在别人眼中的形象，以及他们在社会集体中所占的情感位置。随着社会竞争的日益激烈，青少年的心理问题已经不是个例，整体的心理健康状况都需要家庭、学校及社会三方面积极关注。为此，社会工作者联合学校针对本次危机个案初步归纳形成了青少年的三方危机介入机制

指引，包括危机介入流程指引、自杀评估指引流程及量表、防自杀风险告知书等。

社会工作者通过开展三方会议，一起协商预防苗苗再次发生危险行为。一方面社会工作者在学校心理老师的协助下，向家长反馈苗苗割腕自杀的行为和述说的主要问题：一是因前几天与母亲发生的矛盾冲突导致的长时间情绪低落；二是小学时期打架及被性骚扰事件曾隐晦向母亲求助不成功而感到不被关注；三是在校与同学关系不好。苗苗的情绪较多受到母亲的影响。让苗苗母亲清楚可能再次引发苗苗割腕自杀的危机因素。

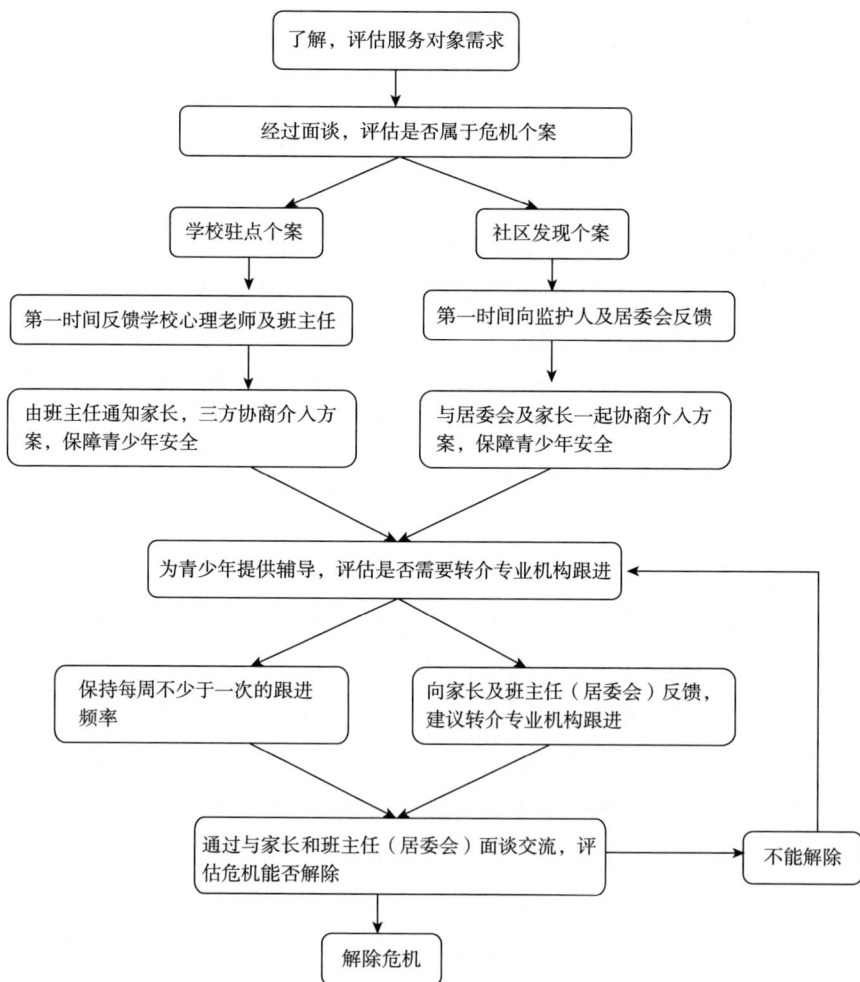

图1　青少年危机介入流程指引

另一方面，社会工作者撰写苗苗的危机个案报告提交给校方，引起学校的重视。调动苗苗所在年级级长、班主任、家长及社会工作者开展讨论，协商危机预防方案。在硬件方面，包括家长和学校会关注利器，避免苗苗随手触到。在软件上，社会工作者在定期与苗苗面谈了解其情绪状态的同时，让苗苗母亲和班主任加强对苗苗的关注。

三、成效评估

社会工作者通过苗苗的行为表现，苗苗母亲、专业机构和校方的反馈等方式评估本个案的服务成效。

第一，以服务对象的重要他人为切入点，引导服务对象寻求专业帮助，成功避免危机事件的再次发生。由于苗苗年幼时经历了校园欺凌和性骚扰事件，向老师和母亲求助无果后，苗苗一直将伤害藏在自己的内心里，近期与母亲的争吵则成为苗苗情绪爆发的导火线，出现了情绪波动，无故哭泣甚至割腕自伤的行为。社会工作者与苗苗多次面谈协助其宣泄积压已久的情绪，同时向苗苗母亲反馈苗苗的问题，慢慢地苗苗的情绪逐渐平缓，并在社会工作者和母亲的劝说下到专业心理机构进行治疗。社会工作者与专业机构双管齐下，调整了苗苗面对问题的方式，提升了苗苗的应对能力，改善了苗苗与母亲的沟通模式，此后没有再次发生自残行为，危机得以解除。

第二，家庭功能正常发挥，亲子间沟通方式有所改善，母女的冲突减少。苗苗在第一次面谈时提及自己与母亲之间的关系紧张，经常因为生活琐事出现每日一小吵，一周一大吵的现象。社会工作者介入后，与苗苗及母亲分别面谈，选择了苗苗母亲作为改变家庭互动模式的切入点。经过一个多月的辅导后苗苗母亲改变了之前的教育方式，在苗苗受伤期间帮助苗苗洗头吹头发，嘘寒问暖。社会工作者在与苗苗的面谈中引导苗苗去发现和感受母亲其实是疼爱自己的，只是之前的教育方式不是苗苗想要的，现在母亲意识到自己的问题并作出了改变。慢慢地苗苗与母亲的良性互动变成习惯，亲子间的沟通方式有所改善，冲突的次数逐渐减少，家庭功能得到正常发挥。

第三，归纳建立了"家＋校＋社"的危机干预联动机制，协商确定了针对青少年危机个案的应对流程，有效联动学校，由学校发动家长一起参与，引入社区力量，共同建立青少年的健康成长环境（如图2所示）。

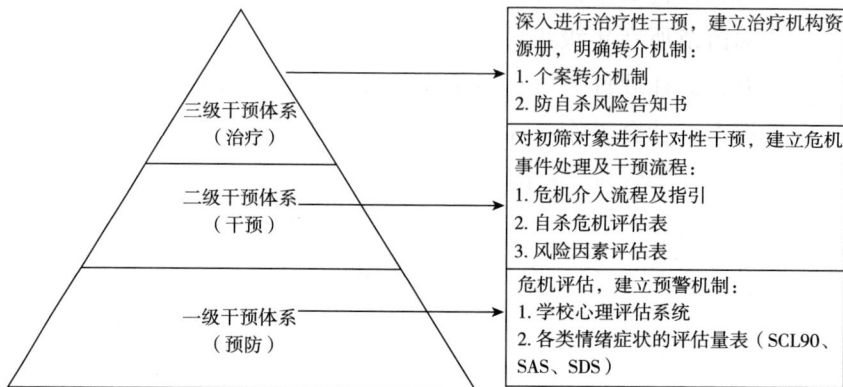

图 2　"家 + 校 + 社"三级干预体系

　　类似于苗苗的事件并不是单一的特例事件，青少年出现自残自杀的事件越来越多。针对本次事件，社会工作者向校方提出危机事件中社区、学校和家庭三方联动的危机事件处理流程指引，初步完成了三方介入的危机机制。希望这份机制内容能够指引社会工作者在处理危机事件时及时有效地联动发挥三方的作用和功能，为共同创造青少年健康的成长环境提供保障。

四、专业反思

　　（一）青少年服务的危机介入需要家庭 + 学校 + 社会三方的合作助力并形成相应的机制和流程指引

　　本个案能有效预防苗苗危机的二次发生，成功改善苗苗家庭沟通，得益于校方的配合和重视。社区在介入的过程中利用学校的力量影响苗苗母亲，使得苗苗母亲、苗苗班主任等现阶段的重要他人都能参与影响到苗苗。青少年危机个案涉及生命，稍有不慎则影响很大，对社会工作者能力有较强的要求，对于现在大多数年轻社会工作者而言都难以掌控，社会工作者应该及时向主任及督导反映情况，以便主任和督导为社会工作者提供情感和技术支持。这需要有相应的机制和应对流程指引，保障跟进社会工作者、服务对象双方的权益。

（二）除了营造良好的外部环境，提升内在问题处理能力才能更好地预防青少年危机的发生

在该危机个案服务过程中，社会工作者进一步与苗苗针对其自残行为的背后影响因素进行了探索，帮助苗苗逐步鼓起勇气面对内心积压已久的创伤，并学会自我保护，对往事释怀，从主观意识形态上帮助服务对象进一步远离自残行为内因。另外，社会工作者还可以针对苗苗父亲缺位以及苗苗对父亲思念之情的现状，建议苗苗学会写日记，想父亲时给父亲写一封信，表达自己内心对父亲的想法和期待。帮助苗苗找到情感宣泄的渠道和方法，进一步引导苗苗正确对待消极情绪的影响，而不是选择自残来逃避外界事物。当学会使用正当的方式处理内在情感时，苗苗再次自残的危机就能避免。

五、结语

通过本案例的研究发现，"家＋校＋社"三方介入机制能够及时有效地介入处理青少年危机事件。此机制有效预防发生第二次危机，而家庭系统治疗纠正了家庭成员之间的结构和角色，改善了亲子之间的沟通，从而让生活重新回到正轨。而类似苗苗自杀的危机事件在逐年增加，需要家庭、学校和社会多方面的重视和关注。当然除了及时介入治疗已发生的青少年危机事件，更应该呼吁家庭、学校、社会以预防为主及时关注青少年的身心健康。在苗苗案例中，只要家长重视苗苗反馈在学校发生的事件，学校及时关注苗苗的情绪状态，社会及时关注处理校园欺凌问题，苗苗的自杀危机就有很大可能扼杀在萌芽阶段，做到预防自杀危机的发生。

参考文献

[1] 程文帝. 青少年心理危机干预机制研究 [J]. 文化创新比较研究, 2020 (4).

[2] 郭霞. 基于一次单元咨询模式的青少年危机干预探索 [J]. 中小学心理健康教育, 2022 (2).

[3] 吴婷. "恶性压力"下青少年行为偏差问题的分析与解决 [J]. 中小学心理健康教育, 2018 (15).

[4] WTO. Mental Health: Suicide data [DB/OL]. 2019 - 09 - 09.

[5] HAWTOH K, SAUNDERS K A E, OCONNOR R C. Selfharm and suicide in adolescents [J]. Lancet, 2012 (379): 2373 - 2382.

［6］张娟．浅谈青少年心理危机的干预［J］．中国科教创新导刊，2010（6）．

［7］邱珊．家庭互动模式代际传递与社会工作介入研究：基于鲁北滨州市部分家庭的案例分析［J］．山东工会论坛，2021，27（5）．

［8］应茹琴．特殊时期中职学生心理危机干预系统构建探索［J］．教育教学论坛，2021（48）．

"政社合作"戒毒帮教服务的服务机制创新

——以"无缝接轨"社会工作帮教项目为例

曾仔君[①]

摘　要： 戒毒人员出所后就业保障难、融入社会难、维持操守难是制约强制隔离戒毒工作效果的瓶颈，也是当前戒毒场所必须破解的现实难题。近年来，深圳市司法局第二强制隔离戒毒所主动将触角向社会延伸，联合社工服务机构实施"无缝接轨"社会工作帮教项目，探索引入禁毒社会工作服务机制，采用监所戒毒与社区康复无缝衔接的工作新思路，搭建禁毒社会工作服务平台，推动戒毒服务的链条延伸。经过多年实践，探索出了一套"政社合作　戒毒帮教"的戒毒服务模式，有效化解了出所服务难的困境，极大提升了戒毒工作成效。

关键词： 戒毒人员；禁毒社会工作者；无缝接轨；模式；戒毒帮教

据统计，我国戒毒人员的复吸率高达80%以上。究其原因，在于戒毒人员回归社会后，存在心理准备不足、缺乏戒毒自信心、家庭不接纳、社会歧视、就业困难、毒源无法切断、易受"道友"诱惑等困境，多重的困扰极易使戒毒人员走上复吸的老路。为了帮助戒毒人员脱离"心瘾"，正确面对出所困境，顺利回归社会。近年来，深圳市司法局第二强制隔离戒毒所在做好戒毒人员教育矫正、心理矫治、康复训练等工作的同时，积极引入社会力量参与戒毒人员的帮扶工作，利用政府购买服务的形式，加强政府和社会组织的合作，简称"政社合作"，与深圳市龙岗区春暖社工服务中心合作实施"无缝接轨"社会工作帮教项目。该项目以"提前介入、建立信任、及时帮助、降低

---

① 作者简介：曾仔君，深圳市龙岗区春暖社工服务中心，中级社会工作师，深圳市禁毒社会化宣教专家。

复吸"为工作理念，初步形成了"提前介入、所内面谈、建立关系、出所接送、实现对接、所外跟踪"的工作模式。一方面，禁毒社会工作者的引入，有利于缓解所内干警因个人的行政职能和繁重的矫治任务，无法投入过多的精力从事戒毒人员回归社会后续管理工作的问题；另一方面，由于身份的不同，禁毒社会工作者更容易让戒毒人员放下心理包袱和防备心理，而被戒毒人员接受。再者，禁毒社会工作者可充分发挥其各区各街道分布广、各行各业联系多、具备专业的社会学知识和心理矫治技能等优势，整合社会资源，为助力戒毒人员顺利回归社会发挥出积极的作用。

一、项目背景

（一）禁毒戒毒政策的推动

近年来，吸毒以及由此引发的社会问题形势日益严峻，对我国社会和谐稳定造成了严重影响，也对各级政府的公共管理能力和社会管理创新能力形成了巨大考验，禁毒戒毒工作已经提升到国家安全层面予以部署和考虑。2008 年 6 月《中华人民共和国禁毒法》颁布施行，正式取消劳动教养戒毒措施，明确规定社区戒毒、自愿戒毒、强制隔离戒毒三种戒毒措施和场所康复、社区康复的戒毒康复形式，标志着我国的戒毒模式从"劳教戒毒"向"社区戒毒""强制隔离戒毒"模式的转变。同时，禁毒法明确提出：国家鼓励、扶持社会组织、企业、事业单位和个人参与戒毒科研、戒毒社会服务和戒毒社会公益事业，这给"政社合作"模式的提出奠定了坚实的制度基础。

2018 年 5 月，司法部印发的《关于建立全国统一的司法行政戒毒工作基本模式的意见》，明确建立以分期分区为基础、以专业中心为支撑、以科学戒治为核心、以衔接帮扶为延伸的全国统一的司法行政戒毒工作基本模式，着力构建统一完整的戒毒工作链条，形成模式各个环节紧密相连、各专业中心协同作战、所内戒治与所外延伸帮扶一体运作的工作格局。同时，意见还着重要求：建立与禁毒部门、社区戒毒社区康复等部门、社会组织之间的信息对接平台，签订帮教协议，做到互通信息，沟通顺畅，实现出所人员后续照管的有效衔接，进一步从制度层面加大了社会组织参与禁毒戒毒工作的力度。

（二）戒毒人员多样化需求的迫切要求

通过对戒毒人员的调查显示，两年的隔离性、强迫性戒毒，虽然能够让戒毒人员与毒品彻底分离，但也使戒毒人员与社会脱节。在戒毒人员重新回归社会后，往往容易出现个人思想观念、生活方式、心理状态、生存技能等诸多方面无法与社会接轨的现象，严重影响其顺利融入社会，造成戒毒人员难以回归社会。除此以外，当前我国强制隔离戒毒与社区康复衔接机制还不完善，相关职能部门、机构间的沟通协调机制不够通畅有效，对戒毒人员后续照管衔接还不到位，存在脱节、空当现象，导致疏于管理放任自流的状态，戒毒人员操守期缩短、重新复吸、戒毒效果反弹等现象，严重影响了戒毒工作的成效。

为了打通戒毒人员回归社会"最后一公里"，更好地实现强制戒毒和社区康复的双向延伸，相关政府部门开始通过购买服务的形式引入禁毒社会工作服务。于是，政府和社会组织的合作，即"政社合作"，成为新时代国家创新禁毒戒毒工作的重要策略。在这种模式下，政府和社会组织双方在为戒毒人员提供服务的过程中，取长补短、相互尊重、定期沟通，形成了比较有效的戒毒社会工作服务运行机制。

二、主要做法

（一）搭建所内帮教服务平台

为了更好地开展戒毒人员帮扶工作，深圳市司法局第二强制隔离戒毒所立足场所实际，通过政府购买服务的形式，引入深圳市龙岗区春暖社工服务中心禁毒社会工作者，结合所内戒毒人员在戒毒过程中存在的毒害教育、心理调适、认知行为矫正、职业生涯规划、技能培训、身体康复、家庭关系维护、戒毒动机强化等方面的需求，开展一系列有针对性的社会工作服务。例如，针对戒毒人员的学习需求，开展包括戒毒知识、法律常识、心理健康、形势政策等专题教育活动，提升戒毒人员的知识水平；针对有明显心理问题的戒毒人员，对其提供心理咨询或个案辅导，有效疏导戒毒人员的不良情绪、化解心结；针对戒毒人员来自家庭、环境或心理方面的共同困扰，开展以情绪管理、自我认知、人际交往、抗复吸训练等为主题的团体辅导，协助其建立理性的自我认知，增强戒毒信心和社会融入能力。

（二）搭建所外衔接服务平台

通过在所外搭建衔接服务平台，建立与优质禁毒戒毒资源相互协作的社会

支持系统，共同推动无缝接轨工作，做到互通信息，沟通顺畅，实现出所人员后续照管的有效衔接。通过社会管理衔接、家庭亲情衔接、生活安置衔接、社会帮教衔接，帮助戒毒人员更好地融入社会，有效降低戒毒人员的复吸率。结合所内戒毒人员在心理调适、身体康复、文化生活、社会融入等方面的需求，积极引入社会力量入所开展帮教活动，逐步完善戒毒人员的社会支持系统。例如，邀请属地禁毒社会工作者入所帮教，为戒毒人员开展前置服务，提前建立专业关系，为后续照管打好基础；邀请家属来所开展亲情帮教活动，帮助戒毒人员修复破碎的家庭关系；邀请心理咨询师、律师、医生、生涯规划师等专业人士，为戒毒人员提供心理咨询、法律解读、运动康复指导、答疑解惑等服务。此外，发挥"过来人"在戒毒经验分享、戒毒经历、人生理解等方面优势，定期开展"过来人"现身说法、在所适应工作坊、朋辈心理互助、回归工作坊等帮教活动，强化在戒人员的戒毒动机，增强戒毒人员的戒毒信心和决心。

（三）建立戒毒人员跟踪回访机制

在戒毒人员即将解戒出所时，所内禁毒社会工作者需第一时间将其情况告知属地禁毒社会工作者，并安排属地禁毒社会工作者通过会见、接所等形式，与解戒人员保持联系，持续跟进其出所后情况。在戒毒人员出所后，一方面，属地禁毒社会工作者需要通过走访、排查、建档等形式进行跟踪帮扶，定期回访，为戒毒人员及其家属提供法律咨询、情绪辅导、就业辅导、家庭关系修复等方面的支持，提高其应对高危情境的能力，以促进其更好地维持操守。对于需要参加社区康复的戒毒人员，做好服务协议签订、定期尿检等动态管控工作。同时通过帮教访谈、防复吸训练、个案管理等形式，落实帮教体系，实现有效管制，有效遏制戒毒人员复吸的问题。对于生活困难的戒毒人员，及时关心、重点走访、联系就业，帮助其走出困境。另一方面，所内禁毒社会工作者也要通过电话联系、面对面回访和微信平台、App 应用等现代信息化手段，定期对出所人员开展出所评估调查，定期回访跟踪出所人员的就业状况、家庭情况、生活情况、交友情况和保持操守情况，建立出所人员信息库。在此阶段，所内外禁毒社会工作者应及时保持联系和沟通，实现信息出所人员信息对接和共享。

三、项目成效

自 2015 年以来，"无缝接轨"社会工作帮教项目已持续推进 5 年，增强

"向前"和"向后"的延伸。项目实施期间，虽然受到项目发展经验欠缺、禁毒社会工作人员频繁变动等实际问题的困扰，但经过及时的总结与反思，项目操作经验也在不断积累，仍取得较好的成效，具体情况如下。

（一）建立与解戒人员的联系，探索延伸帮教新形式

为实现所内外戒治信息的联通共享，促进戒毒工作社会化联动效果，需要不断强化所内民警与所外社工机构的沟通与协作，形成了一条畅通的所内外信息交流和反馈渠道。具体体现在：一是建立戒治情况告知制度，在戒毒人员出所前3个月，由所内民警将临解戒人员的基本信息、出所时间告知给所属地禁毒社会工作者，并安排禁毒社会工作者提前介入。二是建立跟踪反馈制度，由禁毒社会工作者采取电话回访、家访、个案面谈等方式，对解戒人员进行持续跟进，提供及时有效的帮扶，并定期将跟踪帮扶情况反馈给所内民警。另外，在帮教形式上，除了加强与社区、社会组织的合作，还积极加强与戒毒人员家属的联系，开展家属课堂、亲情帮教、家庭心理辅导等活动，构建起戒毒场所、戒毒人员、家庭、社区、社会组织"五位一体"的帮教体系，切实提高了戒毒人员的戒断率，降低了复吸率。自项目实施以来，累计跟进75名戒毒人员，撰写典型案例和工作感悟共15篇，取得了较好的社会效益。

（二）整合禁毒戒毒资源，建立社会工作延伸帮教平台

为了更好地协助戒毒人员应对操守，巩固戒毒矫治成效，降低复吸风险。项目组积极引入全市禁毒社会工作服务资源，加强与深圳市志远社会工作服务社、深圳市温馨社工服务中心、深圳市龙岗区彩虹社会工作服务中心、深圳市龙岗区正阳社会工作服务中心等多家社工机构的合作，通过邀请禁毒社会工作者来所帮教，为临解戒人员提前搭建"无缝接轨"帮教平台，提供出所准备、家庭关系修复、法律咨询、戒毒康复、就业指导、尿检制度和动态管控等方面的支持，让场所的帮教得以延伸。自项目实施以来，累计邀请来所帮教社会工作者683人次；接受帮教戒毒人员1095名，共计1765人次。其中，社会工作者累计接所440名解戒人员，接所率达40.18%。这些努力，对戒毒人员巩固戒断成果、保持操守起到了较好的效果。

（三）吸引社会力量参与，增强延伸帮教成效

为了满足戒毒人员的不同需求，为所内戒毒人员开展更多优质、专业的

帮教活动，项目组积极整合社会帮教资源，加强与优质社会公益资源的联系与合作。引入深圳市前海生涯教育科技有限公司、家懂会（深圳）教育科技有限公司、深圳市生命之光帮教协会、深圳市永鑫晟科技有限公司、深圳市音爱而生音乐体验探索促进中心、深圳市点点青少年药物成瘾关爱中心等社会力量，来所开展生涯规划讲座，开展家庭关系提升小组、自我疗愈小组、沙盘治疗小组、家属课堂、茶艺技能培训、音乐体验活动、企业招聘会等帮教活动129场，帮教戒毒人员1679人次，为所内戒毒人员回归家庭和社会提供了强大的支持和辅导，对巩固戒毒人员的戒断成果、维持操守具有积极的促进作用。

（四）充分发挥朋辈互助能量，增强戒毒人员戒断信心

为更好地宣传戒毒矫治工作，发挥戒毒群体在朋辈互助中的作用，项目组在戒毒康复工作中加入了"过来人"同伴教育的元素，鼓励支持戒毒"过来人"反哺社会。邀请"过来人"进入戒毒所，充分发挥"过来人"在戒毒经验分享、戒毒经历人生理解等方面的优势，以同伴教育的形式正面引导戒毒人员，达到戒毒康复互助的效果。项目共培育出保持操守两年以上的"过来人"7名，邀请"过来人"来所帮教46人次，以身说法的反毒形式获得了戒毒人员及其家属、所内民警等各方的肯定。其中，戒毒人员陈某在听取了"过来人"石柱分享其凭借自身努力成功戒毒，并成为广东省内首个有吸毒史的持证社会工作者的经历后备受鼓舞，更加坚定了他的戒毒信心和决心。在他出所后凭借自身努力，也成为一名禁毒志愿者，多次以"过来人"的身份到社区、学校、戒毒所等地方进行禁毒宣讲。

（五）重建家庭支持系统，提高戒毒人员操守保持率

戒毒康复是一项长期而复杂的系统工程，禁毒社会工作者需要对戒毒人员个人、家庭和社区系统地开展工作。其中，家属的重新接纳和家庭关系的稳定是加强戒毒人员改变动机的重要来源之一，也是帮助他们预防复吸的重要保护性因素之一。在项目实施的过程中，逐渐强化了禁毒社会工作者与戒毒人员家庭的联系，提前对他们的家庭进行回访和评估，并根据他们的实际需要，开展亲情帮教、家属课堂、家庭回访、家庭辅导等活动，提高家属对戒毒人员的信心，修复他们的家庭关系，为戒毒人员在所内安心戒治、出所后回归家庭提供动力，为增强防复吸能力和保持操守率奠定了坚实的家庭和

社会基础。在 2020 年春节前夕，联合民革深圳市委社会服务工作委员会举办"暖心回家　戒不再来"助力戒毒人员回家过年活动，借助"送温暖、送车票、送祝福"的形式，帮助节前期满解戒人员安全返乡，顺利回归家庭。

四、经验启示

实践证明，"政社合作　戒毒帮教"服务模式的积极探索，加强了所内所外的联动，形成规范可行的具体操作流程，对于实现强制隔离戒毒与社区康复有效衔接具有重要意义。但是，从项目后续的跟进情况来看，其效果仍与预期目标存在一定差距，模式仍然存在一些短板弱项。

（一）主要启示

1. 戒毒人员在所内进行的教育矫治活动只是戒治工作的铺垫，出所后的后续照管才是控制复吸率、保持操守率的关键

"无缝接轨"帮教平台的搭建，实现了戒毒人员所内戒治、所外跟踪、后续照管、落实帮教的全程覆盖，是延伸所内戒治职能、拓宽后续照管路径、巩固场所戒治成效的有益探索。通过整合戒毒所、禁毒办、社会组织、社区、家庭等资源，为戒毒人员提供出所准备、关系修复、法律咨询、就业指导、尿检和动态管控等方面的支持，有利于强化他们戒毒的信心和决心，帮助其恢复社会功能，顺利回归社会。

2. 政社联合，更有利于帮助戒毒人员回归社会

一方面，戒毒所通过购买项目的形式，联合社工机构开展戒毒人员入所帮教和后续照管工作，引入社会力量参与和支持禁毒工作，是贯彻落实建立全国统一司法行政戒毒基本模式的要求，坚持以衔接帮扶为重点，推动戒毒康复指导社会化延伸；另一方面，能够充分发挥戒毒所在教育矫正、心理矫治、康复训练等方面的优势，和社工机构丰富的社区戒毒、社区帮教经验，形成优势互补。通过努力搭建"无缝接轨"合作平台，推动监所戒毒和社区康复服务的双向延伸，实现从教育、矫正、康复到跟踪帮教、后续照管的"一条龙"服务，为巩固操守率、降低复吸率提供了有效保障。

（二）存在不足

1. 戒毒人员回归社会跟踪回访工作落实不到位

戒毒人员回归社会后的跟踪回访工作，其实是"无缝接轨"帮教计划的

重要一环，但是由于某些客观因素的影响，其成效并不显著。首先，由于戒毒人员出所后流动性较大，就业、住房不稳定，工作、居住、联系方式的变更，限制了禁毒社会工作者的跟进帮扶。其次，为了隐匿自己戒毒人员的身份，绝大部分的戒毒人员并不愿意将联系方式主动告知禁毒社会工作者，以躲避禁毒社会工作者的回访。最后，目前深圳社工机构的分布较为零散，服务的范围存在明显区块，跨区域回访、跨区跟踪存在一定的难度。

2. 非户籍戒毒人员跟踪、帮教薄弱

据统计，在参加"无缝接轨"帮教计划的临解戒人员中，85%以上的临解戒人员属于非深圳户籍人员，他们中有一半以上的人表示出所后会选择留在深圳。但是由于人力和观念的限制，目前深圳市各禁毒部门主要是对本市籍的戒毒人员进行重点管控，对于非深圳户籍的戒毒人员帮扶较少。以目前深圳庞大的外来人口规模来看，那些出所后选择留在深圳的非户籍戒毒人员的情况很难掌握，也就无法进行跟踪和帮教。

3. 禁毒社会工作人员更换频繁，无法保障服务的延续性

受政府禁毒职能转变、禁毒社会工作者岗位流标及禁毒社会工作者自身职业调整等因素的影响，大部分有经验的禁毒社会工作者或转岗，或离职，致使开展帮教服务的延续性受到极大影响。而新上岗的禁毒社会工作者，由于缺乏专业的实务工作经验，再加上对项目不熟悉，与戒毒人员没有建立信任关系，一时还无法与临解戒人员形成良性而有效的沟通，影响了戒毒人员的求助积极性。

（三）改进对策

1. 加大戒毒人员跟踪回访力度

为更好地帮助戒毒人员戒除毒瘾，回归社会，应该进一步发挥街道、社区禁毒部门的作用，加强社区戒毒社区康复站的建立，强化社区康复站与强制隔离戒毒所（戒毒所）的合作，搭建"戒毒场所—禁毒办—社区—家庭—社会组织"五位一体的帮教平台。在此基础上，进一步加强社区戒毒社区康复站与强戒所（戒毒所）的对接，社区戒毒社区康复站在做好所外戒毒人员跟踪帮扶工作的同时，也应当将帮教工作提前延伸到所内，来所探视、帮教本辖区内临出所戒毒人员，提前掌握情况，确保戒毒人员出所后的顺利对接，实现戒毒人员的有效跟踪与回访。

2. 扩大戒毒人员社会管控、帮教范围

禁毒工作难以取得根本性突破的主要原因在于戒毒人员的流动性大、隐蔽性强、管控帮教难。深圳户籍戒毒人员的数量其实仅占到全市戒毒人员数量的很小一部分，如果仅是加强对深圳户籍戒毒人员的管控帮教，很难从根本上提升管控效果。而且，绝大部分的非深圳户籍戒毒人员由于长期生活在深圳，如果不加以管控，也会对深圳的社会治安带来不良影响。因此，禁毒部门应该转变观念，将非深圳户籍戒毒人员也一起纳入社会管控、帮教范围，以实现对戒毒人员管控、帮教的全覆盖。

3. 确保禁毒社会工作队伍稳定性

禁毒工作是一项艰难且复杂的工作，强戒所（戒毒所）内戒毒只是禁毒工程的一小部分，更需要依靠社会禁毒力量，禁毒社会工作者也就是其中的重要一环。要提高禁毒社会工作者的工作效果，一方面，应减少不必要的岗位变动，保障禁毒社会工作者岗位的稳定性；另一方面，针对禁毒工作强度大、要求高、连贯性强，而禁毒社会工作者人员流失率高的问题，相关部门应该高度重视，通过加强禁毒社会工作者的培训和管理，有效提高禁毒社会工作者工作积极性和队伍稳定性，实现人员的"少流失"。

"无缝接轨"社会工作帮教项目是一项探索强制隔离戒毒与社区康复有效衔接的创新性工作，也是贯彻落实建立全国统一的司法行政戒毒工作基本模式的重要举措。经过多年的实践和探索，创新构建了"政社合作　戒毒帮教"服务新模式，形成了"提前介入、所内面谈、建立关系、出所接送、实现对接、所外服务"的服务体系，实现了从所内教育、矫正、康复到所外跟踪帮教、后续照管的"一条龙"服务，为巩固操守率、降低复吸率提供了有效保障。随着项目服务经验的积累和社区禁毒服务的深化，持续推进"政社合作　戒毒帮教"服务模式，有利于逐步完善戒毒康复工作体系，提高戒毒服务的水平，打通戒毒人员回归社会"最后一公里"，从而推动安定和谐社会的构建。

参考文献

［1］陈令才. 强制隔离戒毒人员回归社会服务管理问题研究［D］. 南京：东南大学，2016.

［2］林小丹. 戒毒人员回归社会的管理研究［D］. 泉州：华侨大学，2017.

创新基层社会心理健康服务体系的探索

——基于深圳社会工作服务的分析

赖汉财　李德亭　严书翔　李艳刚　胡旦旦①

摘　要： 随着新时代发展，社会心理健康问题引发的社会问题日益凸显，甚至成为影响社会稳定和公共安全的风险因素。在光明区委政法委的资助支持下，深圳市社联社工服务中心和深圳市光明区社联社工服务中心于 2018 年 9 月开始，在深圳市光明区逐级进行"区—街道—社区"三级社会心理服务体系建设，按照"1＋6＋31＋N"模式建立覆盖全区的心理服务平台。作为心理服务体系，着眼于社会治理、落脚基层社区、联动多个部门，聚焦回应社区群众和社区矫正等特殊关爱人群需求，逐步打造成"500 米社会心理服务圈"，把服务送到社区、送到百姓家门口，为全区居民群众提供精准化、精细化心理服务。

关键词： 社会治理；社会心理；心理健康

近年来，我国经济社会快速发展，人民生活节奏明显加快，公众心理服务需求增加。党中央、国务院高度重视社会心理服务体系建设，党的十九大报告提出，"加强社会心理服务体系建设，培育自尊自信、理性平和、积极向上的社会心态"。基层社会心理服务体系建设是国家治理体系现代化以及社会治理体系现代化的重要内容之一。社会心理服务涉及社会各个方面、各类人群，要"坚持预防为主、突出重点、问题导向、注重实效的原则，强化党委

---

① 作者简介：赖汉财，深圳市社联社工服务中心，中级社会工作师、二级心理咨询师；李德亭，深圳市社联社工服务中心，中级社会工作师、二级心理咨询师，社会心理服务督导；严书翔，深圳市社联社工服务中心理事长，中级社工师；李艳刚，深圳市社联社工服务中心总干事，中级社工师；胡旦旦，深圳市社联社工服务中心，中级社工师、二级心理咨询师，督导。

政府领导和部门协作，建立健全服务网络，加强重点人群心理健康服务"。①既要建立健全社会心理服务网络，铺设一张覆盖全社会的心理服务网络，也要加强心理服务人才队伍建设，发展社会工作专业队伍，鼓励和支持专业社会工作者参与心理健康服务。

一、案例背景

2018年《中国城镇居民心理健康白皮书》调查结果显示当前中国城镇居民心理健康状况不理想，我国73.6%的人处于心理亚健康状态，存在不同程度心理问题的人有16.1%，而心理健康的人仅占10.3%，故中国城镇居民心理健康状况不容乐观。深圳作为一座年轻的移民城市，聚集了大量人才，在经济快速发展的同时，面临水土不服、环境适应、人际关系、生活节奏快、工作压力大，各种心理行为问题也尤为突出。2019年1月，深圳市社联社工服务中心联合光明区委政法委对光明区群众心理服务整体情况进行调查了解，调查结果显示：

一是没有充分重视到社会心理服务重要性。社会治理体系建设离不开心理学的支撑，离不开社会心理服务体系建设。心理健康服务工作短期成效不明显，需要立足长远、久久为功。光明区群众心理健康服务只是零散出现在有关职能部门的一些工作中，很多职能部门在实际工作中尚未有意识利用好心理服务，特别是在疑难重大矛盾纠纷或应急突发事件中主动开展心理危机干预。

二是社区居民面临心理健康问题亟待解决。光明区群众心理健康服务仍存在不少问题，特别是针对一般社区居民的心理服务需要快马加鞭，填补空白。在调研过程中，发现有近半数受访居民带有焦虑情绪，87%受访居民没有及时将负面情绪释放，如果负面情绪不及时释放，后期一旦遇到触发诱因，以前的负面情绪往往会突然爆发出来。另外，大部分居民对心理问题没有正确认识，对心理健康知识不了解，自己有心理问题也不愿正视，在对2638人问卷调查中，只有280人（占总人数10.6%）会第一时间寻求心理咨询，这非常不利于个人工作生活和社会和谐稳定。

---

① 出自2018年11月16日国家卫生健康委、中央政法委等10部门印发的《全国社会心理服务体系建设试点工作方案》。

三是社区群众心理健康服务队伍力量非常薄弱。据了解，按照世界卫生组织的标准：每1000人拥有一个心理咨询师是"健康社会的平衡点"（我国目前还没有人均心理咨询师配备标准），如果按照该标准，相对于全区122万常住人口来说，光明区的心理咨询师明显不够。

因此加强社会心理服务体系建设成为提高保障和改善民生水平、加强和创新社会治理的重要抓手，也是营造共建共治共享社会治理格局和提升社会治理体系现代化水平的重要内容之一。为贯彻落实党的十九大精神、2018年习近平总书记视察广东和2019年习近平总书记在中央政法工作会议上的重要讲话精神，结合深圳市人民政府办公厅印发的《深圳市社会心理服务体系建设试点工作实施方案（2019—2021）》的要求，深圳市社联社工服务中心经过2017—2018年研发打磨，派专家团队前往香港、台湾地区等地学习先进经验，在光明区委政法委的资助支持下，于2018年9月率先试点打造深圳首家"V爱之家·心理关爱空间"，并于2019年4月在全区全面复制推广，8月建成6个街道心理关爱空间和31个社区心理服务室，10月成立区社会心理服务指导中心，率先完成"区—街道—社区"三级社会心理服务体系建设，按照"1+6+31+N"模式①建立覆盖全区的心理服务平台。

光明区"V爱之家·心理关爱空间"着眼于社会治理、落脚基层社区、联动多个部门，聚焦回应社区群众和社区矫正等特殊关爱人群需求，打造集社区居民群众心理健康服务基地、特殊人群管理服务阵地、社会心理知识教育宣传阵地、社会心理健康服务体系人才建设阵地"四位一体"的实体化平台，为全区居民群众提供精准化、精细化心理服务，培育自尊自信、理性平和、积极向上的社会心态，努力实现平安光明、健康光明。

二、案例总体设计

一是成立1个光明区社会心理服务指导中心。配置专家会诊室、多功能室、接待洽谈区、办公区等，承接全区心理研判、规划、监管、人才培训、专家会诊、个案流转、学术研讨、危机介入8大中枢任务。

---

① "1+6+31+N"模式是指1个区级社会心理服务指导中心+6个街道"V爱之家·心理关爱空间"+31个社区心理服务室+N个工业园区、建筑工地、学校、商业综合体、医院等场所建立的心理服务室，通过层级联动织就一张社会心理服务网。

二是建成 6 个心理关爱空间（"Ｖ爱之家"）。6 个街道历时 4 个多月按"4 室 3 区 1 中心"，不低于"3 + 1"的人员配比、独有、专业、温馨的硬件软件设备配置，打造"Ｖ爱之家"心理关爱空间，为社区群众提供贴心"到家"服务。作为基层心理服务的主阵地，围绕精神障碍患者、社区康复戒毒、青少年、涉访缠访等特殊人群，提供各类团体活动、一对一心理咨询、园艺体验、沙盘体验、音乐舒缓等心理服务。同时，积极介入各类心理危机事件，通过各街道"Ｖ爱之家"构筑心理防护工程，加强心理疏导和危机干预，提高其承受挫折、适应环境能力，预防和减少重大事件的发生。

三是搭建 31 个社区心理服务室。根据各社区人口密度、群众需求适度增建社区心理服务室，为社区群众提供精准化、精细化的心理健康服务，把服务送到社区、送到百姓家门口。

四是设立 Ｎ 个心理服务室，打造"500 米社会心理服务圈"。在多个行业人口密集区域建立"Ｎ"个心理服务室。依托全区 200 余个群众诉求服务站点搭建心理服务室，站点涵盖企业、工地、学校、医院、小区等多个领域园区，实现站点的全域覆盖。同时，通过政法、卫健、教育部门的专兼职心理服务人员以驻点值班和预约相结合的方式盘活各室、各站点心理服务网络，逐步打造成"500 米社会心理服务圈"。

三、主要做法

（一）智慧赋能心理，创建全链条管控综合信息平台

整合社会心理服务资源，运用"互联网 + 心理"概念，依托"ｉ深圳"研发光明区社会心理服务系统智慧平台，各站点的心理咨询师实时上传工作动态。针对各类平安志愿者、心理咨询师、社区工作者等上报的心理类事件，划分风险等级预警，实时监测划拨，实现全区心理服务工作 24 小时动态监测。通过心理服务智慧平台，建成居民心理数据库，全面分析需求，研判形势，及时疏导，全链条闭环管理，实现智能化、现代化心理服务。同时，依托区群众诉求微信小程序、关联"ｉ深圳"，为民众提供线上心理服务咨询、预约、公益讲座、心理在线课堂等便民服务。

（二）聚焦人才高地，组建"两支队伍一个智库"

一是组建心理服务专业人才队伍。通过政府购买服务形式，全区组建一

支 60 余人专职心理服务队伍，聘请 2 名心理督导及 1 名社会工作督导。配套建立心理服务人员队伍专业能力提升机制、人才保障机制、人才奖励机制，全方位科学管理专业人才队伍，持续提升专业实务水平。二是组建心理服务义工队伍。以各街道心理服务站为平台，广泛组织各行各业具有心理健康服务经验或教育背景的热心人士充实心理服务志愿队伍。同时，与群团部门形成联动，提升义工参与的主动性和积极性。目前，已由 "V 爱之家" 孵化出 "星灯" "向阳 V 爱" "萤火" 3 支特色心理义工队伍，开展 116 场次志愿者活动。三是建立一个专家组，形成社会心理服务人才库。成立光明区社会心理服务体系建设试点专家组，为体系建设提供保障；对区相关单位下发《关于开展全区社会心理服务人才信息摸底统计工作的通知》，全面整合全区 200 余名心理咨询持证和从业人员信息数据，为全区社会心理服务全面专业化发展提供智力支撑。

（三）完善机制创建，保障 "全方位" 心理服务长效运作

一是建立信息化、标准化管理体系。布点排班：以区社会心理服务指导中心为指挥中枢逐级链接街道、社区、各场所心理服务站、室等 200 余个服务平台，制定站点心理服务人员排班表、值班表，针对疑难或危机心理问题，中心统一规划，调度资深心理咨询师及时解决；统一信息上报：制定日、周、月社会心理服务工作动态上报机制，周期性研判调整服务。

二是建立监测预警、危机干预、心理疏导三项机制，稳控轻生警情。建立监测预警机制，依靠各部门定期开展隐患排查、心理服务站与各社区在社会心理服务系统每日报送、3.6 万平安志愿者每日隐患上报对社会心态多维度监测预警，对重大不稳定心理危机事件及时预警上报，已累计筛查 11 万人，存在隐患 4400 人，跟进 1782 人；建立心理危机干预机制，开展有序、高效的个体危机干预和群体危机管理，协助信访、公安等部门处置突发事件，就近委派心理咨询师提供心理危机干预援助服务。3 年来光明区轻生警情得到有效稳控，目前已成功干预轻生案例 292 例，大大降低轻了生死亡率；建立心理疏导机制，将社区居民心理健康、特殊人群心理关爱、心理健康知识宣教纳入工作重点开展心理疏导，已累计提供一对一心理咨询 9007 人次，累计咨询 9254.15 小时，开展重点个案 924 例，各类知识普及宣传 1328 场次，累计

服务群众超过 30 万余人次。①

三是建立平台考核机制。制订下发《光明区关于社会心理服务平台建设与管理考核评估工作实施方案（试行）》，对各街道心理服务平台建设与管理工作进行考核评估，涵盖平台的设施建设、人员配备、工作部署、服务管理、主体测评等多个方面，立体化对平台建设与管理工作进行监测。

四是聚焦重点人群和紧急危机案件，创立"八位一体"关爱帮扶机制。以社会治理创新和解决社会问题为导向，为一般居民、特殊群体、社矫人员、精神障碍患者等提供个性化、精准化、精细化服务，特别是针对精神障碍患者，在全市率先创立"八位一体"关爱帮扶机制，实现社区、社康、监护人、残联、社区民警、网格员、精防社会工作者和"V爱之家"协作管理服务。目前已累计跟进精神障碍患者 782 例，有效防控个人极端案件发生，切实维护全区社会大局安全稳定。

五是依托平台着力化解婚姻家庭矛盾。政法、群团等多部门达成共识，依托"V爱之家"在各街道设立婚调室，通过妇联和派出所转介的调解个案，对个案家庭进行心理疏导及后期跟进，直到矛盾化解，个案结案。目前，已介入婚调回访跟踪案件 1141 例。

（四）强化站企合作，探索企业"点单式"心理健康服务

一是定位需求，试点探索企业周期心理服务。针对困境企业，通过实地走访、问卷调查、面对面访谈等形式了解企业基本情况及需求，制订契合企业员工需求的多元化周期性心理服务方案，例如针对辖区企业，召集专业心理咨询师进入企业开展覆盖式员工心理健康访谈，制订了涵盖职场心理健康管理、压力疏导、婚姻家庭亲子关系、人际交往、团队管理等契合企业员工需求的多元化周期性心理服务方案。

二是建立企业心理联络员机制。与辖区大型企业强强联动，为企业提供员工心理筛查和心理健康宣教指导服务。例如 2021 年 7 月，街道心理服务站（"V爱之家"）联合华星光电、华力特等大型企业有针对性地对企业员工开展为期两周的心理健康筛查专项活动，对 13626 名企业员工进行量表自测，对有心理咨询需求的员工进行一对一跟进。

---

① 数据引自《光明区社会心理服务简报》（2022 年 10 月）。

三是推出企业心理服务"菜单"，精准纾解员工心理。借力街道心理服务（"V 爱之家"）站职能作用，定期推出多元主题的外展宣传、团体辅导、培训讲座等专业心理健康"菜单"供辖区企业选择，有效提高员工心理健康水平。近来，深入企业开展心理健康知识宣传活动、心理讲座、团体辅导等服务。

四、创新经验

（一）立足源头治理，社会风险有效降低

运用线上线下双向调查、实地调查、一对一访谈等方法在全区 6 个街道，31 个社区中的工厂、机关、学校等人流密集处开展大规模调研，累计指导居民填写心理测量量表超过 11 万份。筛查居民群众心理健康状况，监测社会心理动态，挖掘潜藏存在心理问题的居民，分级分类，并及时跟进或对接相关部门转介，预防心理问题演变为心理疾病，促进了社会不稳定因素的源头防范，最大限度降低社会风险。

（二）贴合群众需求，居民心理健康素质不断提升

项目搭建纵向到底、横向到边的社会心理服务网络，为全区居民提供精准化、专业化服务。截至 2022 年 10 月，已为生活失意、心态失衡、行为失常人群及性格偏执人员提供心理咨询 9007 人次，累计提供心理咨询 9254.15 小时，开展辅导 3298 例，其中介入产后抑郁、亲子关系、社交恐惧、就业焦虑、学业压力等重点个案 4045 人次，跟进精神障碍患者 782 人次，各类知识普及宣传 1328 场次，极大满足了居民群众心理健康方面的服务需求，提高了居民心理健康素质。[①]

（三）介入危机案件，个人极端事件发生率有效降低

"V 爱之家"与区级心理危机干预项目团队紧密联动，为公安、信访、维稳、劳动等部门处置突发性、群体性事件提供心理服务支援。截至目前，项目团队已介入重大矛盾纠纷、跳楼自杀、网瘾断食、抑郁自残等危机个案 329 例，对个案人员有效进行心理疏导和心理咨询，及时遏制了个人心理问题向

---

① 数据引自《光明区社会心理服务简报》（2022 年 10 月）。

社会事件的转化，维护了光明区平安建设工作成果。

（四）搭建心理服务平台，助力化解疫情心理危机

疫情期间，光明区"V爱之家"项目开通"24小时心理热线"，利用线上线下心理咨询、线上服务宣传、心理评估、线上讲座、心理互动工作坊等多样化服务手法，化解多例疫情危机个案。成立"逆行者安心屋"，为一线防疫工作人员提供心理支持。心理社会工作者、咨询师等专业力量在各居民群成为活跃的爱心发射手、开心制造师，在居民微信群、QQ群、热线中定期推送相关心理防护常识，帮助居民纾解压力，提供心理支持，助力居民平缓度过疫情特殊防护时期，服务获得居民的一致好评。

（五）构筑心理防线，市民满意度不断提升

项目团队积极普及和传播心理健康知识，服务内容获得民主与法制网、《深圳晚报》《深圳特区报》《宝安日报》、绿色光明网等媒体报道1510次。借助电视、报纸、网络等媒体，广泛宣传"V爱之家"心理服务，倡导健康生活方式，提高社会关注度，强化了居民群众心理健康自我管理的意识。根据意见反馈统计表显示，居民对"V爱之家"的服务满意度达到了98.27%。此外，截至2022年10月，项目获得"第三届全国社会心理服务专业优秀案例""2021年度广东省工会社会工作优秀案例""深圳市在营造共建共治共享社会治理格局走在全国前列实践创新项目""第十六届深圳关爱行动'百佳市民满意项目'奖""深圳市优秀案例银奖""深圳市'双工联动典型案例'评选二等奖"等多个奖项。

五、案例推广价值

一是求新求变，树立标杆。深圳经济特区作为中国改革开放前沿阵地，中国特色社会主义先行示范区，在坚定不移走中国特色社会主义道路上，敢闯敢试、敢为人先，务实求新、攻坚克难，树立新时代改革开放的标杆，为全国改革开放和社会主义现代化建设作出了重大贡献。光明区"V爱之家"自试点工作全面推广以来，作为深圳市首家心理关爱空间，立足于基层，积极探索，顺应新时代要求，求新求变，着力建设新时代社会心理服务体系，打造共建共治共享的社会治理新格局。

项目在坚持不断深化专业心理服务的同时，大力推进基层社会心理服务体系化、现代化，逐步打造成全国、全省、全市建设社会心理服务体系的范本、标杆。自成立以来，光明区"V爱之家"先后接待了国务院、省委政法委、省卫生健康委、市委政法委等领导参观调研，并得到一致好评，并且不断组织兄弟省、市、街道及精神、心理等卫生健康领域专业团队进行学术探讨和工作交流，用实际行动践行新时代改革开放的标准要求。

二是专业深耕，搭建平台。光明区"V爱之家"作为社会治理的试点案例，能够主动作为、创新探索，搭建服务平台，拓展服务范围，打造覆盖光明区"1+6+31+N"的社会心理服务体系，打通服务群众的"最后一公里"，让群众实现在家门口就能享受服务，把矛盾解决在萌芽状态、化解在基层，形成社会心理服务工作的"光明模式"。

三是智慧心理，便民利民。本项目基于光明区"V爱之家"项目平台，依靠现代化技术，建立光明区社会心理服务智慧化平台，促使专业力量覆盖面扩大、发挥更大效用，并且能够实现心理危机风险等级预警、全区心理服务工作24小时动态监测等功能。此外，基于智慧化平台，赋予各种线上心理服务功能，系统接入光明区群众诉求、"i深圳"微信小程序，为民众提供线上心理服务咨询、预约、公益讲座、心理在线课堂等便捷式服务。

四是"八位一体"机制，精准帮扶特殊群体。将光明区"V爱之家"的心理社会工作者纳入关爱帮扶机制的其中一体，"V爱之家"作为协助管理者之一，能够从心理层面为一般居民、特殊群体、社矫人员、精神障碍患者等提供个性化、精准化、精细化服务，从根源上解决心理隐患。

六、服务对策建议

一是促进多元融合。通过项目的开展，"心理咨询师+社会工作者"达到多元融合。本项目从2018年9月开始，成立了深圳市首家社区心理关爱空间，作为试点，工作团队的组成便是"心理咨询师+社会工作者"，在项目运营的初期阶段，两个职业在工作层面上很难融合，心理咨询更聚焦于"一对一"服务，服务对象更为主动，而社会工作者更聚焦于群体或环境的效用上，社会工作者更为主动。所以，在项目的初期阶段，凸显出心理咨询师没有服务对象，社会工作者苦恼于如何开展心理治疗性主题活动的问题，导致项目推行存在较大的困难。随着项目推行的深度，团队也经过不断的磨合后，"心

理咨询师 + 社会工作者"的搭配工作产生了质的变化，在多个层面上能够达到融合。例如，心理咨询师习得了通过社会工作实务的开展可发现潜在群体；针对个体求助，"心理咨询师 + 社会工作者"同时介入，心理咨询师聚焦个体治疗，社会工作者聚焦社会环境的改善，双管齐下，能够发挥更好的效用。

二是强化职业认可。心理社会工作作为新兴的专项领域，职业发展及专业发展方向不明朗，从业者更容易产生职业瓶颈。在社会治理的大背景下，心理社会工作的概念也是应运而生，作为一个新兴的特殊领域，目前发展还不成熟，专业发展方向也比较模糊。本项目团队中的一部分成员对于未来的职业发展和专业发展都表现出担忧，心理咨询师担心长期发展，无法按照"心理咨询"专业方向成长，而社会工作者则会在自我身份的认同上出现混淆，相对而言，更容易出现职业瓶颈。

三是扶持引进综合型人才。公益心理咨询的服务群体往往处于社会底层，心理健康问题更为严重，且社会支持系统各方面资源更少，而项目出于经费条件的限制，能够配置的心理咨询师资历局限性都较大，从服务对象需求的角度来说，需要从政策层面加大力度，吸引更为专业的人才提供服务，尤其是心理学背景的复合型社会工作人才。

四是法治保障，复制推广。光明区"V 爱之家·心理关爱空间"自试点工作全面推广以来，重点针对家庭情感纠纷、精防转介、网瘾、自杀等个案人员开展有效心理疏导服务，取得较好的成效，深受辖区居民欢迎。该项目作为社会治理的试点案例，能够主动作为、创新探索，搭建服务平台，拓展服务范围，健全服务体系，把矛盾解决在萌芽状态、化解在基层，形成社会心理服务工作的"光明模式"，谱写了温暖人心的"平安乐章"。同时也积极探索通过立法途径将心理服务法治化，强化法治制度保障。

七、总结与展望

项目从研发到落地试点，从试点到大规模的推广覆盖，再到成为光明区社会治理"光明模式"的重要组成部分，能够充分呼应时代需要，又契合政府政策导向的服务，是充满生命力的。项目作为深社联社会心理服务领域的精品项目，从开始的项目打造，到项目的升级铺开，不单单在社会心理服务领域有了更多的探索，对于机构而言，这些实践经验作为宝贵的服务资本，推动着机构的服务发展。

1. 充实了机构"大健康"社会服务领域

项目主要提供社会心理服务，对于机构而言，作为新的服务领域，充实了机构"大健康"社会服务领域，从原本的精防、心灵 E 站等精神卫生的服务项目，增加社会心理服务后，机构的"大健康"社会服务领域更加健全。

2. "社会工作 + 心理"创新服务模式为社会工作服务提供更多服务的可能性

项目创新服务模式，团队成员皆以"社会工作者 + 心理咨询师"的搭配组成，这跨领域的服务模式，能够充分结合社会工作和心理学的原则和技巧，为群众提供综合性的支持和帮助，更能满足个体和群体的心理健康和社会福祉需求。

3. 间接提升机构服务质量，激发社工机构的创新和改进意识

通过参与和实施项目，机构可以获得更多实践经验，从而进行多元化服务方法的探索，更为复杂服务群体的应对，从整体层面提升了服务的有效性和适应性。作为新的专业服务领域，机构将面临新问题和挑战，更能激发机构的创新和改进意识，推动机构不断改进和优化服务方式。

4. 有效推动社会心理服务领域的发展，促进社会的整体健康

项目通过政府支持，社工机构运营，围绕社会心理健康为目标，培养一批实践能力强，扎根基层的心理社会工作者，引入特色心理疗愈服务手法，为社会群体提供个体或群体的干预和支持服务，通过服务实践的探索及经验总结，有效地推动社会心理服务领域的发展，从而提高社会的整体心理健康水平。

展望未来，社联社工将立足社会治理领域和社会心理领域的需求，不断总结成功经验，继续创新研发更多、更精准的服务项目，为服务对象提供更高水平的社会工作专业服务，为国家"共建共治共享"的社会治理格局贡献力量。

乡村振兴

社会资本视域下培育乡村最小治理单元的路径分析

——以榄核镇社工服务站"党建三人惠民小组"为例

黄建钊①

摘　要：在乡村经济发展中，村民生活水平以及对美好生活的愿景不断提高，乡村治理需求呈现多样化与差异化，乡村治理的主体和秩序结构也发生了重大的变革，传统乡村的治理模式效果在新时代社会当下越加不适应，"打造共建共治共享的社会治理格局"是乡村治理制度创新与长效化转变的必然趋势与要求。从社会资本理论视角出发，基于个体性、群体性、情感性、制度性的社会资本特征，选择乡村基层自治模式，建设"最小治理单元"作为最靠近家户的自治基本单元，坚持"重视优势视角、聚焦社区内部、强化关系驱动"社会资本建设三原则，在党建引领的核心理念下，榄核镇社工服务站以广州市社工服务站"113X"的模式，发挥社会工作的专业优势，围绕"最小治理单元"搭建自治生态网络，将乡村的传统资本全面引入乡村自治当中，通过乡村社会资本的重构和多元主体协同，推动社区信任建设与资本提升，探索一条在地化乡村多元协同基层治理路径。

关键词：乡村自治；最小治理单元；自治资本重构；多元协同自治

党的十九大报告提出，"打造共建共治共享的社会治理格局""加强社区治理体系建设，推动社会治理重心向基层下移"，社会工作的专业性价值为社区建设和治理提供了创新的思维和角度，明晰社区治理的本质精神的同时，从社会资本理论出发，以党建引领建设"最小治理单元"，促进社区之间协作，推动社区资本运筹效能，创新乡村社区基层治理工作视角。广州市社工服务站作为网络型覆盖全市的综合社会工作服务力量与窗口，针对乡村现状，

---

①　作者简介：黄建钊，广州市心明爱社会工作服务中心，项目主任。

培育建设社区基层治理力量与载体，与社会治理路径有机结合，通过社会工作专业手法向基层赋能，进一步探讨基层社区的研究与实践拓展。

一、背景与问题

随着国家将越来越多的资源、服务、管理下沉城乡基层社区，面对利益诉求多元化、突发性事件层出不穷、治理精细化等新挑战，基层社会治理的压力与日俱增，社区治理暴露出专业人员短缺、公众参与不足、社会资本匮乏、公共服务供给不均衡等现实问题。第一，从治理主体来看，随着治理模式从"元治理"转为"自理"，社区治理越来越倾向于对社区社会资本的引入与整合、居民自治与民主协商、多元治理主体的角色再定位等共建共享形式；第二，从社会资本的维度来看，存在个体性维度与集体性维度，前者侧重于研究个体行动者与社区其他主体之间的互动关系，后者关注多元主体之间的协同机制；第三，从自治模式来看，选择社区居民自治模式（即精英式治理），经验在于，当社区社会资本总体较为匮乏时，社区治理的破局关键在于基于情感性社会资本，重构信任机制，培育社区居民维护共同生活空间的公共意识，从而挖掘并激励居民的广泛参与，以熟人社会与小区痛点问题催化合作、重构情感－利益共同体；第四，从基层自治基本单元来看，具有自然形成、内含自我解决基本公共问题要求、采用自我民主方式达成共识 3 个特点。

乡村良好的社会基础表现为乡村和谐的氛围，村民之间的友好相处和团结，这就是乡村的社会资本。榄核镇总面积 74.48 平方千米，辖区内有 23 个村委会，1 个居委会，2 个农场，是典型的乡村城镇，人口老龄化 20% 以上，困境群体 2280 个。镇内"一心一轴六片"的发展规划结构，以星海文创艺术、都市生态农业为主导，凸显沙田水乡特色的宜居宜游城镇，多方向的城镇化发展与农民社会适应能力之间的不协调，促成家庭小型化、家庭经济结构转变，居民在劳动、生活、学习、养老等方面都呈现出多样化的需要，社区社会资本的重构必定回应社区的需求进行介入，催生乡村社区公共问题与发展需求开始回应。通过社区总体调研得出榄核镇基层社区治理面临的问题与治理资本重构困境如下。

（一）乡村多元参与乡村治理的网络缺失

实现乡村治理的善治，需要培育多元参与主体，而党员、社会工作者、

志愿者代表着引领、专业、基层力量。乡村治理模式从一元化的主导发展到多元共治，推动着基层治理参与的积极性提升，但缺乏多元主体参与的组织、渠道、网络、机制，制约了乡村民间组织、社区领袖、群众等作用的发挥，无法提升乡村基层治理凝聚力与效率。

（二）乡村治理实践中关注乡村社会关系空心化的实际行动缺失

在大力推动社区治理与乡村振兴的实践中，对社区硬件更新建设，打造良好的社区治理客观条件，但往往忽略过程目标的实现与人力资本的积累，以及社区氛围的营造。"吃老本""冲动动机""兴趣消耗"等自发性治理行动，往往在单次性活动后，体现出主体治理能力的欠缺，无法保持恒常性、渐进式的治理行为。

（三）组织网络分散化导致公共服务提供精准度缺失

目前行政力量重视社区民生兜底服务，但容易在基层行政服务中形成误区，忽略相对困境人群、隐形困境人群的需求，导致受社区公共问题影响人群与边缘人群的需求未能得到服务，影响社会资本的累积与运用，治理效果出现断层现象。

（四）乡村城镇治理主体间的信任缺失

党的十九届五中全会提出"实现政府治理同社会调节、居民自治良性互动、建设人人有责、人人尽责、人人享有的社会治理共同体"，在新的治理要求下，社会治理在乡村城镇的实践中，打破了政府主导的社区治理模式，不再是"一手包办"，尤其是在民众公共服务需求多样化、差异化的影响下，政府、企业、社会组织、居民等主体之间信任度有待加强，做好充分的沟通协商、合作互动，形成共同价值与共同目标。

（五）传统社区管理方式导致社区基层治理参与积极性缺失

向基层治理赋能和赋权的本质就是进一步释放社会力量参与基层治理的能量，从目前的社会资本情况来看，"自上而下"的治理方式尚未发生较大的改变，在维稳为主的社区压力下，缺乏一定的创新空间与机会，然而在社区基层参与不足。此外，单个性、短暂性的服务开展，导致基层参与主动性较差，绝大部分属于被动参与，政府主导型社区是居民自治程度最弱的社区。

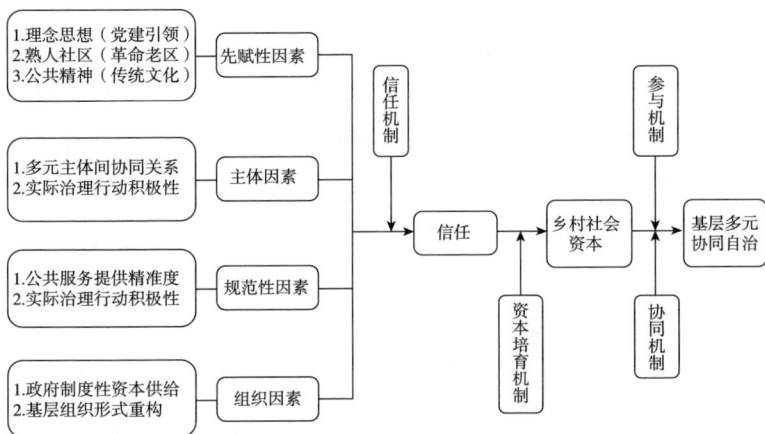

图1 乡村社会资本影响因素

资本这一概念首先来自经济学领域，是分析社会发展和经济繁荣的一个重要因素。随着理论研究的深入，社会学家将资本这一概念移植社会学领域，用以分析社会现象的成因，并且为了与其他学科的资本研究进行区别，社会学家将其称为"社会资本"。通过把社会资本应用于城市社区治理中（如图1所示），密切个体或团体之间的交流，构建社会网络、形成互惠性规范和由此产生的信任，以增进社区成员之间的非正式联系与合作，能有效解决社区治理中的难点，将社会资本作为基层社会治理、社区治理的润滑剂，增强居民对社区的认同感，以期以实现城市居民的自我管理、自我教育和自我服务。

总之，乡村基层社区治理中多元参与不足的背后原因，就是乡村社会资本的缺失，通过政府目前的制度性供给，传统治理资源以及传统的治理单元的充分运筹，发挥党建的引领作用，发挥社会工作的介入优势，从理念思想、结构网络、规范制度、行动参与、工具技术等层面进行重构与优化，预防社区基层治理失灵现象，促进乡村基层的多元合作治理，提升乡村社会资本。

二、服务理念

"最小治理单元"的概念来源于"管理单元"，类似于目前全国多镇街推动的"网格化管理""一刻钟便民生活圈""完整居住社区"等。"基层自治的基本单元"，是指适合人们自治的最小单元，农村基层自治的基本单元就是贴近家户的最底层的公共单元，它是乡村联合而成的最小公共单元，即最底

层的最小单元。由于不同社会条件、不同环境，治理单元和治理方式都有所差异。综上所述，在本文中"乡村最小治理单元"概念需要具有以下 4 个特点：第一，从治理规模上最贴近乡村家庭最底层的公共单元；第二，从功能上具备快速自我解决基本公共问题的能力；第三，从运营上具有基本的问题识别、协商、决策等运作机制与指引；第四，单元具有给予领袖、文化、资源、利益等区域特征形成的共同体。

榄核镇社工服务站围绕"乡村最小治理单元"乡村基层自治力量理念特征，在地域上进行规划区分，重点针对社区的治理需求、辖区内的服务需要为导向，以党建引领基层治理网络搭建、自治力量培育、治理路径开拓、自运营机制建设、多元便捷参与 5 个方面，提高社区信任关系，促进社区乡村社区基层赋能，探索乡村"贴地式"的基层社区微治理服务模式。

在榄核镇目前"镇—村居—网格"区域治理情境下，建立"镇—村居—网格—单元—居民"的治理格局，因此可以将"乡村最小治理单元"描述定义为："以专才党员个人为组织起点，携手 2 名有共同参与意识的村民，以社区基层微治理为导向，组建一个能够链接个人与社区的最小单元，开展力所能及的社区参与行动。"此外，单元的数量、效能、治理方向随着党员积极性、特色、增能提升而呈不断发展的趋势，最终最小治理单元的各乡村分布密度、行动多元化、单元之间协作，成为一个有效推动乡村资本运筹、信任度提升、发展社区的基础精准治理网络。

三、理论基础

社会资本理论，帕特南认为"社会资本是指社会组织的特征，诸如信任、规范以及网络，它们能够通过促进合作行为来提高社会效率"。根据中国基层治理的在地性特征，社会资本理论从社区治理主体的参与动力、社区域内构建的参与机制以及社区多元参与关系网络的互动层面回答公共领域"弱参与"的困境。社区的社会资本一般包括三个部分：一是关系资本，社会资本是显示或潜在的资源的集合体，这些资源与拥有或多或少制度化的共同熟识和认可的关系网络有关；二是规范资本，能够通过推动协调和行动来提高社会效率，如信任、规范、网络；三是参与资本，社会资本的运转重心在于社群整体的发展，而其中的核心则是基于关系的社会网络资源，该资源越能自由地转化为集体行动，则意味着社会资本越强。通过社会资本理论带给乡村社区治理工作新的工作视角，从微观角度，社会资本被认为是个体的一种能力或资源，由此，对个体而言，它的存量多寡或者说是累积能力将对个人发展产生重要影响。从中观角度，社会资本也能反映一个社区的整体能力，而整体能力的提升也意味着社区建设的成效。从宏观角度而言，社会资本对于整个社会的进步也会带来不平凡的意义。

在政府制度性供给资本建立"1+24"的社会工作服务全覆盖网络的基础上，以"党建惠民三人小组"乡村最小治理单元的全覆盖建设，进一步向基层下沉社区治理单元，全面推动加强党建引领在"113X"社会工作综合服务平台、基层创新治理、乡村振兴三个方面的作用发挥，大力建设互联的个体、家庭、群体、组织的社会网络。从社会资本理论角度出发，以"社区信任"建设为核心，以"信任行动家"为主题，根据在地化资本培育指导思想（"十四五"、"党建引领"、乡村振兴），通过"双需求评估"与"菜单式对接"创新社会参与内容与形式的转变，围绕"农、文、育、乐、居"5个方面，找到不同服务对象群的介入口，促进村规民约、村民议事等制度作用发挥，逐步规范社区社会组织、志愿者团体、基层社群自治力量、党群共融的结构稳定与主动互助，挖掘社区共同价值观。建立社区智库，向社区基层赋能增能，对在地化五种资本（公民参与资本、社区价值资本、社区培力资本、社会关系资本、社会资源资本）复原与提升，促进多元主体形成一致行动力与信任关系，开展社区治理行动，促进社区资本与绩效优化（如图2所示）。

四、服务实践

"党建惠民三人小组"的组建，就是"乡村最小治理单元"最初建立的示范模板，创新社区基层最小治理单元，遵循"自下而上"的统一逻辑起点，以社区调研为依据，根据社区情况不同、资源禀赋不同、居民需求不同，提供不同的培训与支持，设置不同的服务能力半径，赋予不同单元的功能。随着治理单元的"滚动式"壮大，黏合自身的资源，对接"自上而下"的行政力量，逐步打造"功能多样化，响应快准精"的社区自治力量。

规范"党建惠民三人小组"的自治流程，用"精培育—随民意—领任务—强实践—再提升—建规范—自发展—思改革"8个步骤，保障单元初始阶段高效运作，为后期单元高质量发展打下基础（如图3所示）。

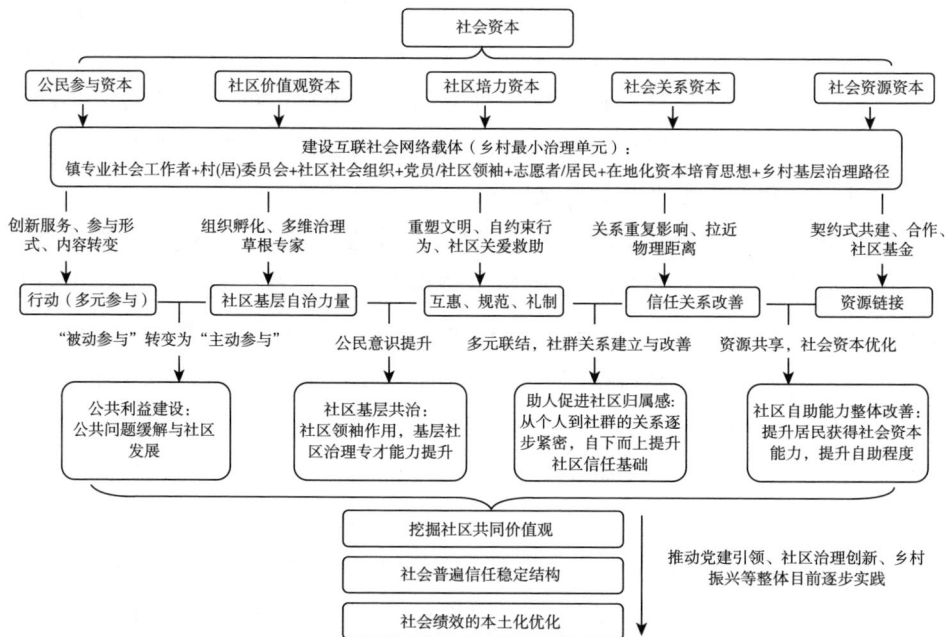

图 2　乡村社会自治资本重构逻辑

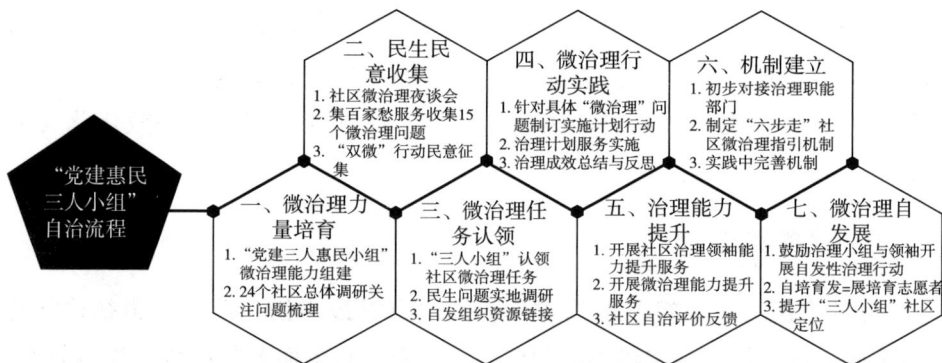

图 3　"党建惠民三人小组"自治流程

（一）建设最小治理单元，优化乡村治理网络缺失样态

建设最小治理单元，针对点、线、面 3 个维度出现的治理链断层、网络结构松散、网络中缺失协作共享等问题，都一一对应优化：

1. 从"点"上明确单元定位，优化治理网络基层连接链

在乡村治理服务探索过程中发现，"上面千条线，下面一根针"的局面已

经是基层工作的一种常态。除此以外，无论"自上而下"还是"自下而上"的治理协作关系当中，始终出现"居民"与"社区""社会组织"之间的一种断层关系。体现在：社区社会组织孵化的服务覆盖与发展进程制约了与居民关系链接；居民委员会与居民之间民主自治的体现越加不明显；居民与社区自治之间需要建设一层具有行动力、覆盖广、认同高、经验足、能力强的自治主体网络，由党员、社会工作者、志愿者/居民组成的"党建惠民三人小组"，正好补足社区治理链的"断层"现象。

2. 从"线"上嵌入人才，孵化单元优化治理网络密度

围绕社区治理需求，以"党员＋社会工作者＋志愿者"的"党员惠民三人小组"架构，面向社区招募治理人才组建所在社区的最小治理单元，其中包括党员、社区领袖、退休干部、专才志愿者等，经过层层遴选，按照每个治理单元3人，每个社区4个治理单元，全镇覆盖建立96个最小治理单元，其中包括96名党员及96名专才志愿者，形成榄核镇"基层最小治理单元"网络。另外制订每个治理单元的志愿者发展计划，以每年9名志愿者/单元的进度稳步扩建，目前全镇纳入治理单元的志愿者累计超过2000名。逐步紧密群防群治的网络，创新一个具有生命力、成长力的社区基层治理单元。

3. 从"面"上契约共建，单元协作优化治理网络互助共享

榄核镇社工服务站贯彻党建全面引领，与全镇24个村（居）社区基层党组织建立契约式合作关系，发挥社会工作专业优势进行双需求评估，将所在社区治理需求与公共问题加入协议中，明确双方权利义务，在目标、期望、实施中形成一致性。同时，通过驻村社会工作者与社区基层党组织，纵向积极组织各治理单元学习最新的社区治理要求与精神，横向组织"三方座谈会""治理单元联席会议""社区治理服务研讨会"等，保持单元之间的互动与所在社区需求反馈的时效性与策略制定，平均每年开展超过96场联席沟通会议，逐步营造参与治理服务的氛围。

（二）人力资本培育，改善基层治理社会关系空心化

"最小治理单元"的建设在根本上促进镇级、村级、村民组织对基层治理社会关系空心化的关注程度，此处"空心化"主要指在乡村自治关系层面，首先是治理行动的延续性影响稳定治理关系构架；其次是乡村自治人才从社区向工作单位外流，弱化了村民自治功能；最后是民主决策趋于行政化，基

本治理参与反馈不佳，缺乏治理关系联结者。

1. 发动社区恒常自治行动，提高稳定自治关系构造黏度

通过各最小治理单元参与民生保障自治行动，加强托底服务的同时，建立单元内部、单元与群众与社区之间互动，并在应对社区发生的各项治理行动前，均针对服务内容组织开展岗前培训，提升治理单元成员的通用性社区服务能力，保障自治关系稳定构建。如疫情防控、居家安全排查、御寒服务、流浪人员巡查、河涌安全排查等。

2. 储备项目型治理人才，缓解乡村自治人力流失

在前期社会工作者带领开展社区治理服务中，通过对各治理单元内成员进行逐步优化，区分"策划型""实务型""资源型"三类治理人才，以"社会工作者结对"的方式逐步培育具有社会工作专业知识的社区领袖，并在培育过程中逐步提升"主人翁""建设社区"的公民意识，每年培育社区领袖超过 120 名。

3. 党员是推动村民获得身份角色与组织关系最好的"联结者"

党员在治理单元当中发挥积极号召作用，利用党组织、党员、社区、邻里等亲缘、地缘关系，在治理单元恒常架构下，号召一批能"单次参与"或"多次参与"的治理力量，并联动镇社区社会组织服务站资源，促进"多次参与群体""治理单元"孵化成社区社会组织，通过此方式，每年孵化超过 6 家社区社会组织，每年号召培育志愿者超过 920 名。

4. 创新治理运作空间，归属感改善自治精神"空心化"

发挥"党建惠民三人小组"作用为各社区党群服务中心进行赋能，同时为治理单元提供日常交流、互动、自治服务开展的场地，良好的党建引领场地教育氛围与较为齐全的服务配置，给治理单元成员带来归属感与责任感。在合作共建的契约下，全镇超过 48 个场地能够作为治理单元的日常治理运作空间。

（三）"贴地式"治理服务，提供公共服务均等性与精准性

1. 践行"三个聚焦"，推动公共服务均等化

改善民生与社区治理是良性互动的关系，通过 96 个最小治理单元与全镇480 名六类兜底人群进行全面结对，按照分级分类原则，让每个兜底群众都得到党员、社会工作者、志愿者的恒常关爱服务。此外最小治理单元综合了个

案管理专业手法、党组织与社区的关爱、资源链接等帮扶，每年服务超过12000人次，有效推动了兜底服务多元化与精准化。

2. 自发自治服务，提高居民关切精准化

通过社工服务站平台面向全社区征集社区微治理内容，结合社区总体调研"群众最关注的三个问题"，分别开展"网络式"与"单元式"社区治理服务认领活动。"网络式"的治理行动包括：针对"长者行动力提升"开展为老辅具适配服务、针对"居家安全隐患"排查改造行动、解决"居家长者疫苗接种困难"等；"单元式"治理服务以邻近小区域开展为主要方式，如交通安全死角、河涌段落安全隐患等，自发性服务超过15场次。

3. "专域专案专治"参与式社区自治行动

动员组织辖区96个最小治理单元，围绕社区治理的9个板块，对24个村（居）社区开展"社区体检"社区调研。根据调研结果，从5个社区治理驱动方式（问题、倾向、机会、目标、愿景）中选择合适方式，撰写社区基层自治专案计划，共24个社区成功立项，治理议题包括：乡村道路安全、河涌安全、儿童安全、来穗人员职业病预防、文明养犬、农耕文化保育、乡村环境、社区文明等，并由治理单元每月定期开展自治服务。

（四）自治成效与信任机制的双向发展

1. 多样化自治成效推动主体间信任

在新的治理要求下，居民在公共服务需求上呈现出多样化与差异化的特点，各主体之间更愿意加入与自身相关的自治议题，并提出自己的建议。在取得一定成效或反馈之后，参与者认为自身与他人的协作能够在一定程度上解决问题，成员之间的信任会因成功而提升。

2. 机制建立推动社区信任机制建立

为了保障自治服务过程有效进行，通过对服务实践的总结逐步形成相关的"社区社会资本培育机制""社区协同机制""参与机制"等，最终都会推动社区最小治理单元的信任机制建立。

（五）发展自治规范，提升社区治理参与积极性

1. 重铸传统治理规范，居民社区愿景唤醒参与积极性

传统的乡村社会是伦理优先，也是乡风习俗的表现，其特征表现在各主

体以义务和伦理为取向的行为规则和关系网络，在乡村的社会基础和文化中根深蒂固，治理单元的介入应该顺应乡村传统的伦理规范进行内在契合。创新开展"村民夜校"系列传统规范倡导服务，主题包括党建教育、自治动员、文化教育等内容，在村民集中的榕树底、小店前、河涌边等地点进行门前式教育，覆盖社区开展超过 25 场次，重拾居民美好的过往，倡导对未来社区的期待与参与。

2. 议事规范基层化，意愿推动积极参与

通过对原有的乡规民约、村民议事会、生产队会议等议事方式提供技巧性、专业性的建议，协助进行调整。同时在社区基层开展"乡土民情研究室"社区基层议事会，其间开展超过 15 场次，进一步选择较为精准的群体，收集更多的建议与声音，通过治理行为符合居民意愿，提升参与度。

3. 规范实施"六步走"机制，共享成效永葆参与积极性

榄核镇社工服务站通过制定"社区调查—号召组织—单元议事—发动参与—持续关注—建言献策"治理单元"六步走"工作机制，并设计制定《最小治理单元工作流程表》《社区基层自治专案服务套表》《参与式社区自治工具指引》，进一步规范最小治理单元的行动路径与流程，持续的服务产出以及自治成效的反馈，是对治理单元的有力认可，提升被需要感与成就感。

五、总体成效

"党建三人惠民小组"乡村最小治理单元在社会工作者多元角色的培育建设下，恒常介入社区关爱服务，设计专项服务介入社区公共问题，同时围绕"社区微公益"与"社区微治理"两个方面实践"社区双微行动"，并对应设计"党建惠民促公益"为居民群众办实事项目、"红色先锋为社区"为群众办实事社区微治理行动两项专项服务。

（一）治理单元建设方面

成功建立 96 个"党建惠民三人小组"社区最小治理单元，实现全镇 24 个社区全覆盖，结合"千米计划"志愿者网络建设，按照社区地域、需求的合理分配，不断提升单元数量与覆盖密度。在志愿者招募、治理单元能力提升、治理机制建设等方面均有效、持续、恒常推进。

（二）治理单元的应用方面

1. 微公益服务

坚持党建引领，坚持多个平台结合，为辖区内兜底人群中的长者、辖区内困难长者提供及时性和需求性的"助老宜居"公益行动支持，开展 17 项活动，服务 5586 人次，其中党员参与 130 人次。

2. 微治理服务

聚焦党建引领基层治理的热点、难点、堵点问题，拓宽了服务群众的渠道，发挥了党员的先锋模范作用，让党员与多元主体进行对话，参与社区治理，并由党员推动社区治理项目的落地，开展 8 个活动、3 个小组，服务 374 人次，其中党员参与 84 人次。

3. 专项治理服务

设立"一村一自治专案"，并跟进有效的调研依据，依托社区在地基层自治力量开展相关服务，进一步推动社区资本的运营与利用，有效解决社区公共问题。

4. 恒常关爱服务

针对兜底人群关注恒常状况，截至 2022 年 3 月，共服务兜底人群超过12000 人次；参与全镇各社区核酸检测、疫苗接种等疫情防控工作超过 1152 次，服务超过 72 万人次。

5. 社区规范服务

运用开放空间、"萝卜议事规则"等模式提升了原有社区居民议事的方式，创新"乡土民情研究室"基层议事、"村民夜校"自治倡导等系列服务，取得良好成效。

（三）乡村自治资本重构方面

乡村自治资本的重构更多是乡村发展与乡村资本"互构"的一个过程。在榄核镇"最小治理单元"的服务实施后，乡村的正式资源得以更充分的运用，非正式资源库正在不断积累，如自治力量有了人力资本储备、资本运筹有了自治网络、自治主体之间有了信任、自治实施有了机制、自治自运营呈现了生命力。

六、服务反思

（一）在地化自治模式的探索，是突破乡村治理困境的有效形式

实践过程中，以"最小治理单元"理念去整合乡村社区基层自治的力量，在广州市"113X"的社工站模式下，尽可能有效地把党建引领的作用发挥到社区治理层层环节中，同时党组织、党员的功能进一步放大，建立党群共融的信任关系，改善把"党员＝劳动力"的常规简单参与看作"党建引领"。同时，"治理单元全覆盖"与"社工服务站社会工作者全覆盖"能够有效互补，在一定程度上弥补乡村社会服务力量的缺乏，以调研为基础，需求为导向，号召组织，自发运作机制等多方面的实践，成功探索了在党建引领下乡村城镇的基层自治本土化路径。

（二）具有生命力的治理单元是持续协同基层自治的基础

传统的社区治理单元很大程度制约了自治路径的发展，社会工作者作为专业的社区工作者，通过党建引领的"党建惠民三人小组"最小治理单元，对整体的组织重构方式，与传统先赋社会资本协同接续，提升社会资本的运筹与应用。并真正"放手"让社区自我治理，用机制建设做好把控与监督，赋予治理单元真正的生命力。

（三）"最小治理单元"模式要在挑战中优化，在机会中成长

反思整体服务情况，还有本身需要克服的难题与推行优化的地方。第一，最小治理单元中，虽然规范了成员结构，但成员的特长、能力有所参差，推行过程中面临较大的人才短板问题；第二，社会工作者在治理单元工作推行过程中习惯性占据主导位置，无论是社会工作者本身还是成员本身都应该有正确的角色定位；第三，治理行动过程的成效与流程难以把控，成员缺乏专业的社会工作伦理知识；第四，最小治理单元的资源链接较为薄弱，在自治服务实施过程中，容易因资源不足或链接不到位等原因，多次折中服务策略，在运作机制不够完善过程中，积极对接利益相关方与资源方，扩大治理单元的成效与受益面。

（四）乡村自治资本重构的路径选择

随着"最小治理单元"继续良性运作，不仅仅是物资资本积累，更多是精神、意识、乡村互助互动模式的转变。继续坚持党建引领作为乡村自治资本重构的核心创新路径，党员为资本重构的新载体。党员的榜样效应通过"乡村最小治理单元"进一步放大。需要继续发挥社会工作的优势，树立明确的社会资本意识，不断提高社会工作者专业能力，及时对现有社会资本进行重构，发掘传统型社会资本的积极效应，加快社会组织的孵化与发展，再利用机制的创新扩大治理单元的规模与模式，为乡村的社会资本再发展提供规范保障。

总之，促进乡村城镇基层自治力量赋能仍然存在很多挑战，但在挑战中挖掘乡村本土化自治资本与介入的突破口，仍然让每一名乡村社会工作者充满信心，坚持以社区居民城市化适应需求与社区治理需求为导向，通过党建引领社会工作服务，发挥社会工作者专业角色，以社会工作者专业服务手法结合互助式养老等网络技术平台，有效带动社区居民参与社区治理，聚焦社区公共问题与民生事件，以"距离链接—价值链接—情感链接"的信任关系社区发展方式，创新社区培育与社会组织孵化路径，聚集社区基层自治力量，搭建以党组织为核心，村（居）委会为主导，党员、热心人士、专业人士、社区领袖、居民为主体，企事业单位、群众团体、社区组织、群众活动团队等多元主体共同参与服务和治理的社区治理架构平台，形成基层社会工作服务生态圈。在社区党组织的领导下，推动跨界资源整合，以品牌项目形式服务逐步深入社区，让"网格化"社区服务保障和改善民生，服务社区特殊群体，切实做好特殊困难群体兜底保障社会工作服务，满足切实需要，协助榄核镇政府打造共建共治共享的社会治理格局。

参考文献

［1］TAYLOR M. Community participation in the real world：opportunities and pitfalls in new governance spaces［J］. Urban studies，2007（2）：297－317.

［2］李雪伟，方浩. 社会资本驱动城市创新发展［J］. 区域经济评论，2020（1）：125－133.

［3］李诗隽，王德新. 社会资本视域下新时代多元化社区治理模式研究［J］. 兰州大

学学报（社会科学版），2022（3）：77－86.

［4］邓大财．中国农村村民自治基本单元的选择：历史经验与理论建构［J］．学习与探索，2016（4）：50.

［5］王思斌．乡村振兴中乡村社会基础再生产与乡镇社会工作站的促进功能［J］．东岳论丛，2022（1）：169－175＋192.

［6］王晓敏．农村空心化背景下基层治理创新研究［D］．南京：东南大学，2020.

［7］张瑶瑶．社会资本理论视角下的当代中国地方政府治理问题研究［D］．西安：陕西师范大学，2019.

［8］马子琪．城市社区治理中解决居民集体行动困境的有效路径：基于社会资本理论的视角［J］．齐齐哈尔大学学报（哲学社会科学版），2016（7）：39－41.

［9］邱梦华．利益、认同与制度：城市基层社会组织的生长研究［J］．上海大学学报（社会科学版），2015（3）：97－106.

［10］邓大财．中国农村村民自治基本单元的选择：历史经验与理论建构［J］．学习与探索，2016（4）：47－49.

［11］PUTNAM R D. Tuning in, tuning out: The strange disappearance of social capital in America［J］. Political science and politics, 1995（4）：664－683.

［12］方亚琴，夏建中．社区治理中的社会资本培育［J］．中国社会科学，2019（7）：64－84.

［13］张雪霖．城市社区邻里关系性质研究［J］．经济社会体制比较，2020（6）：83－91.

［14］梁漱溟．中国文化要义［M］．上海：上海人民出版社，2013.

寻迹·传承·营造："五社联动"策略在
文化保育社会工作服务中的运用

司徒文威　顾烨利①

摘　要： 本文以广州市番禺区大石街礼村文化保育项目作为案例，展示了在社区文化保育领域"五社联动"的做法与成效，以及社会工作者在其中的角色、策略及作用。在大石街礼村的文化保育实践中，社会工作者和村委会工作人员紧密合作，整合社区资源，推动和培育热心村民、志愿者、宗亲会积极参与礼村文化保育。礼村文化保育项目大致经历了寻迹—传承—营造三个阶段，本文还呈现了各阶段社会工作者的工作思路和要点。

关键词： 社会工作；社区治理；社区文化保育；"五社联动"

一、概念及相关文献回顾

（一）"五社联动"的概念

2021 年，《中共中央 国务院在关于加强基层治理体系和治理能力现代化建设的意见》中正式提出要"完善社会力量参与基层治理激励政策，创新社区与社会组织、社会工作者、社区志愿者、社会慈善资源的联动机制"。与2020 年湖北省民政厅提出的"五社联动"②概念基本相同。湖北省民政厅"五社联动与社区治理"课题组专家还认为前"四社"属于主体性要素，第

---

① 作者简介：司徒文威，广州市天河区启智社会工作服务中心，初级社会工作师；顾烨利，广州市天河区启智社会工作服务中心，中级社会工作师。
② "五社联动"是指以提升社区治理能力、建设"共治共建共享"的社区治理共同体为目标，坚持党建引领，社区居委会（村委会）发挥组织作用，以社区为平台、以社会工作者为支撑、以社区社会组织为载体、以社区志愿者为辅助、以社区公益慈善资源为补充的现代社区治理行动框架。

五"社"属于非主体性要素。

(二)"社区文化保育"的概念

期刊文献中,"社区文化保育"相关文献相对较少。唐南认为"社区文化保育有两层含义:一是保,即保护,保护传统的乡土文化基因;二是育,即培育与传承,强调的是培育与传统乡土文化相承接并相辅相成的现代文化价值"。闵学勤提出"社区文化保育是地缘文创和再造,即寻找与本社区相关的文化渊源,将其挖掘、活化、演绎和再造"。综合以上看法,本文"社区文化保育"指各方主体共同参与的文化保护、传承和发展活动。

(三)"五社联动"和"社区文化保育"的关系

"五社联动"的概念主要活跃于社区治理领域,"社区文化保育"更多在文化建设和文化治理中受关注。社区文化建设、社区文化治理是社区治理的重要组成部分。

张先清分析了我国台湾地区文化保育工作,强调"人"的重要性,尤其是居民参与的重要性,以及民间组织、基金会在社区保育中所起的作用。其他学者也指出了居民参与、民间组织、社会资源等要素在社区文化保育、建设中的重要性。国内社会工作也越来越多关注社区文化培育,将文化保育与社区发展相结合,注重对"人"和居民组织的培育。

"社区文化保育"需要多元主体的参与及社会资源的投入,与"五社联动"社区治理机制的思路是大致相同的,都是要提供资源和平台,让居民通过各种形式参与其中。本案例中,社会工作者的重点工作就是联动村委会,整合社区慈善资源,搭建民间组织和志愿者参与文化保育工作的平台。

二、项目背景

广州市番禺区大石街礼村位于大石街南部南大公路侧边,面积0.39平方千米,现有户籍人口2800多人,来穗务工及居住人员近3万人,自南宋建村至今已有800多年历史,古老而悠久,有着独特的风土人情和文化底蕴。随着城市化进程的推进,礼村村民的经济收入也从传统的农耕经济转型为其他业务收入(房屋出租收入)。而本村村民的迁出及外来人口的迁入,使得丰富多彩的礼村文化逐渐衰落。在礼村城镇化进程中,保护与传承传统社区文化既是当前社区建设的重要内容，也是礼村社区治理的重要路径。2020 年 8 月，在大力推进社会建设的时代背景下，广州市大石街社工服务站联动礼村党总支及礼村本土自组织礼村高氏宗亲会共同发起"寻迹·传承·营造"礼村文化保育项目。在"五社联动"模式的指引下，协助大石街礼村文化保育社区公共事务的推进，在保留文化传统的前提下进行创新演绎，促进居民对社区文化的认识和认同感。

（一）文化保育，建设特色乡村

文化是社区建设工作的核心内容。广东省委十届七次全会审议通过了《广东省建设文化强省规划纲要（2011—2020 年）》，明确了广东文化强省建设的战略定位、思路重点和政策措施。其中广州要发挥中心城市的文化引领和辐射作用，推动文化产业发展和建设历史文化名城工作。大石街礼村自南宋建村至今已有 800 多年历史，古老而悠久，有着独特的风土人情和文化底蕴。2011 年村内共有 6 处文物被番禺区文广局评为第 4 批区级文物保护单位，根据自身特色，计划以文化保育为主题，打造礼村文明品牌。

（二）关注民生，创新社区治理

随着城市化进程的推进，礼村村民的经济收入也从传统的农耕经济转型为其他业务收入（房屋出租收入）。而本村村民的迁出及外来人口的迁入，使得丰富多彩的礼村文化逐渐衰落。在礼村城镇化进程中，保护与传承传统社区文化既是当前社区建设的重要内容，也是礼村社区治理的重要路径。

（三）社区自治，活跃社区组织力量

大石街礼村一直活跃着一家民间自组织——礼村高氏宗亲会，近年来一直积极参与礼村文化传承活动，但作为民间自组织，也存在专业性不足等问题。礼村村民委员会希望借用社会工作者的专业手法，以礼村高氏宗亲会作为社区文化保育工作的排头兵，广泛动员社区力量，以文化保育为共同目标，联动社群，活跃社区组织力量。

本项目以社区文化保育为项目开展方向，协助大石街礼村文化保育社区公共事务的推进。以"五社联动"介入策略，通过整合辖内正式/非正式资源，撬动居民关注及参与社区文化保育。探索党建引领、社会工作者支持、

志愿者带动、村居民参与的社区文化保育模式。

三、项目需求

项目不仅关注社区文化保育的社区公共事务，同时以社区文化保育为载体，关注及回应社区问题和需求。以问题和需求为导向设计服务项目和活动，秉持开放合作的态度，通过发挥社会工作者的专业优势，在"五社联动"模式的指引下，为文化传承和社区治理助力。

（一）礼村社区文化有消失的风险和被保育的需求

从调研数据与分析可看出，礼村文化在社区的知晓度低。随着城镇化和现代化的推进，人口代际的更替，越来越多的地方文化（如语言、服饰、技艺、风俗等）逐渐被年青一代摒弃，随着老一辈的老去，传统的社区文化面临着消失的风险，造成地域特色和人文关怀氛围缺失等问题。在城镇化进程中，保护与传承传统社区文化既是当前社区建设的重要内容，也是社区治理的重要路径。

（二）礼村居民传统文化意识淡薄，有提升文化保育意识的需求

当下乡村的年轻人没有见证过传统文化辉煌的时刻，呈现在他们眼前的文化，有的只是略显破败，有的甚至已经销声匿迹。因此，他们缺少对传统文化保育与活化的自觉性。保护的声音，往往大多来自一些老年人。社会工作者在礼村实地开展问卷调研时了解到，村中只有少数老人会关心祠堂的修建，而其他年纪较轻的人对于祠堂的现状不太关心。村中制作灯芯草的老人告诉社会工作者，现在年轻人多数都忙于生计，很少在意与传统文化相关的东西，因为他们都觉得这些东西对于他们的生活没有帮助，而这也与部分受访人员的回答吻合。

（三）村居民缺乏对社区文化的了解，有开拓认识社区文化和参与社区文化活动的需求

社区是人们生活的重要场所，也是人们进行精神文化生活的重要阵地，社区文化是联系社区居民的重要纽带，也是社区的宝贵财富。加强村居民认识社区文化，是促进社区文化保育的重要方法之一。

礼村高氏宗亲会作为礼村本地的民间自发文化保育组织，一直希望为礼村本地文化传承工作作出努力，但缺乏专业性的指导，宗亲会希望社会工作者能在保育工作的内容选择、路径方法，以及保育工作的组织上给予支持，开拓居民对礼村文化的深度了解和广泛参与。问卷调研中，75% 的礼村居民愿意为礼村文化保育及发展做一些力所能及的事情，但却对具体的保育内容和参与方向没有头绪。

四、项目计划——保留传统精髓，创新演绎文化精髓

（一）项目整体策略——"五社联动"，回应辖区需求

在党建引领、政府引导下，以社区为平台，社会工作者为专业力量，社区社会组织为载体，社区志愿者为依托，社区慈善资源为补充，以资产为本，社区发展模式为理论指引，在"五社联动"模式下搭建一个可持续参与运营的礼村文化保育服务平台，回应社区文化保育的需求（如图 1 所示）。

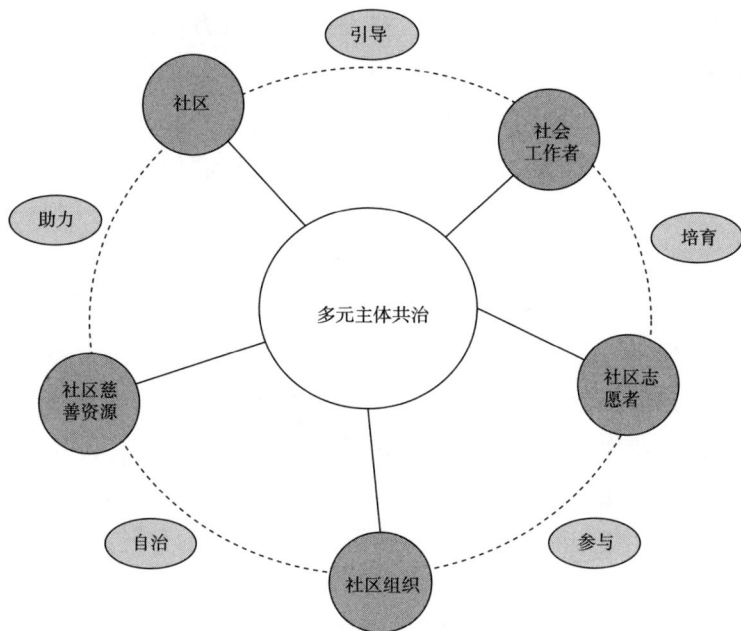

图1　多元主体共治下的社区文化保育

1. 社区

在"五社联动"模式中，社区发挥平台作用，为社会工作参与社区联动

治理提供多样的社区资源。在"寻迹·传承·营造"大石街礼村文化保育项目中，社会工作者通过与礼村村民委员会商讨社区治理方案计划，共同制订以文化保育为方向的社区治理服务方案，礼村村民委员会为本项目提供了多样的社区资源，使得项目能更有效地开展。

2. 社会组织

在"五社联动"模式中，社会组织发挥载体作用，能够减轻社会工作服务压力，提供重要的志愿服务力量。礼村高氏宗亲会作为礼村本地的民间自发文化保育组织，一直希望为礼村本地文化传承工作作出努力，但缺乏专业性的指导，礼村村民委员会及社会工作者向该组织介绍了礼村文化保育的项目后，宗亲会希望社会工作者能在保育工作的内容选择、路径方法，以及保育工作的组织上给予支持，开拓居民对礼村文化的深度了解和广泛参与。在该组织的支持下，项目得到文化相关的专业支持，同时强化了组织的服务信心，提供了重要的志愿服务力量。

3. 社会工作者

在"五社联动"模式中，社会工作发挥着枢纽力量，联动多元主体进行社区治理。在本项目中，社会工作者根据礼村的本土文化特色，结合礼村的社区治理需求，与礼村村民委员会共同商讨并制定了以礼村文化保育为介入手段的社区治理项目。社会工作者在本项目中发挥着使能者、协调者、倡导者的角色，在礼村文化保育的社区治理手段中体现出专业化和本土化的枢纽作用。

4. 社区志愿者

在"五社联动"模式中，社区志愿者发挥着补充作用，为各项服务提供人力及专业支持等。在礼村村民委员会及礼村高氏宗亲会的支持下，项目社会工作者发挥专业优势，通过礼村村民委员会提供平台，礼村高氏宗亲会提供文化培训课程，项目社会工作者培育了 30 名礼村文化宣讲志愿者，同时成立了专注于礼村文化宣讲的志愿服务队伍，助力项目的开展。

5. 社区慈善资源

在"五社联动"模式中，社区慈善资源发挥着补充资源的作用，为服务的开展提供物资及资金等支持。社会工作者发挥倡导者的角色，协助礼村村民委员会申请社区基金 38890 元，同时倡导发动辖区爱心企业，为项目的开展提供资金支持。

综上，项目社会工作者在"五社联动"模式下，发挥使能者、协调者和倡导者的角色，作为枢纽者联动其余四"社"各司其职参与社区治理。

（二）项目服务路径图

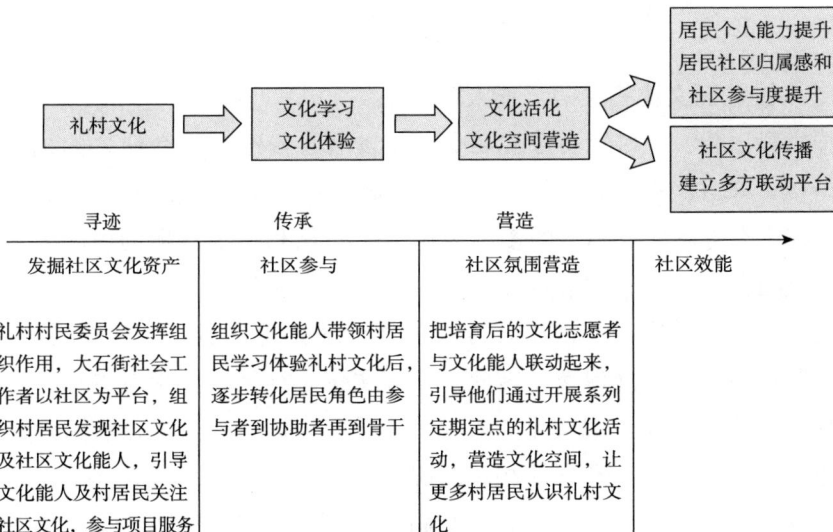

图 2　项目服务路径

项目通过"寻迹·传承·营造"的服务路径，挖掘和发现礼村文化资产，培育文化传承者和自组织，打造居民可持续参与的社区文化平台，动员现有社区资产参与文化传承，创新演绎文化传承模式，并通过社区文化空间的营造，调动居民参与社区文化生活的积极性和主动性，激活社区关系，营造社区文化氛围，提升居民对社区的归属感。

（三）项目目标

1. 总目标

协助大石街礼村文化保育社区公共事务的推进，在保留文化传统的前提下进行创新演绎，促进居民对社区文化的认识和认同感。

2. 分目标

（1）通过系列社区文化活动，促进村居民认识和了解礼村文化。

（2）培育社区文化自组织，促进村居民的参与，提升村居民的文化保育意识。

（3）激活社区公共空间，搭建礼村文化宣传和居民互动交流平台，营造礼村文化氛围。

五、项目实施过程

（一）礼村文化寻迹——探寻礼村文化，发掘社区文化资产

1. 发掘社区文化相关的"能人"

据资料记载，礼村经历数代 800 多年发展，曾经有为数众多的祠堂、庙宇、门楼、牌坊、石街石巷，但在 20 世纪五六十年代大部分遭到破坏。同时，礼村也有着制作灯芯草的传统制作工艺文化和传统舞狮的民间艺术等传统文化，但在如今快速发展的年代，这些传统文化正逐渐被人们遗忘，连辖区居民都鲜少知道它们的故事。村内多数传统文化仅通过口口相传的传递，缺乏规范化的文字记载保留。因此，发掘文化是社区文化保育的第一步，而发掘社区"能人"是发现文化的其中一个重要方法。社会工作者通过面向社区发布"能人"招募令和拜访相关组织等方式发掘礼村文化相关能人，目前已发掘有祠堂文化能人 2 人、灯芯草文化能人 2 人、舞狮文化能人 2 人和红色文化能人 1 人。

2. "寻迹"礼村文化

以社区导赏、社区漫步等居民喜闻乐见的活动为载体，社会工作者发动礼村文化能人担任社区文化导游，组织社区村居民发现礼村文化的"有形资产"和"无形资产"，加深参与者了解礼村文化。

（二）礼村文化传承——培育文化传承者和自组织，推动其关注和参与礼村文化保育的社区公共事务

1. 培育社区文化传承者和社区文化自组织

本土社区居民是传统文化传承和宣传的最重要力量，通过有效运用社区文化能人的力量，组建专业社区文化自组织参与社区文化传承的社区公共事务，是文化保育工作的重要方法。

项目在"寻迹"计划里发掘一批对于礼村文化感兴趣的村居民，持续发挥礼村文化能人在文化传承方面的专业力量，社会工作者培育礼村文化能人成为文化保育志愿者，开展系列礼村文化学习体验活动、礼村文化讲解员工作坊等

村居民感兴趣的活动，进一步培养社区村居民对于礼村文化的兴趣，引导参与项目服务后的村居民建立和加入礼村文化保育项目志愿宣讲团，引导团队成员成为礼村文化志愿者，丰富礼村文化导师资源库，助力项目的开展及活力。

2. 社区自组织助力创新社区文化代际传承模式

社会工作者引导新培育的礼村文化保育项目志愿宣讲团参与礼村文化保育的社区公共事务，宣讲团以社区居民喜闻乐见的社区活动和宣传形式，如体验式活动类、知识宣传类、互助学习类、特色社团类以及多媒体宣传等，创新社区文化代际传承模式，让村居民们有更好的社区特色互动体验，促进老一辈与年青一辈、本地人与来穗人员的文化交流与互动。同时，项目充分调动辖区社区组织资源，如番禺大石灯芯草文化协会、大石书画艺术协会、番禺礼村龙狮团、大石和悦书画社等本土组织，在大石灯芯草、舞狮等传统文化元素的基础上，融入扎染、油纸伞、汉服等现代文化元素，传承并创新民间文化和工艺。

（三）礼村文化空间营造——活化社区公共空间，传播礼村文化，营造社区文化氛围

1. 社区文化活动活化社区公共空间

在社区公共空间开展村居民喜闻乐见的文化主题活动，充分利用社区公共空间，促进本地人和来穗人员之间的沟通交流，营造村居民对社区的归属感。

2. 搭建社区文化宣传平台

制作礼村文化宣传小册子、文化宣传长廊及文化宣传推送等，运用线上线下多媒体的方式多渠道搭建社区文化宣传平台，传播礼村文化。

六、项目服务成效

大石街社工服务站作为推动大石街社区文化建设服务的阵地之一，通过发挥自身社会工作的专业优势，在"五社联动"模式的指引下，联动辖区多方资源发起"寻迹·传承·营造"礼村文化保育项目助力礼村文化保育的社区公共事务，该项目运营一年多的时间，已取得了良好的服务成效。

（一）居民层面

1. 丰富社区居民的社区活动

项目通过在礼村开展系列社区导赏活动、文化体验工作坊和礼村文化节，

惠及社区居民约 2000 人次。礼村特色的传统文化系列以社区居民喜闻乐见的社区活动呈现，不仅丰富了社区居民的日常生活娱乐，同时有了扎实的社区居民基础，为后续社区文化的传播打下了扎实基础。

2. 提升社区居民个人能力

项目目前发掘了 6 位社区文化能人，社会工作者通过搭建礼村文化志愿服务平台，为他们提供展能平台，不仅使得文化能人能够协助社区文化传播，同时加强了他们的个人能力。

3. 促进社区居民关注社区公共事务

项目通过系列社区导赏活动、文化体验工作坊和礼村文化节吸引了一批对礼村文化感兴趣的社区居民，目前已有 30 名社区居民成为礼村文化保育项目志愿宣讲团志愿者，同时联动了 5 家本土社区组织，协助礼村文化保育事务。

（二）社区层面

1. 促进礼村文化的传播

项目通过系列社区活动让社区居民了解礼村有形和无形的社区文化资产，同时通过相关媒体，如学习强国、《南方都市报》《广州日报》、大洋网、搜狐网、大石街 E 家通微社区和大石融媒报道项目服务，相关推送浏览量达 2 万多次，有效地向社区宣传了礼村文化及社区文化保育的重要性。

2. 建立社区文化多方联动平台

目前项目有效联动了礼村党总支、礼村高氏宗亲会、中国平安、广州链家房地产经纪有限公司等助力项目的推进，链接社区慈善资金 50390 元，其中礼村社区基金 38890 元，项目也入选广州市志愿者协会组织的 2020 年"青苗计划"项目，获得资助资金 6000 元，助力项目的推进。

七、项目经验总结

（一）寻迹——发掘社区资本

礼村村民委员会发挥组织作用，大石街社工服务站发挥专业社会工作者作用，通过访谈文化能人，引导社区村居民以社区漫步、绘制社区地图等形式发现记录社区文化，形成礼村文化的名录，促进社区村居民认识礼村文化。

（二）传承——促进居民社区参与

项目在发掘社区文化的基础上，通过文化教育、文化宣传和文化体验等手法促进社区居民的社区参与。通过创新社区文化代际传承模式，以文化导赏、文化体验工作坊和文化讲解员培育等方式打造了一个居民可持续参与的社区文化平台以及专注于礼村文化保育的团队——礼村文化保育项目宣讲团，促使更多社区居民关注社区文化保育的社区公共事务。

（三）营造——营造社区文化氛围

文化的发展和传承也应顺应时代的发展趋势，项目通过把礼村文化制作成小册子、线上推送文化资讯及筹办礼村文化节等，以创新方式演绎传统文化，使得文化能够融入现代生活，让文化变得更鲜活、更接地气，让社区居民更易接触及学习传统文化，进而在社区营造出文化氛围。

（四）激发社区效能感

社会工作者运用社会工作手法和价值理念介入社区文化保育，通过寻迹文化、传承文化和营造文化三个步骤，较好地动员了社区居民参与社区文化保育的社区公共事务，促进了村居民本土社区事务参与意识和本土凝聚力，推动社区共治共享。

（五）初步探索了一套大石街特色的文化保育服务模式

在"五社联动"模式的指引下，初步探索了以党建引领、政府引导，以社区为平台，社会工作者为专业力量，社区社会组织为载体，社区志愿者为依托，社区慈善资源为补充的文化保育服务模式。通过寻迹、传承和营造三大服务手法协助礼村建立了可持续参与的礼村文化保育服务平台，促进了礼村文化的传播。目前社会工作者已复制运用礼村文化的保育服务经验，在"五社联动"模式的指引下，开展会江村文化保育的工作。

参考文献

[1] 中共中央 国务院关于加强基层治理体系和治理能力现代化建设的意见［EB/OL］.（2021 - 07 - 11）. http://www.xinhuanet.com/politics/zywj/2021 - 07/11/c _ 11

27644184. htm.

　　[2] 任敏，胡鹏辉，郑先令 . "五社联动"的背景、内涵及优势探析 [J]. 中国社会工作，2021（3）：15－17.

　　[3] 唐南 . 社区文化保育：凝聚社区居民力量参与社区治理：社会工作介入农村社区治理的探索研究 [J]. 教育现代化，2019（60）：288－290.

　　[4] 闵学勤 . 社区营造：通往公共美好生活的可能及可为 [J]. 江苏行政学院学报，2018（6）：55－62.

　　[5] 刘振，赵阳 . 文化治理：社区文化建设的理论创新与实践逻辑：基于 C 街道的经验反思 [J]. 浙江工商大学学报，2017（1）：122－128.

　　[6] 张先清 . 生态保育、社区参与与产业开发：台湾文化遗产保护的启示 [J]. 东南学术，2015（2）：15－20＋246.

　　[7] 谭金花 . 乡村文化遗产保育与发展的研究及实践探索：以广东开平仓东村为例 [J]. 南方建筑，2015（1）：18－23.

　　[8] 袁奇峰，蔡天抒 . 以社会参与完善历史文化遗产保护体系：来自广东的实践 [J]. 城市规划，2018（1）：92－100.

　　[9] 马利一 . 社会工作介入社区文化保育的实践研究：以华南 T 村 T 项目为例 [D]. 湘潭：湘潭大学，2020.

　　[10] 李梦伟 . 社会工作介入社区文化保育的研究：以新湾社区疍家文化保育为例 [D]. 广州：华南理工大学，2018.

纾困、增收、塑模、铸魂：社会工作介入农村困境群体帮扶的服务研究

——以广州市 T 镇为例

李燕玲[①]

摘 要： 党的二十大提出，要全面推进乡村振兴，巩固拓展脱贫攻坚成果，加强困难群体兜底帮扶。社会工作作为乡村治理的重要手段，有利于缓解农村困境群体的生存发展困难。本文通过广州市 T 镇政府购买社会工作服务的研究，发现农村困难群体分布分散、依赖性强、帮扶手法相对单一的难点。T 镇通过发掘培育本土专业社会工作者，增加精准助困兜底困境群众帮扶投入，利用自然环境优势设立公益圩日集市，帮助困境群体增加收入；建立社区基金平台，运用慈善资源打造乡村邻里互助守望平台；塑造民间模范，发挥巾帼志愿力量，以客家传统食品为契机，延承客家文化传统，倡导文明乡风。在社会工作的影响下，T 镇一步步激发了多元主体参与乡村治理的活力，逐渐打通"共享共建共治"的链接路径，探索出一套可持续发展的乡村治理新道路。

关键词： 乡村振兴；乡村治理；社会工作；困难群体

乡村振兴是党和国家的重要战略举措。有效治理是实施乡村振兴战略的要求，乡村治理的目标是提高农村居民幸福感和获得感，在农村，幸福感和获得感的短板就在于"一老一小一残"等困境群体。在这个实现共同富裕的必由之路上，社会工作秉持着"助人自助"的理念，积极推动乡村个体和组织潜能发挥，激活乡村社区的内生动力，构筑社区治理共同体，在强化农村社会保障，赋能困境群体以及促进农村社会治理现代化等方面发挥出重要作用。而具体是如何实现的？其成效和不足又在哪里？本文将从 T 镇的实践案

---

① 作者简介：李燕玲，广州市社会工作协会，中级社会工作师。

例中探寻社会工作介入乡村治理的路径及作用，了解社会工作如何实现乡村困境帮扶的造血式内源发展，以及其进一步的发展方向。

一、乡村治理与社会工作

（一）乡村治理格局从自治到共治转变，倡导多元主体参与

袁金辉、乔彦斌回顾了改革开放 40 年多来我国乡村治理改革的进程，梳理出中国乡村治理改革经过了"村民自治—乡政治村—乡村共治"的发展历程，指出了自治、法治、德治相结合的乡村治理体系，是乡村振兴战略背景下多元共治的新格局。党中央提出，构建"共享共治共建"社会治理格局，形成"党委领导、政府负责、社会协同、公众参与、法治保障"治理体制，通过政府购买社区服务的方式，开放公共服务市场，鼓励和引导企事业单位、社会组织、人民群众主动参与，既强化了人民群众的主人翁地位，又回应了人民群众的呼声和利益取向，从而实现"一元主建"向"多元共建"的新转变。

（二）社工工作专业"利他主义"理念与困难群体帮扶工作高度吻合

基层治理需要维护最广大人民的根本利益，最大限度地增加和谐因素，增强社会发展活力。社会工作的价值观基于"利他主义"，从助人自助的专业角度，帮助个人解决困境，达到人与社会环境相互适应的状态。社工工作介入乡村治理，一方面有利于利用本身的专业理念实现社会治理主体的多元性，整合环境中的优势资源来实现困难群体生活质量的改善，实现治理主体在结构联合与资源共享行动中的共赢；另一方面，社会工作生存发展的基础在于基层服务，参与乡村治理的实践才能使特有的社会基层主体性、专业服务性与功能效用性发挥独特的科学魅力。

（三）本土社会工作经验趋向成熟，政府社会市场形成治理共同体

2021 年，《广州市巩固拓展脱贫攻坚兜底保障成果进一步做好困难群众基本生活保障工作实施方案的通知》指出，"鼓励、引导社会工作服务机构和社会工作者为低收入人口提供心理疏导、资源链接、能力提升、社会融入等服务"。文件由广州市民政局、财政局、乡村振兴局三个市级政府职能部门联合发出，可见作为社会阵营中的社会组织，社会工作在广州经过 15 年的发育发

展已经突破了民政单一线口，受到政府的重用，成为政府介入困难群众综合帮扶工作的重要抓手。广州市政府通过采购社会工作机构专业服务，以具有法律效力的合约形式确定共同的基层社会治理目标，从服务资源供给侧赋予社会工作以治理主体代理人的身份，进入乡村治理的场域，这是一个上下互动的过程。在广州，政府、社会及市场已形成政府主导的，以政策文件为依据、服务购买合同约定内容、社会服务凸显专业能力的规范有序的治理共同体。

二、T镇基本情况与困境群体帮扶工作难点

（一）T镇基本情况介绍

T镇位于广州市北面，总面积91.28平方千米，共有山林面积11.8万亩，占总面积的88%。该镇管辖8个行政村和1个社区，总户数有3287户，13300多人，客家人占90%。镇里森林资源、矿泉资源、地热资源丰富，野生动植物种类繁多，拥有多个旅游景区。目前仍然以第一产业发展为主，牧、渔、果、菜、花为主导产业，随着农业产业企业和经营组织不断扩大，增加了一批水产、畜牧、蔬菜、农副产品加工，但由于产品销售路径不佳，推广不足，大部分农产品难以出售。

T镇地势由东北向西南倾斜，四面环山。笔者依据经济情况、人口聚集情况、交通情况将其划分为A、B、C 3个片区。

表1　T镇区划情况

村庄/项目	总人口（困难人口）	经济	交通	公共资源	划分区域
W村	1649（96）	较差	不便	匮乏	A区：T镇边缘、经济落后，困难人口较多
H村	523（27）				
X村	1086（51）				
S村	1239（92）	一般	一般	较少	B区：中部地区，旅游资源较多，具有商业气息
M村	1539（63）				
P村	696（37）	良好	便利	丰富	C区：地理位置邻近广州市区，生活资源丰富，交通便利
L村	1711（42）				
F村	762（41）				
T社区	4100（42）				

A区是T镇偏远村居，经济条件和生活环境较差，地势较高，交通不便，社会公共资源匮乏，片区内人口分布零散；B区位于T镇中部，经济条件和生活环境尚好，农产品工厂较多；C区离市区较近，经济条件和生活环境良好，交通便利，教育资源、医疗资源、文体资源、康乐资源多数集中于此，人口分布集中。T镇青壮年大多数前往市区务工，较少留守农村，仅有节假日才会回家。因此，大部分时间T镇及村中常住人口以老人、妇女、儿童为主，是一个比较典型的远郊空心村。

（二）T镇困境群体帮扶工作难点

1. 困难群众分布散

T镇总面积91.28平方千米，辖1个社区及8个行政村，在广袤的土地上，分布着大大小小66个自然村庄，居民住户呈散点分布特点。尽管林地、山地中的住户已于近年陆续迁出，但每个行政村居之间相距甚远，公共交通汽车频次为一天两班车。困难群众亦是呈现出居住分散的特点，一般充满电的电动自行车即便电量耗尽都不能到达困难户家中，需要在中途补充电量。

2. 群众对政府依赖性强

T镇属于传统型农村社区，常住村民文化程度多数较低，文化高的年轻人早已外出务工，小农思想严重，认为村里的事情应该是政府的事务，跟自己无关，互助意识薄弱。部分农村居民有迷信思想，认为困难户晦气，对困难群众持消极态度。更有困难群众持宿命观，认为这都是命运的安排或者上一世的孽障，今世注定痛苦偿还。这些思想桎梏更加重了普通群众及困难群众本身在帮扶的事情上对政府的依赖。

3. 帮扶手法相对单一

自20世纪90年代始，政府持续完善社会救济制度，建立了包括农村特困人员供养、低保、低收、受灾救助、医疗救助、住房救助、教育救助、就业救助、临时救助等兜底保障体系。近年来，在农村脱贫攻坚工作的要求下，又进一步丰富兜底保障项目，提高了保障标准，织实、织密了社会安全网。在广州，还有广州爱心妈妈、长护险等政府与企业合作的补充险种保障，政府采购社会工作服务，在全市建立了203个社工服务站，这些都是政府从供给侧拓展了公共服务的多样性，是政府的主动作为。这些政策在广大城市社区得到较好的落实和运用。但在农村，由于消息获取相对不便捷及工作人力相对短缺等综合因素，服务对象的处境又是动态变化的，上述情况导致帮扶的手法限于政策帮扶，相对单一。

（三）T镇的社会工作

1. 政府采购社会工作服务，增加边远农村公共服务供给量

2017年，广东省民政厅探索以专业社会工作充实基层民生服务力量，创新实施广东社工"双百计划"，分两批在全省建设407个镇（街）社工站，打通服务群众的"最后一米"。2019年，广东省民政厅启动了第二批广东社工"双百计划"，并将广州市T镇社工站定为"广东社会工作改革试点单位"之一。市级民政部门作为社会工作服务采购主体，与T镇政府、社工机构三方签订服务合同，确定购买服务内容，提升边远农村民生保障服务供给能力。T镇社工站以助力乡村振兴及民生保障为目标，聚焦农村特困人群、留守儿童、留守长者、留守妇女等困境群体的生存发展问题和需要，提供综合化、专业化、社会化的社会工作服务。构建T镇农村社会支持网络，搭建农村社区支援服务平台，健全社会化多元主体帮困救助机制，致力于改善农村困境群体的生存发展处境，促进T镇农村社区迈向和谐、文明和健康发展。

2. 培养本土社会工作者人才，提高专业服务与乡村风土民俗联结软实力

T镇社工服务站由镇社会事务办主任担任站长，共配备8名专职社会工作者，其中有7名是本地户籍，本土培养，参与本地服务的在地社会工作者，"三本"率达到87.5%。在T镇，客家文化是传统主流文化，极具地方特色。由于地处广州边远农村郊区，外来流动人口少，商业仍不发达，本土人口流动性相对较低，农村地区日常生活以客家话作为主要交流语言，生活习性依从客家风俗习惯。高龄长者更是无法听懂普通话，本土依恋情结相对严重。本土发掘讲乡音、明乡情、懂乡俗的职业社会工作者，培养发展为社会工作专业人才，是做好T镇困境人群兜底服务及农村地区社区工作的关键。

政府采购社会工作服务投入T镇，以精准服务困境人群及农村社区发展为核心服务内容，增加了广州边远农村地区公共服务投入量。结合T镇客家主流文化传统的社会工作人才发掘及培育，成为T镇社会工作服务的落地和本土化发展创新实践的关键。

三、社会工作介入乡村治理的创新实践

（一）剖析村情民情，诊断服务需求提供精准纾困服务

乡村治理的目标是提高村民生活的幸福感，乡村居民幸福感的短板是困难群体的幸福感，社会工作介入乡村治理的基本落脚点是扶弱助困。社会工作者要深刻剖析村民的现实状况，逐一对症下药，做好攻坚工作。

表 2   T 镇困难人口情况

区域/对象	残疾人	其他困难情况	总数
A 区	89	85	174
B 区	85	70	155
C 区	112	50	162
总数	286	205	491

T 镇困难人口共有 491 人，包括残疾人口 286 人，约占总困难人口的 58.2%，部分家庭还同时存在多困多难的情况。当地社工服务站建立"一村一社会工作者"包干机制，全面摸清负责辖区村民情况，针对重点服务人员或家庭分级建档，根据困难群众的个性化特点，建立家庭分级档案，在家庭、环境、家庭成员能力等综合评估下，开展个案管理工作。项目开展 3 年，社工服务站对 T 镇辖区困境群体建档覆盖率高达 90%（含个人和家庭），主要帮助困难群体解决生活中面临的问题。

政府是困难群体兜底保障安全网的织网人，社会工作者是不断把兜底保障对象进行动态且精细化地有效发现、指引办理的代理人，是党和政府接触群众路线的践行者。其一，社会工作者发挥紧密接触联系居民群众的职业作用，适时把兜底保障政策送家进户，为符合兜底保障条件的农村低收困难群体讲解政策条件、适用范围，把党和政府的兜底保障政策送到困难群体的手里。其二，社会工作者及时与村委会双向沟通困群群体的动态处境，核实真实情况，并向镇人民政府一体化办理窗口反馈潜在申办信息，适时指引困难群体及时申办，使尚未纳入兜底保障对象但事实上已落入贫困边缘的潜在救助对象得到及时的救助。其三，社会工作者依托村居站点大本营，定期走村入户，和村民同行，能及时参与应急情况的处理。比如疫情期间，社会工作者帮助特困老人紧急就医；暴雨期间，社会工作者与 T 镇驻点干部、村干部深夜进村入户排查，说服"恋家独居危房"老人紧急转移。由此可见，社会工作以人为本，运用专业优势，积极参与乡村治理的服务。

（二）盘活青山绿水自然资源，提高村民经济收入

习近平总书记在党的十九大报告中指出："坚持人与自然和谐共生。……必须树立和践行绿水青山就是金山银山的理念。"T 镇农村地区自然生态资源丰富，以山地、林地、耕地红线、水源保护区为主要特征。当地社工服务站借助市、区、镇三级政府大力打造的极具本地风土特色的油菜花田以及利用山势地形环境精心打造的休闲瀑布环山绿道两个网红打卡景点，孵化了公益圩日集市特色项目。该项目主要在旅游网红打卡景区周边开设公益圩日集市，帮助困难户销售农副产品，项目开展 1 年不到，已为辖区内困难家庭增收 26783.48 元，链接人财物等帮扶资源共 25590.6 元。公益圩日集市借助景区游客帮助困难户销售农副产品，为困难户带来直接的经济收入实惠。公益圩日集市本身又聚合了游客集中观览、购买本地客家文化特色小吃、农副产品、手工艺品的人气，带动了乡村消费，提高了村民收入，走出了一条绿水青山之路，为乡村振兴的发展贡献了力量。

（三）成立农村社区基金，打造群众自助、联助、互助守望平台

社会慈善资源是乡村治理共同体建设的重要资源，是实现"人人有责、人人尽责、人人享有"的必要条件。在 T 镇党委、镇政府支持下，社会工作者推动成立了"T 镇社区基金"，规范基金用于民政相关政策暂时覆盖不到的突发状况人群的临时救助。经社会工作者和社会组织的有效动员，撬动了内外的慈善资源，T 镇社区基金成立不到半年已筹得善款 21083.08 元，并支出 6000 元，直接为辖区内 6 户困境家庭提供了经济帮扶。此外，在公益圩日集市展销农副产品的困难农户秉持自愿原则将捐赠售卖所得金额的 5% 捐到社区基金账户，帮助困难群体，体现出"反哺式"的守望相助精神。在此过程中，社区基金扮演着农村社区人民群众联助、互助、自助的治理辅助平台，打通了"共享共建共治"的链接路径，崇德向善、守望相助的公益精神逐渐在村民心里生根发芽。

（四）树立乡村民间模范，发挥本土巾帼志愿力量

T镇以党建引领为核心，通过党建带妇建，打造了农村客家特色基层党建服务品牌"客家嫂"。社会工作者在此基础上探索"社会工作者＋客家嫂"的服务形式，在宣传党的政策、社会治理、乡村振兴、社会服务等领域，进一步发挥"空心村"在地女性力量。一是优化基层"小网格"，在8村1社区设置先锋岗和两级网格，实行"客家嫂"包片包户责任制；二是建强基层"专业队"，按照"党支部—先锋岗—专业队"的工作模式，组建"客家嫂"粤菜师傅队、"客家嫂"乡村振兴队、"客家嫂"文艺队、"客家嫂"志愿服务队、党的政策宣讲队5支专业队伍。如"客家嫂"志愿服务队员与农村独居孤寡老人结成对子，设计巡访路线，分片包干，每逢客家嫂进入村子，都访访家，敲敲门，帮忙捎带生活用品，帮助劈柴、洒扫等，关心问候独居孤寡老人，给予精神和生活上的慰藉、帮助。客家嫂们各展所长，各显神通，在各自领域引领群众共同参与基层社会治理。

（五）承延客家文化传统，铸魂倡导文明乡风

"乡村振兴，既要塑形，也要铸魂。"作为"广东省宜居示范城镇"，T镇有着非常浓厚的文化底蕴。鹅汤糍作为客家文化的传统美食，在T镇人心中有着很重的地位。社会工作者以制作和品尝鹅汤糍为契机，邀请长者向青年、儿童村民讲述鹅汤糍历史。社会工作者以一碗鹅汤糍牵引出物质条件艰苦时期乡亲邻里齐心协力，相互帮衬共患难，齐心合力建设家园，使生活换新颜的过程，唤起村民共同的文化记忆，引导村民看到当前农村在物质条件相对大有改善的同时存在的老人、妇女、儿童留守空心村的客观情况，共同探讨和参与新农村建设，进行邻里互助，把鹅汤糍这一传统美食蕴含的互助精神发扬光大。此外，T镇社会工作服务站和"客家嫂"文艺队积极组织妇女开展客家山歌培训，并用编唱山歌的形式，将法律法规、乡风美德、村规民约等贯穿其中，在乡间田野、农村舞台传唱，为基层乡村治理提供新鲜的文化传播载体。

四、社会工作介入T镇乡村治理的成效评估

（一）提高了政府惠民政策的信度及效度

社会工作者通过推行困难家庭全覆盖建档，掌握了困难家庭的历史情况

及现有基本情况；通过走村访舍，动态了解跟进困难家庭信息动态；通过定期与村居信息互通，互核情况，进一步核准困难家庭的实际情况；这些都使党和政府的好政策在广袤农村得到了有效实施，使党和政府的保障政策、惠民政策精准输送到困难群众手中，提升了政策输送的效度。另外，在协助申办人申理的过程中，社会工作者注重在村务中进行相关信息的公开、公示，不仅使申办流程呈现完整过程；更使信息透明化。而这些信息，又随着社会工作者走村访舍，传播到村民耳中，唤起村民对困难群众真实处境的同情，对村干部工作的了解，有效遏制了"好政策送给了村干部二舅"之类的流言，提高了政策执行的信度。

（二）建立了乡村治理多元主体参与下"人与环境"资源库

社会工作以资源视角看待社区多元主体，注重了解并发挥农村社区内外、政府、社会、市场、自然资源优势。社会工作者通过社区漫步、入户走访、村居民焦点小组会议，剖析农村社区存在的问题，明确个体村民的需求，以及中观层面的乡村发展需要，运用分级分类的方式把农村社区相关利益者整合成"人"的资源，把农村社区生态情况梳理为"环境"资源，整合为农村社区"人与环境"资源库。在开展服务的时候，直接从资源档案库里查找、动员可利用资源，从而为农村社区提供优质服务。T镇自然风光优美，山区、林区占总面积接近90%，社会工作者运用优势视角，乘借T镇政府打造"美丽乡村"的东风，在政府打造的网红打卡点油菜花田边开设农村圩日集市，组织志愿者以展卖农产品的方式帮助农村困难户增收增能。在社会工作介入T镇乡村治理过程中，社会工作者把困难户、村委会、镇政府、社区志愿队伍等多元主体"人的资源"以及T镇青山黄花的"自然资源"优势有机整合，既发挥了社会工作者的资源整合者角色，还利用自然条件激活社区的"造血"功能，尤其是视困难户为有资源的参与主体，将优势进一步转化为源源不断的内驱力。多元主体资源库的形成，回应了困难群众散点分布下帮扶力量相对薄弱的问题，探索了乡村治理的新动力。

（三）激发了邻里互助行为，焕发农村内部自治新活力

在社会工作介入乡村治理的过程中，社会工作者积极引导村民参与本村（社区）的事务，转变村民大小事依赖政府的传统观念，促进了农村社区持续

发展。在 T 镇客家文化作为传统文化的背景下，社会工作者发掘农村客家美食烹饪能手，并培育为农村志愿服务队伍"客家嫂"。根据农村房屋村舍建制布局，引导志愿者在"村头巷尾""自家前后"开展家门口的志愿服务。在 T 镇政府的支持下，社会工作者促成了镇、村两级志愿者参与制定并共同认同激励表彰机制。在政府肯定、社会资源支持下，社会工作者组织"客家嫂"为"空心村"中的"一老一少"处理各类日常生活中琐碎却实为重要的实事，为村民破难题，以实际行动解民忧，获得广大村民的认可与信赖，也带领了更多村民加入乡村治理工作。其中社会工作者组织"客家嫂"与农村独居孤寡老人结对，开展邻里互访，设计客家嫂回家路线途经独居孤寡老人家门，过门问候，顺手捎带生活用品的恒常服务，在生活实践中"顺手"解决了受助对象的生活问题；协助开展特色农家菜和客家糕点技能公益培训，充分激发村民参与共建共治共享的热情，活动期间累计参加培训 600 多人，受益餐馆达 30 余家。通过本土志愿力量组织的培育及发展，村民的思想得到了进一步提升，在参与社会事务的同时，也逐步学会"说事、议事、主事"，探索出一条乡村治理的可持续发展道路。

（四）构建了乡村活动空间，营造了良好的社区氛围

社工服务站在入驻 T 镇开展服务之前，村民参与文化娱乐的途径较少。入驻后，在 T 镇政府的大力支持下，社会工作者通过走村访舍，掌握到村民的现实需求。在服务场室、农村地头组织村民开展了形式多样的农村社区活动、兴趣小组，丰富村民娱乐方式，有些村民喜闻乐见的活动进一步沉淀为恒常服务，构建了农村主要在地生活的长者、儿童、妇女的活动空间。以增能、赋能角度，针对留守儿童，组建"党员志愿者＋社会工作者＋心理咨询师"的三人工作小组，通过读绘本、课业辅导、兴趣培养等方式开展了"初心点亮爱心"陪伴困境儿童 1 小时的公益项目，满足困境儿童的成长需求，进一步促进社区邻里互助关爱下一代，提升农村生活的幸福感。

（五）社会工作介入 T 镇乡村治理的不足

1. 社会工作者角色定位尚未清晰

乡村治理由党建引领，政府牵头，企业支持，社会力量多元协同参与，治理重心持续下沉村居前线。社会工作具有转移、分化政府职能的重要功能，

直接促使社会工作服务与基层部门工作产生重叠性。社区社工服务站的服务，主要是民政部门进行采购，服务应对标民政部门主要业务，一方面落实困难群体兜底民政工程，另一方面积极参与基层社区治理。当前，社会工作暂未能在基层社区治理中体现出特有功能。在政府行政体系及辅助队伍体系中，未能形成社会工作稳定的工作角色。在具体的工作场域中，嵌入政府基层工作队伍中的社会工作者，在政府各级的资源支持下组织开展下沉村居的兜底民生服务，获得政府、服务对象信任及好评。另一方面，基层政府各线口职能部门的任务、材料报送、恒常行政性工作，却也由于"信任"落到善于与群众接触的社会工作者身上，直接导致社会工作者在实际工作场景中无法区分是在积极参与"乡村治理"，还是消化"基层政府职能部门的工作任务"，如此情况又进一步导致社会工作者的角色功能定位越加不清。

2. 社区自组织参与度不稳定

社区自组织是松散的居民自发性组织，当前，社区自组织对自身存在认识不深刻，未能分清在乡村治理中，什么情况扮演什么角色，在参与乡村治理的过程中，容易自感为基层部门的工作人员，使自身组织失去本身的价值与意义。同时社区的问题会不断升级，当旧的问题被解决，新的问题就会随之而来，但由于社区自组织自身的能力水平有限，未能在合适时机发现和判断社区真正遭遇的问题，而自己又可以、应当在哪些方面发挥作用。

五、社会工作介入乡村治理的路径优化方向

（一）搭建乡村治理平台，形成共同体的合力

在政府推动多元治理的环境下，社会工作作为乡村治理的重要手段，可以利用自身能力，构建"一个乡村治理服务基地 + 两个战略方针 + 三个互助平台 + 四支队伍"的乡村治理平台。主要打造一个乡村治理服务基地；践行"民政 + 镇街"和"慈善 + 公益"两个战略方针；成立"互助能量站、帮扶能量站、培育能量站"三个能量站，运用"社会工作者队伍、党员队伍、志愿者队伍、农民队伍"4 支队伍，学会在乡村治理中找到自己的工作角色及特定的功能性定位，在烦琐的行政工作中解放专业社会工作者手脚，专攻农村社会服务，从而促进乡村治理的良性运作。

（二）培育社区自组织，提高多元共治能力

社会工作在介入乡村治理的过程中，社会工作者要利用自身的专业优势、价值理念，引导社区自组织在不同的社区需求中，对口匹配自组织本身的特点，发挥参与、辅助的功能。发展培育自组织骨干及领袖，通过培能、增能、展能、转能、传能的培育路径，促成自组织形成社区领袖组织领导、骨干带动队伍、队伍参与社区的参与格局。促使特长各异的自组织，在乡村治理中逐步形成自己特有的参与角色。通过社区议事协商，推动拟定众多社区自组织社区参与的机制，达到多元共治的局面。

（三）进一步培育本土社会工作职业人才

社会工作者在乡村治理中扮演多个角色，一方面通过有意识的系统学习，有侧重地在社区开展教育、培训、研学、宣讲等服务工作，推进乡村治理；另一方面社会工作者通过社会工作服务的方式探索乡村治理的内容和形式，收集服务对象参与乡村治理的意见，反馈给决策者，促进新时代乡村治理发展。本土化的职业社会工作者是乡村治理的重要力量。有必要投入更多政府政策资源，完善社会工作人才教育、培育、发展、激励体系，推动社会工作长足发展。

六、结论

本文通过对广州市 T 镇的乡村治理的现状进行研究，系统梳理了社会工作参与乡村治理的实践行动，发现社会工作在乡村治理中发挥着独特的作用，能有效推进基层多元主体力量的联动，营造乡村治理的新格局，实现共建共享共治的价值理念。但是在社会工作介入乡村治理的过程中，存在着社会工作者角色定位不清、社区自组织参与度不足等问题，因此，社会工作服务要搭建乡村治理平台和提高社区自组织共治能力，才能在乡村治理中，发挥出社会工作的专业价值，促进乡村治理新格局的构建。

参考文献

［1］卓彩琴，马林芳，方洁虹，等．从单一主体到五社联动：社会工作者推动农村社区治理结构优化的行动研究［J］．社会工作，2022（2）：46－63＋107－109.

［2］朱怀荣．后扶贫时代社会工作助力乡村振兴的路径分析［J］．现代农机，2022

（4）：50 – 53.

　　［3］周恒新. 聚焦共同富裕　强化基本民生保障［J］. 群众，2022（2）：10 – 11.

　　［4］辛远，韩广富. 农村低收入群体实现共同富裕：何以可能？［J］. 当代经济管理，2023（2）：1 – 8.

　　［5］王川绮. 论新时期社会工作如何为乡村振兴助力［J］. 现代化农业，2022（3）：55 – 57.

　　［6］罗楚亮，梁晓慧. 农村低收入群体的收入增长与共同富裕［J］. 金融经济学研究，2022（1）：61 – 72.

　　［7］黄建栩. 新时代社会工作介入乡村治理的机制建构［J］. 经济研究导刊，2022（10）：28 – 30.

　　［8］杨立雄. 低收入群体共同富裕问题研究［J］. 社会保障评论，2021（4）：70 – 86.

　　［9］侯春燕，张伟兵. 乡村治理视野下农村低保发展前景的思考［J］. 农民致富之友，2016（4）：6.

　　［10］何晓红. 城乡一体化进程中的空心村治理探讨［J］. 理论月刊，2014（10）：146 – 151.

　　［11］张和清，古学斌. 重塑权威之下的善政格局：中国乡村治理困境分析［J］. 人民论坛·学术前沿，2012（10）：18 – 26.

　　［12］蒋永甫. 乡村治理：回顾与前瞻：农村改革三十年来乡村治理的学术史研究［J］. 宝鸡文理学院学报（社会科学版），2009（1）：30 – 36.

　　［13］贺雪峰，董磊明，陈柏峰. 乡村治理研究的现状与前瞻［J］. 学习与实践，2007（8）：116 – 126.

　　［14］戴利朝. 社会工作介入乡村治理的必要性和可行性分析［J］. 江西师范大学学报（哲学社会科学版），2007（5）：104 – 110.

　　［15］徐勇. 乡村治理与中国政治［M］. 北京：中国社会科学出版社，2003：235.

　　［16］袁金辉，乔彦斌. 自治到共治：中国乡村治理改革40年回顾与展望［J］. 行政论坛，2018（6）：19 – 25.

　　［17］如何理解打造共建共治共享的社会治理格局？［J］. 共产党员，2017（22）：41 – 42.

　　［18］王思斌. 社会工作在创新社会治理体系中的地位和作用：一种基础服务型社会治理［J］. 社会工作，2014（1）：3 – 10 + 150.

　　［19］王力平. 社会工作协同城市民族事务治理：逻辑生成与路径选择［J］. 青海社会科学，2019（2）：115 – 121.

　　［20］蒋永甫. 乡村治理：回顾与前瞻：农村改革三十年来乡村治理的学术史研究［J］. 宝鸡文理学院学报（社会科学版），2009（1）：30 – 36.

创新农村社区社会组织培育路径的服务探索

——以广州 C 区 T 镇为例

冯　可　赵晓犀①

摘　要： 农村社区社会组织培育是促进基层社区治理，实现共建共治共享社会治理新格局的重要路径。本研究以广州市 C 区 T 镇社会组织培育实践为例，通过社会工作者介入梳理了农村社区社会组织培育的现实基础，揭示了农村社区社会组织培育存在的困难与挑战，探索了农村社区社会组织的培育路径与策略，总结归纳了农村社区社会组织的管理模式，也就目前案例研究背景作出了创新志愿培育概念的思考，以及如何在基层有效挖掘大学生、本地村民、企业等多样化主体开展培育路径的探索，为实现农村社区社会组织培育的"本土化"长效机制而努力，有效推动"政府主导，农民参与，农村社会组织协同共治"的社会治理新格局。

关键词： 农村社区社会组织；社区治理；管理模式；志愿培育

一、研究背景及问题

党的十九大报告对新时代社会治理进行了富有深刻内涵的表述，提出要"打造共建共治共享的社会治理格局"。所谓"共建共治共享"，是指人民共同参与社会建设、共同参与社会治理、共同享有治理成果。江必新等学者认为，培育社会主体公共性与治理意识等，是促进共治共建共享社会治理格局实现的具体路径。同时，2021 年中央一号文件指出要全面推进乡村振兴，乡村振兴被提到前所未有的高度。广州市 C 区 T 镇作为全国乡村振兴和农村治理建设试点，其社会组织的培育发展备受关注与重视，在动员多元主体参与

---

①　作者简介：冯可，广州市普爱社会工作服务社，社工站主任；赵晓犀，广州市普爱社会工作服务社，社工站主任。

乡村振兴方面，充分发挥了作为参与者、整合者和践行者的力量。

然而现实当中农村社区社会组织整体发展较薄弱，存在持续性不高、组织数量较少、组织力度不足、成熟度不高等特点，社区治理工作仍然面临着较大的挑战，"进行社会组织培育"是开展农村社区治理的重要任务之一，实现社区志愿自治的专业性、规范性、规模性、统筹性是一个持续不断的优化过程，如何挖掘骨干，加强人才队伍建设是关键。

农村社区社会组织参与提供社区公共服务的实践依据证明，当前农村社区公共服务供给中存在两个最突出的问题，一是供给总量不足、结构失衡；二是供给主体单一、效率低下。理论研究和实践经验证明，要解决农村社区公共服务的供需矛盾，完全依靠政府和市场的力量是不现实的。在农村社区公共服务需求日趋增量化、多样化和个性化的背景下，有限的公共服务供给与社区农民日益增长的需要之间的矛盾越来越突出。欲破解这一矛盾，有必要求助于包括农村社区社会组织在内的各类社会组织，重视发挥其在提供农村社区公共服务的作用。这也是一直要发展社区社会组织的重要意义。广州市 C 区 T 镇是全国乡村振兴和农村治理建设试点，选取 T 镇开展农村社区社会组织培育发展试点，相当于集中力量打造一个可复制的"样板房"示范点，本研究也结合实际探索，总结了符合本地区实际问题而提炼出的发展模式和路径，笔者作为督导者，通过实务参与较好地协助当地社会工作者推动了后续农村社区社会组织培育良好发展，相对促进了村民对社区事务的参与性与认同感。本研究关注"农民自身的自组织能力不足、高素质人才的缺乏和流失"问题，以广州市 C 区 T 镇社会组织培育实践为例，通过参与当地社会工作的实务过程，揭示农村社区社会组织培育存在的困难与挑战，探索与总结归纳农村社区社会组织的培育路径与模式，就当地农村社区社会组织的培育策略、管理模式、资源动员等进行了完善，实现农村社区社会组织培育的"本土化"长效机制。

二、文献梳理

本文主要研究广州地区的农村社会组织培育过程中的难点，为此笔者主要研究国内农村社会组织发展以及共治共建共享社区的相关文献。

（一）现代社会的治理格局离不开"共治共建共享"

江必新、王红霞认为，"共建共治共享"的提出从基本依据、实践指向和

根本目的 3 个方面对现代社会治理格局作出了部署，既表明了社会治理的方法论，也昭示了社会治理的力量源，是一个有机统一的整体。第一，从具体内涵来看，"共建"是指科学合理的社会治理格局由全体社会成员集思共创、社会治理体制由社会成员群策构建。第二，从方法论上看，社会治理是一项系统工程，既需要科学谋划，又需要持续有效维护和落实，才能最终取得预期成果。第三，从力量源来看，现代社会治理强调人人参与、人人尽力、人人享有。虽然在社会治理具体活动中分工不同，但整体上看，全体社会成员均是社会治理的主体。

徐玉特提到共建共治共享社会治理格局是一个复杂的系统性工程，要推进共建共治共享的社会治理格局，需要从文化、组织、制度、技术等各个层面，发挥技术的支撑和保障功能。而在组织上与社区"党委领导、政府负责、社会协同、公众参与"的行动逻辑不谋而合，其中"公众参与"要求作为主体的民众需要表达自我诉求，采用合理合法的渠道参与社会建设的各个层面，并真正做到自我管理、自我约束和自我发展。

（二）农村社会组织是推动农村社区共治共建共享的必要条件

根据岳中文在《我国农村社会组织培育发展浅析》一文中研究表示，我国农村社会组织培育发展面临几大问题：一是农村社会组织参与成员农民的自身局限性。我国城市发展迅速，高素质的农民多选择外出到城市打工，导致了农民的流失；而留守的农民由于历史和政治原因，几乎沿袭服从上级管理，听从安排生产的习惯，导致农民自身缺乏自己主动思考、组织参与的能力。二是农村社会组织的平台政府行为失范。主要表现为政府在农村社会组织培育的扶持力度不足、行政色彩浓厚，以政府意志左右社会组织开展服务的内容等，不利于农村社会组织职能的正常发挥。三是农村社会组织发展的保障体制不健全。从法律层面出发，我国并没有规范社会组织的"母法"，对于农村社会组织发展缺乏相应的保障，而且由于管理体制不合理，农村社会组织总会因为人员、财务等问题的约束导致难以稳健发展。

孙迪亮在《农村社区社会组织参与提供社区公共服务的理据与价值》一文中提到有实证研究已证明，农村社区社会组织参与提供社区公共服务有助于增进社区农民福祉、实现社区和谐稳定、加速基层政府转型和优化农村社区社会组织自身发展。农村社区社会组织具有鲜明的社区性，它们植根于农村社区，直接面向广大社区农民，易于采集社情民意，能更好地了解社区农民的现实需要，具有自下而上的决策机制和服务机制，这决定了它们在向社区农民提供公共服务时更具针对性，能够以灵活多样的方式满足社区农民的公共利益需求。

通过对文献的梳理，笔者认为社区社会组织扎根于基层社会，是基层政府与社会的"中间层"，是平衡基层政府与基层社会关系，以及协调公共权力与公民权利之间关系的中介和桥梁，起到了参与维护社会稳定、促进民主治理的实现，以及满足社会多样性需求的作用。应该积极培育和发展各类社区社会组织，鼓励和引导社区社会组织在民意表达、化解基层社会矛盾、开展公益慈善、提供社会服务等领域参与基层社会治理。因此培育本土社会组织参与当地的社区治理是较为有效的一种选择。

三、实施背景

（一）农村社会组织培育基本信息

在广州市社会工作行业党委的指导下，广州市社会工作协会印发《关于〈"我为群众办实事"实践活动工作方案〉的通知》，并积极策划"我为农村办实事"党建引领农村社区社会组织培育项目，广州市普爱社会工作服务社踊跃参与，成立普爱督导团牵手 T 镇社工站。普爱督导团中有党员、有督导班毕业生、有广州市"优秀社区志愿工作者"的获奖者，均持有社会工作师或助理社会工作师资格证书，从事党建项目管理或志愿服务有一定经验和年限，具备相应能力牵手当地社工站进行当地农村社区社会组织的培育工作，开展社会服务。笔者就是督导团其中一员。

（二）区别城市和农村的差异化

督导团立足 T 镇，以助力乡村振兴、脱贫攻坚和民生保障为目标，聚焦农村特困人群、留守儿童、留守长者、留守妇女等困境群体的生存发展问题和需要，提供综合化、专业化、社会化的社会工作服务，构建社会支持网络，搭建社区支援服务平台，健全社会化帮困救助机制，全面改善镇区农村困境群体的生存发展处境，促进镇区农村社区迈向和谐、文明和健康发展。

T 镇共设 3 个社区和 33 个行政村，总人口约 9 万，困难人口约 2000 人。

培育农村社区社会组织的前提需要因地制宜，普爱督导团以城市和农村社区社会组织培育的差异性进行聚焦讨论得出，城市社区依托志愿者协会、街镇级社工站、学雷锋站点等社会组织，有充足的人力资源和培育资源进行投入，且参与对象多为来穗人员、高校学生或低龄长者，同时有丰富的志愿服务岗位提供和进行志愿时间转化的各项兑换平台等。农村社区社会组织的培育定位主要是针对属地化的社区问题进行社区治理，需要找准培育对象和参与群体的需求，厘清城市培育和农村培育的差异化，适当进行改良以促发展。

（三）研究框架与治理路径

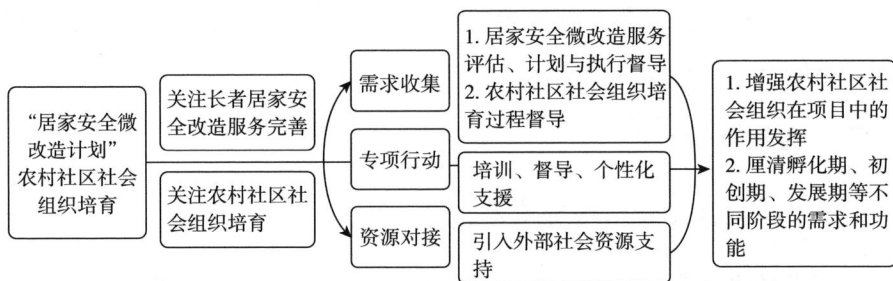

图1　项目研究框架

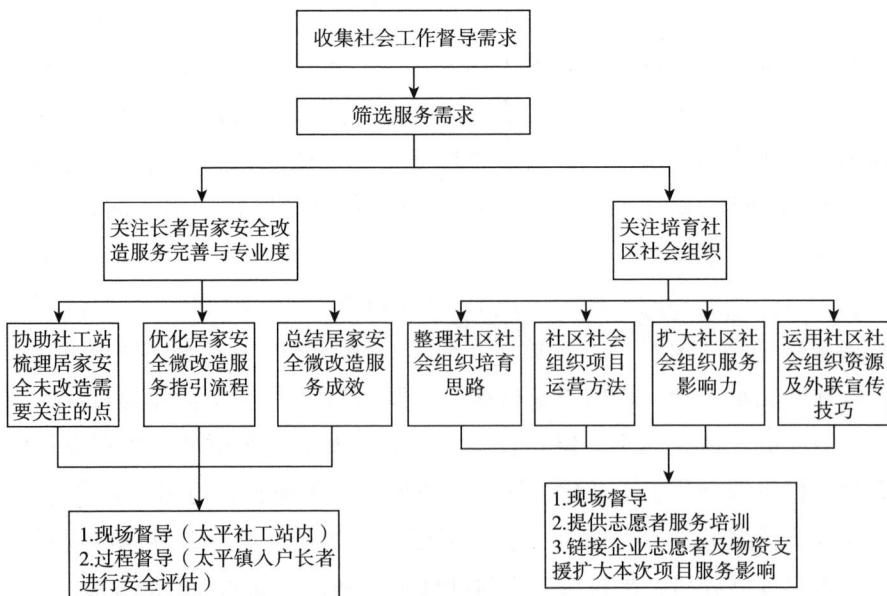

图2　项目督导过程

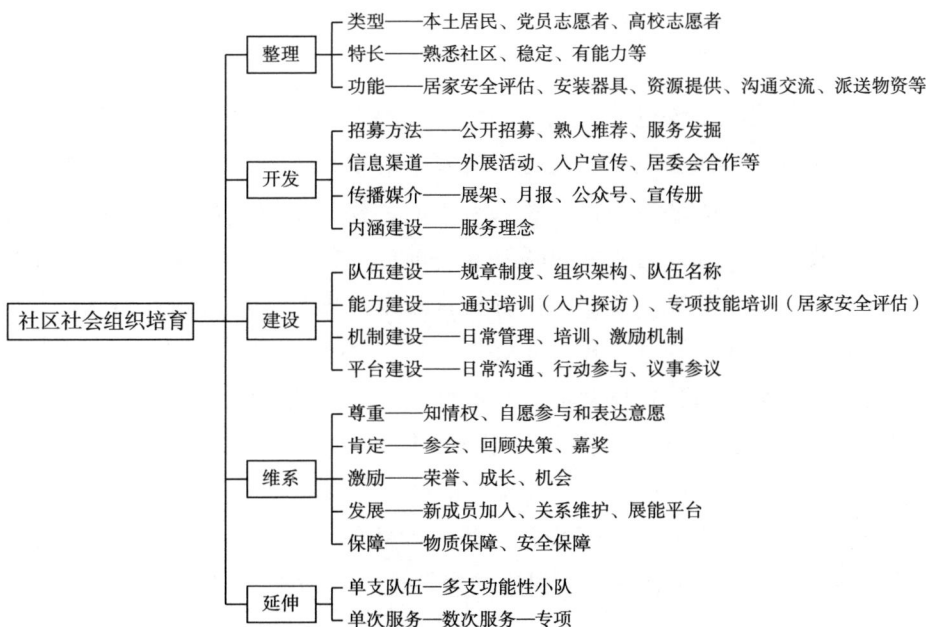

图3 农村社区社会组织培育路径

四、培育实践案例介绍

(一)社区问题及需求

广州市C区T镇作为全国乡村振兴和农村治理建设试点,在动员多元主体参与乡村振兴方面,应充分发挥作为参与者、资源整合者、践行者的力量。目前T镇农村困境群体的居家环境急需改善,包括政策福利、就地资源整合、外部资源拓展等,但仅靠当地社工站的力量非常微薄,面对留守妇女、儿童、长者群体数量庞大,需求明显等情况显得心有余而力不足。目前服务重点以居家微治理为问题导向,通过走访126户困难长者,发现某农村社区25.4%的长者家中杂物、家具乱摆乱放、光线差;56.3%的长者家中地板潮湿、厕所地板不防滑;33.33%的长者厨房内打火机、煤气瓶、柴火、木材等易燃物品离明火灶台太近,房间堆放太多柴火、纸皮等易燃物品;71%的长者家中没有扶手、家具不稳;还有29.36%存在电线老化、排插乱接的情况。居家环境安全隐患众多,需要安装扶手、智能感应灯以及防摔防撞角等,避免高龄长者起夜摔倒,并通过社会工作介入进行适老化改造和居家环境的改善、安全意识的提升。

（二）培育过程

以"居家安全微改造"为治理问题，统筹多方进行利益相关分析，着重推动培育农村社区社会组织。政府在微实事的推动上精力有限，无法处于主导位置，项目更多的是需要物资及人力资源，社会企业和社区社会组织的培育尤为重要。为了微改造项目的高效有序进行，普爱督导团和T镇社会工作者展开利益相关方分析，社会工作者将目光聚焦到辖区周边的广州软件学院的高校大学生群体，号召"我为群众办实事"，有学校党支部的支持，有社会实践的需求，有参与公益的热心，志愿参与主体首先引进一方。将队伍分为入户排查组、安全倡导组、微改造组等，针对防撞、防滑倒、防火、防摔、防电五项防护内容，通过入户了解及排查评估家居环境，宣传居家安全知识，提高长者的居家安全意识，逐步联动辖区内外正式、非正式各方资源，集中力量为辖区内有需要的困境长者进行居家环境"微改造"，提高长者居家环境安全系数。具体培育过程如下。

1. 推动"高校＋本土"搭档志愿形式

社会工作者把培育高校志愿者作为重点工作之一，但在高校志愿者投入服务过程中，慢慢发现存在"有心无力"现象，比如要开展居家安全排查的时候，发现因为语言问题，志愿者很难与服务对象进行有效沟通；需要开展居家微改造时，志愿者不会使用冲击钻等。他们具备的优势是有活动策划、组织协调的能力，且他们非常青春活力、积极向上，洋溢的热情很容易感染身边的人。缺乏的是对当地文化、习俗的了解，以及对困难群体生活经历的同理。而每个村都存在"本地人"且是具备特长的"能人"，虽大部分是"初老"长者，但他们非常熟悉本地情况，对本地文化、习俗十分了解，实属"活地图"。刚好可以与高校志愿者进行互补，与年轻活力的大学生完美搭配。

因此，以"高校＋本土"组合志愿的模式开展服务，服务过程中有50名大学生非常有意愿参与。在大学生的感染下，本地居民"走出了家门"，在本地居民的带领下，大学生学会了使用冲击钻，解决了语言障碍，了解了本地文化和习俗。大家互帮互助，从意识形态上转变为志愿者参与社区事务，推动农村治理工作。

2. 搭建"N（多元主体）＋L（local）"持续发展平台

推动"高校＋本土"发展模式是第一阶段的培育工作，这仅仅只是打好前期基础，类似"居家安全微改造"等农村治理问题随着对社区的深入了解一定是层出不穷的，需要一个持续性的发展模式进行维持。一是发掘本地资源与本地人的潜能，村里的经济社、合作社以及幼儿园、小学等都属于本地资源，同时要注重与政府的连接，要做好治理内容的定时定期汇报，在大局意识上需要同步提升，有政府的支持将会更加顺利；二是外部资源的引进，若本地资源已经无法满足实际需求，则要进行对外资源的供给思考。坚持党建引领，把牢兜底保障的"方向盘"，以红联共建、自媒体平台等形式邀请或以心愿认领等形式引进企业资源，依托企业党支部有效进行资源的合理配置，多措并举，夯实基础，实现内部资源循环和可持续发展。

农村社会工作过程中，社区社会组织的培育都可以尝试"N＋L（local）"组合志愿的发展模式，以"N＋L"的多元主体参与培育形式进行后期的社区社会组织孵化，做好人力、物力资源的动员与引入，推动农村治理工作的多元参与和良好的阵地建设，实现资源整合和社区共治共建共享双重目的。督导在此过程中也积极引进企业资源，为项目链接了一批改造物资，惠及了10户困难长者。

3. "创新"培育农村社区社会组织的管理模式

志愿者管理模式原本是需要一套从招募、培训、服务、维系、嘉许的完整机制，但由于农村型社区的地域和人文的特殊性，需要考虑农村村民的参与动机、文化程度等因素，制定更加符合街情的志愿者管理模式。

（1）"流动志愿"管理模式。农村型社区，本土居民受到文化程度、风俗习惯等多方面影响，通常不愿意接受过多条条框框的约束，一旦有太多的规则，他们会因"太麻烦"而拒绝参与。同时，农村本身存在"经济社、合作社"等组织，是村民耳熟能详的组织形式。因此，在培育农村社区社会组织力量时，不妨尝试与村委会合作，以经济社为落脚点开拓其他以"社"为形式的社区组织，初步招募每个社中的积极成员组建队伍。以"先志愿后流程"为原则，简化志愿者注册的步骤等流程，当需要志愿者发挥力量的时候，先开展服务，让村民感受到助人的价值感后，再引导他们进行规范的补充，以形成流动性的规模，逐步进行管理。

（2）"传承志愿"管理模式。在服务过程中，发现不管是农村社会工作还是城市社会工作的志愿服务培育工作中，经常会遇到一个难点：青年志愿者的流动性较大。但二者的成因不同，城市型社区的流动是人员因就业或生活

的迁徙造成的，是没有延续性、断层式的流动。而农村型社区的志愿服务往往是组团形式开展的，比如与某个高校或某个企业合作开展志愿服务，这类人群的流动是延续性、可传承的流动，比如高校学生升学离开，但会有后续的新生力量补充进来，又比如一些企业员工的离职，但也会有新员工的加入。因此，可以尝试开拓"传承志愿"管理模式，与团体签订合作协议，共同培育社区社会组织，"以旧带新"保持志愿服务的活力。

（3）"激励志愿"管理模式。城市型社区的居民参与志愿服务，更多的吸引点在于志愿时数系统的积分有助于他们落实积分政策，而农村型社区的居民则不在乎这一问题，可以刺激他们参与的吸引点往往是激励制度。比如服务时数的管理，城市型社区更多使用的是i志愿、广州公益互助式养老等服务平台，对于来穗新市民相对智能便捷。农村型社区则需要在此基础上进行转化，针对中老年群体，以"志愿兑换杂货铺"这种喜闻乐见的形式引起村民的关注，村民可以将"积分兑换票"像以往的粮票一样进行累积，达到一定标准时可进行兑换生活用品等，以此起到激励作用，促进本土居民的参与和管理。

4. 加强志愿培育"孵化器"平台建设

（1）"本土改良"培育工具包。社区社会组织培育工具分为两种：一是志愿者培育工具，包括志愿者管理制度、志愿者注册信息表、志愿服务时数登记表、志愿队伍信息录入表、积分兑换记录表等，督导团通过观察社会工作的项目需求，共同探索出了一套志愿队伍培育过程中的表格工具，方便每个培育阶段使用。二是社会组织备案工具，包括社会组织备案表、会员名单、团体负责人基本情况、团队主要负责人无犯罪声明等。志愿管理体系的调整及过程培育的工具也要因地制宜，因应当地的志愿群体类型、年龄、文化程度等因素进行本土化改良，以促进农村志愿者的支持与响应，以及农村志愿服务规范、有序、向良性的方向发展。

（2）"孵化器"强化志愿阵地建设。作为承接农村片区的社会组织，在有资源、有能力的情况下应该加强志愿阵地建设，推动政府的直接参与，依托农村社会组织培育基地共同搭好"孵化器"培育平台。一是对辖区各项社区事务有清晰的认知，能够对接社区居委会这条基层主线；二是可以结合自身的专业性，发动一批有经验的专业人员研发或探索一套对本土有可持续发展作用的志愿培育体系和制度，带动一批往专业化发展的社区社会组织团队，能够聚焦农村治理问题，发挥社会力量，推动农村社区社会组织培育发展。

五、讨论与结论

（一）结论

本文从政策依据和案例实践探索进行了证实，农村社区社会组织培育是促进基层社区治理，实现共建共治共享社会治理新格局的重要路径。笔者以本次督导团参与经验为例，切实反映了农村社区社会组织在组织化、规范化以及治理方向的缺失。本文通过参与实践初步厘清了治理路径和培育方向，探索出一条"本土化"的创新管理模式，利用优势视角挖掘本土资源与参与主体，成功推动培育了一支近 50 人的志愿团队，优化了一套居家微改造的评估体系工具，完成了 38 户村民居家微改造，帮助在地社会工作者及志愿者提升培育意识，协助志愿队伍做好分工安排。通过培育路径的实现，以及在校大学生与当地农民志愿者的相互融合与配合，相对有效地促进了农村自身自组织力不足问题，并逐步吸纳高素质人才、技术型人才以及公益组织的关注。农村社会组织培育的关键，最终还是参与成员的培育，既需引进人才，为组织提供"智囊团"，又要牢牢与本土居民紧密结合，将"智囊"本土化、落地化，形成切实可行的具体服务。

（二）讨论

农村社会组织培育结合本土特色是重中之重，从培育志愿者开始，引导居民建立公共服务意识，再制定个性化的发展模式，培育社会组织力量。农村社区社会组织的培育应是在农村文化、娱乐、扶贫等方面进行孵化、整合工作，将农村社会组织定位为政府的帮手，加强农村的思想建设、主流价值观的弘扬，按社会所需服从政府的安排，推进农村社会的良性治理。但专业社会工作者毕竟能力有限，农村的问题和需求层出不穷，亟待解决。为了持续良好的发展，社会组织的培育无疑是深入农村社区、潜移默化影响村民最好的方式。但是"一枝独秀"的现象并不可观，当地政府或者社会组织培育基地等应多做专业人员引入，培育更多的"领头羊"，在专业培养、人才梯队建设、资源整合方面寻找突破口，争取在问题上有"对口人员"予以缓解，在不同层面的社区社会组织发展上"百花齐放"，发挥组织的作用、群体的特点、地域的优势等，以多元力量共同推动农村社区治理工作更上一个阶段。

　　T镇的培育路径是对基层社区治理的一个创新模式探索，基于属地的资源分布、人员分布以及社区问题等特点，从中走出了一条适合本土培育和发展的路径。培育农村社区社会组织参与社区治理，应在社会治理体系上明确发展路径。实行制度化路径、规范化操作、多元化互动的参与模式。在相关法律法规营造的基层社会组织发展良好环境下，基层政府等相关组织应"放开手脚"，主导并合力推动农村社区社会组织的孵化培养、能力建设和作用发挥，鼓励和培养专业人才、有志骨干等向专业化、规范化且本土化的新型农村人才转型。在党建引领下，保障农村社区社会组织的健康发展，实现美丽乡村下的"新农人"。本文通过社区治理项目引进引起了政府、社会企业、高校以及其他社会力量的进一步关注，切实联动多元主体树立了共同目标，协力向共建共治共享新格局努力靠近，不断鼓励着其他社会组织在提供公共服务、扩大公民参与、建设和谐社会和提高执政能力方面发挥重大作用。

参考文献

　　[1] 江必新，王红霞. 论现代社会治理格局：共建共治共享的意蕴、基础与关键 [J]. 法学杂志，2019（2）：52－62.

　　[2] 同①.

　　[3] 徐玉特. 共建共治共享社会治理格局的推进逻辑与路径 [J]. 广西社会科学，2020（11）：78－83.

　　[4] 岳中文. 我国农村社会组织培育发展浅析 [J]. 学理论，2014（28）：102－103.

　　[5] 孙迪亮. 农村社区社会组织参与提供社区公共服务的理据与价值 [J]. 天津行政学院学报，2015（17）：10－17.

　　[6] 周军宏，陈凯煌，陆小玲，等. 社会治理创新视角下农村社会组织的培育 [J]. 广东青年职业学院学报，2015，29（1）：53－58.